Andrà tutto bene
Te lo giuro

Faouzi Zouhair

Prefazione

Quando Faouzi Zouhair si è rivolto a me per affidarmi l'onore di curare e revisionare la bozza di questa sua opera prima, mi aspettavo di lavorare su uno scritto autobiografico dal sapore motivazionale e a tratti documentaristico. Sospettavo che mi sarei trovato di fronte ad una sorta di compendio puramente descrittivo. Ciò che mi ha sorpreso, è stato ritrovare anche qualcos'altro. "Andrà tutto bene, te lo giuro" si presenta come un approfondimento sull'esperienza di vita di un viaggiatore universale.

È un'opera certamente di stampo motivazionale, ma per nulla fine a sé stessa o pretenziosa. Al contrario, la peculiarità delle pagine che vi apprestate a leggere sta proprio nell'incontro autentico con l'autore, che non fa mistero dei propri pregi, così come dei propri difetti. L'opera mette a nudo le riflessioni pure di una persona unica e, allo stesso tempo, deliziosamente comune, alla costante ricerca di quella fonte inesauribile di splendore, nascosta all'interno del mondo.

L'idea di eliminare definitivamente il caffè dalla propria vita (cosa che scoprirete non essere affatto facile) si dimostra un'ottima scusa per iniziare a prendersi cura di sé stessi. L'ora del tè si trasforma, in maniera del tutto fluida e naturale, in una seduta terapeutica in cui l'autore riesce ad analizzare sé stesso, il proprio rapporto con il mondo, il proprio passato, le proprie ambizioni, attraverso conversazioni autentiche, condotte con il suo io interno e quell'entità che sembra aleggiare sulle vite di ognuno, chiamata "Universo". Eppure "Andrà tutto bene, te lo giuro" non è affatto un'opera autoreferenziale. Il carattere di viaggiatore universale dell'autore lo spinge ad una continua ricerca del confronto, o per meglio dire, dell'incontro, con personaggi reali (nel vero senso del termine) dalla natura più disparata e dai singolari punti di vista.

Sono proprio queste conversazioni reali, avute con amici e parenti, ma anche sconosciuti (in alcuni casi, persino con Dio, non scherzo) a fare da motore al viaggio interno e non solo, descritto in queste pagine.

Zouhair non si presenta mai come il detentore della verità assoluta, ma mette a disposizione del lettore una serie di spunti di riflessione che hanno permesso a lui, in primis, di portare avanti questa sua personale ricerca di comprensione, andando spesso ben oltre le possibilità del mezzo letterario: la prosa scorrevole e lo stile accogliente gli permettono di raggiungere lo scopo di coinvolgere attivamente il lettore nelle sue riflessioni, spingendolo a partecipare alla conversazione.

"Andrà tutto bene, te lo giuro" è un libro-non libro, un monologo che è anche un dialogo, un'autobiografia che è anche romanzo epistolare, un diario segreto aperto a tutti, una raccolta di poesie scritte in prosa, in sostanza, è un'opera fluida, in grado di trasportare il lettore in un mondo interiore ricco di bellezza, carico di speranza, ma per nulla privo di conflitto, dubbio, critica e autocritica.

L'opera cresce e si dipana seguendo di pari passo la poetica dell'autore, che via via si fa più consapevole e matura. Per questo motivo, nonostante la struttura resti ben definita per tutto il corso dell'opera, lo stile, le tematiche e l'approccio variano man mano che ci si avvicina alle ultime pagine.

Questa differenza è voluta e sottolineata dall'autore stesso, che, attraverso la creazione di questa opera, si ritrova ad osservare sé stesso dall'esterno, vedendosi crescere giorno dopo giorno, tazza di tè dopo tazza di tè, viaggio dopo viaggio. Risulta impossibile non lasciarsi trasportare dallo stile autentico e genuino, a tratti quasi ingenuo, e dall'amore indiscusso dell'autore per le metafore.

D'altronde non c'è strumento migliore della metafora per descrivere il colossale incontro tra l'universo interno di ogni individuo e quello esterno, a sua volta composto di migliaia di vite e universi personali. C'è però da dire che spesso la realtà può diventare metafora di sé stessa, cosa che lo scrittore descrive in maniera deliziosa attraverso aneddoti e racconti di coincidenze assurde, vissute in prima persona e documentate dalle immagini presenti all'interno dell'opera.

In conclusione, "Andrà tutto bene, te lo giuro" è un'opera poliedrica, basata sulla crescita e sul desiderio di protendersi sempre oltre, insito in ogni essere umano, ma anche sul contatto, sull'incontro tra persone, sensazioni, e, per l'appunto, universi. È la voce di un amico, che confidandosi, esprime ed espone tutti quei dubbi, quei desideri e quella fame di vita che ognuno di noi porta con sé, alcuni più consapevolmente di altri. È un'opera che va fruita con calma, un sorso alla volta, come una buona tazza di tè o, se preferite, di caffè, in compagnia di un buon amico.

Giancarlo Teot

Tè & Zu 01

L'inizio

È il terzo giorno senza caffè, lo sto sostituendo con il tè e un goccio di miele. È una domenica mattina tranquilla. Amo raccontarmi, prendere episodi del mio passato e osservarli da una nuova prospettiva. Per questo ogni domenica mattina dedicherò un post ad un argomento diverso.

Stamattina mi sono tornati in mente momenti delle superiori. C'è sempre qualcosa che non percepiamo, che ci fa riaffiorare vecchi ricordi. Stamattina è il ricordo di un mio compagno di classe a bussare con forza alla mia mente. Il mio vecchio compagno, che voleva confrontarsi a tutti i costi con i voti degli altri, come se ciò lo motivasse a migliorarsi e dare il massimo. Voleva ad ogni costo sapere tutto di tutti e paragonarsi. Non ho mai capito questo stile di vita, questa filosofia. Credo che cercare un constante paragone con gli altri sia una perdita di tempo, già in partenza, per il fatto che ci si focalizza sugli altri, perdendo la propria identità.

Ho sempre amato il fatto di riuscire a fregarmene del percorso degli altri. Ho sempre amato il fatto di non dovermi confrontare con nessuno, per il semplice fatto che ognuno ha i propri tempi. C'è stato un momento nella mia vita, in cui ho smesso di dare il massimo in tutto, perché, molto semplicemente, mi ero reso conto che non mi era mai importato realmente nulla dei voti né di tutto ciò che ne potesse conseguire.

Ho smesso perché non ero in gara con nessuno e quei voti non definivano chi realmente fossi; non mi rappresentavano. A quel punto chi ha sempre gareggiato con me doveva assolutamente trovare un'altra persona con cui gareggiare, per motivarsi, in un certo senso. Doveva trovare qualcun'altro che lo spingesse ad avere un voto migliore, perché io avevo smesso di darci importanza e così facendo, io stesso avevo perso importanza ai suoi occhi. Mi ero arreso al circuito della società.

Secondo me il paragone, come unità di misura, è una vera fregatura. Non ha alcun senso paragonarsi agli altri per essere il migliore. Se l'altra persona abbassa i propri standard allora a quel punto non ha più senso gareggiare. Capisci che il tuo valore si basa sul valore di un'altra persona.

Se dovessi scrivere un'equazione, sarebbe molto semplice:

IL TUO VALORE = VALORE DI X (dove X sta per la persona con cui stai gareggiando) + FRUSTRAZIONI x IL TEMPO CHE CI DEDICHI

Viene da sé, che se nella tua equazione venisse meno il valore X, non resteresti che tu con le tue frustrazioni nel tempo.

Tè & Zu 02

Una persona qualunque

Quasi dieci giorni senza caffè e stento a crederci. Forse questa è la volta buona che lo toglierò di mezzo, anche se non so per quanto. Pensarci riempie la mia mente del suo aroma. Mi sembra quasi di sentire qualcuno che aggiunge due zollette di zucchero dentro la mia testa e inizia a mescolare. E invece le uniche cose che si mescolano dentro la mia testa, sono i miei pensieri. Hanno bisogno di più di qualche zolletta di zucchero, perché sono amari. Bevo un bicchiere di tè caldo in modalità chill. Ci aggiungo un cucchiaino di miele, perché le zollette fanno troppo rumore. Mescolo e penso che a volte ci sia qualcosa che non vada in me. Certe volte ho l'impressione che nella mia testa qualcosa non funzioni come dovrebbe. Perdo interesse troppo facilmente e guardo troppo verso l'alto. Ho lo sguardo rivolto al cielo. A volte mi perdo nelle forme delle nuvole. Capita più spesso al tramonto, quando la luce arancione, soffusa, le attraversa, rendendo il tutto un quadro surreale. Capita che se ti fermi a fissare troppo il cielo, tutto assuma una realtà diversa. Troppo diversa da quella a cui siamo abituati; è come se si perdesse il confine tra realtà e sogno: un sogno lucido.

(Non fissate troppo il tramonto)

Adesso tocca a me stare qui, fermo, a pensare che forse il segreto di tutto si nasconda dietro al tramonto. Lo penso mentre sorseggio il mio tè con il suo retrogusto di miele: un pensiero di un tramonto mieloso.

"*Up&Up*" dei Coldplay suona in sottofondo. A quest'ora non credo sia il momento perfetto per chiedermi per quale motivo perda interesse così facilmente verso cose e persone. Bevo un altro sorso e smetto di chiedermelo. Mi perdo dentro le persone: una persona qualunque.

L'unicità è forza

Ogni volta che me ne dimentico, c'è una persona che puntualmente me lo ricorda: l'unicità è forza. È vero, dannazione se è vero. In una società in cui tutti vogliono essere tutto tranne sé stessi, avere il dono dell'unicità è meraviglioso. È qualcosa di grandioso ed estremamente figo. Questa volta me l'ha ricordato Pierluigi Virelli e per questo gli sono grato. Pierluigi è un ricercatore etnografico e promotore della cultura calabrese più arcaica. È riuscito in poco tempo a parlare della sua terra, trasmettendo i suoni di ciò che lo rende orgoglioso, di ciò che lo appassiona veramente.

La bellezza salverà il mondo e ciò che è unico, è oltremodo bello.
Solo i coraggiosi, e coloro che sono abbastanza pazzi da crederci veramente, riusciranno realmente a salvare il mondo.

CONTINUANO A BOMBARDARCI CON L'IDEA DI DOVER RIENTRARE IN CERTI STEREOTIPI, PER PIACERE E PER FARCI ACCETTARE, MA LA VERITÀ È CHE POSSIAMO PIACERE MOLTO DI PIÙ ESSENDO CIÒ CHE SIAMO. NULLA DI PIÙ.

Ognuno è perfetto così com'è. Io non riuscirò ad essere te né tu ad essere me. La figata è anche questa. È un dono che a volte ci scordiamo di avere. Se mi dessero la possibilità di essere chiunque al mondo, sceglierei di essere me stesso, centomila volte o forse qualche numero in più. Non perché io sia speciale o abbia chissà cosa in più, ma per il semplice motivo che IO sono ME.
Beh, avete capito, no?

Tutti noi siamo suono, una frequenza, una nota di qualche strumento, che ci rende unici. Un suono che ci rende riconoscibili a chi sa ascoltare.

Tè & Zu 04

Maybe I'll come home

Sono in macchina, a notte fonda e sto tornando a casa. Il cielo scuro zittisce la città e Ben Howard dà a queste strade la musica che meritano: un live spettacolare, che però nessuno ascolta. Il finestrino è abbassato, il braccio fuori cerca di catturare questa brezza che scivola fra le dita, quasi come tutti i momenti che ho voluto afferrare. Bevo un budino da un bicchiere di plastica, mentre sono fermo ad un semaforo rosso. Non è vero che nessuno ascolta questo live di Howard, io lo sto facendo, dando un'attenzione particolare ad ogni parola, come se stanotte avessi più tempo e volessi dare un senso a tutto quello che ascolto. Mi ascolto. Ripete dolcemente: «*...And maybe, just maybe I'll come home...*» Sono felice che tu possa andare a casa, nonostante sottolinei il forse. Io non lo so, sto andando a dormire, ma non è casa mia.
La verità è che non so dove sia. Davvero.
Non posso nemmeno dire forse, perché non lo so.

Il semaforo è verde. Metto la prima e parto. Con calma. Ho tutto il tempo di arrivare. Voglio godermi questo momento e assaporare ogni nota. Ho improvvisamente voglia di un road trip, guidando solo di notte. Le stelle. Il blu scuro. Il silenzio nel live. Il viaggio. Le strade che mi ascoltano. Una chiacchierata vera con me stesso.

Sento di poter guidare per migliaia di chilometri e non essere mai vicino a casa mia. Forse casa mia è il viaggio. Lo sento davvero. Sorrido.

Guido e mi ritrovo a cantare:
«*And maybe, just maybe I'll come home...*»

Tè & Zu 05

Il mare nel cielo

Ho visto dottori che fumano, insegnanti di Yoga stressati e un paio di altre cose fuori posto. Ho visto un mondo a rovescio e mi sono messo a testa in giù.

Il mare nel cielo.
Il cielo nei tuoi occhi e io che mi ci rifletto dentro.
Dentro di te.
Ho visto l'immenso, il deserto e distanze incolmabili. Ho visto la mia voce tornare indietro dopo aver parlato per ore.
Dopo aver parlato a vuoto.
Parlo.
Parlo.
La mia voce rimbomba e torna indietro.
Più vuota di prima.
Più silenziosa.
Cartucce sparate a vuoto.

Ho visto il tramonto, le sfumature e le mie ombre svanire. Mi sono visto perdere per poi ritrovarmi sotto la luna.
Stelle che lampeggiano suggerendomi di parlare.
Parlare un po' di più: aprirmi con il mondo.

Mi sdraio, la faccia rivolta al cielo, alle stelle.
Penso.

Parlo per ore e ore.
La mia voce non torna, è da qualche parte nell'universo.

Tè & Zu 06

Libertà quotidiana

È mattina, la finestra aperta e Bob che mi ripete ONE LOVE. Mi ero svegliato stamattina, pensando di scrivere un post sull'amore. Pensavo di pubblicare una discussione vera, avuta con me stesso, che ho scritto mentre avevo mille domande in testa. Poi è tutto svanito, come questo cielo che perde nuvole fino a diventare limpido. Un limpido cielo d'amore è quello che sono. Un cielo senza nuvole: un tramonto di parole. Sono un foglio da riscrivere a mano, perché voglio scarabocchi e parole cancellate. Parole sentite.

Chiudo gli occhi. Il viso fuori dal finestrino mentre il mio amico Mounir è alla guida. Respiro il tramonto di questa sera. La musica alla radio si diffonde nell'aria a volume basso e io ne ripeto le parole, mormorando. Rientro, cambiando stazione radio e sussurrando God Bless America, lo faccio senza accorgermene e senza una vera ragione. Il mio amico mi guarda e, tempo due secondi, scoppia a ridere e io di conseguenza lo seguo. Un senso di libertà. Lo ripete e scoppia a ridere di nuovo. La serenità in una serata dopo un caffè e una giornata intera passata lontano dal telefono. Quello che intendevo dire era God bless friends.

GOD BLESS THE REAL FRIENDS.

Dio benedica gli amici delle discussioni, del dimentichiamoci del mondo ballandoci sopra. Quelli del domani andrà meglio e dei tè quando hai voglia di parlare. Per un momento, dopo tanto tempo, ho assaporato la libertà nella quotidianità. Ho capito che a volte non bisogna allontanarsi molto per trovare la libertà che si cerca. Assaporo il mio tè e mi accorgo, che forse non è esattamente ciò che penso. La vita è un mix di tutto. Ti accorgi delle cose che

contano quando non sfiorano più le tue mani e io non voglio rendermi conto
delle cose che voglio, solo quando non saranno più mie.

Ma forse questo non è ciò che cerco?
Non fa parte della libertà e del libero arbitrio?

Le cose non sono nostre, le persone pure.
Nessuno appartiene all'altro, l'amore pure.

Apparteniamo alla libertà,
alla vita e ai sogni nel cassetto chiuso.
Appartengo al tramonto,
a questo foglio e a parole pure.

Tè & Zu 07

La vita à un gioco di sguardi

Il tè qui è una tradizione, è normale berne anche una decina di tazze al giorno. Il primo l'ho bevuto mentre passeggiavo in qualche quartiere popolare di Istanbul. Camminavo tra le strade lasciando vagare lo sguardo, verso l'alto. Uno sguardo di chi si è perso, ma è curioso di guardarsi attorno, di capire come il mondo si possa comprendere incrociando gli sguardi: la vita è un gioco di sguardi.

Sono seduto in mezzo ad un paio di persone che sembrano capirmi a gesti. Ordinano un tè e mi sorridono. Ricambio, accettando i biscotti ricoperti di cioccolato. Tutto è perfetto.

Sono a casa finalmente. Non sono mai stato qui, almeno non in questa vita, ma è casa mia. Lo percepisco da tutto ciò che mi circonda. Ho ricordi sbiaditi e sensazioni che dovrei riconoscere. Questi volti mi sembrano familiari. Lo giuro. Sono stato qui una vita fa.

Il primo sorso di tè mi riporta a quando combattei al fianco all'impero ottomano. Quando rinunciai alla guerra per amore, ma rimasi ucciso ugualmente, da qualche parte in Persia. Il secondo sorso mi riporta con i piedi per terra, sorrido e sono grato di essere tornato a casa. Mi mancava.

I gabbiani al tramonto sembrano salutarmi e festeggiare il mio ritorno. Sono leggero ora. Mi stavo portando dei bagagli in più. Credo che sia una cosa che facciamo tutti, senza accorgercene.

Ci portiamo dietro i bagagli che non ci servono. Ci rallentano.

Dovremmo rifare tutti i bagagli. Prendere ciò che è necessario e lasciarci il resto alle spalle.

Ho fatto la valigia e mi sto godendo questo tè della domenica, cercando di raggiungere la parte asiatica della città.

Sto sognando ad occhi aperti: un sogno lucido.

Tè & Zu 08

Vecchi amici

Ho conosciuto Gram alle 6.00 del mattino. Mi ero svegliato alle 4.15 per assistere al volo della mongolfiera. A differenza del giorno precedente, non sarei salito; volevo guardare lo spettacolo da terra. L'alba avrebbe preso un sapore diverso.

Gram ha 57 anni, gli occhi profondi e la saggezza di una persona che ha capito il senso della vita. Il volo delle mongolfiere è stato cancellato a causa del vento, ma il sole sorge ugualmente, non si fa condizionare minimamente.

Alle sei del mattino tutto è più calmo e chiaro. Anche i miei pensieri lo sono per cui colgo l'occasione per danzare. Kim, la sudcoreana che abbiamo conosciuto, mi segue e inizia a improvvisare movimenti che mi divertono. Ci ritroviamo a ridere come cretini su questo punto panoramico: sunset point.

Il tè nel bar locale è un rito che vogliamo provare. Il primo tè non basta per riempire queste conversazioni, per cui io prendo il secondo e Gram ordina un cappuccino. In un mese guadagna quello che io potrei guadagnare in tre anni di lavoro. Mi guarda come se fosse mio padre, continua a ripetermi che dovrei inseguire i miei sogni. Mio padre, il mio vero padre, mi ha sempre detto di essere come i figli dei suoi amici: il lavoro giusto e il perseguimento della carriera.

Fuck it!

Io non voglio essere come nessuno. Dico davvero.
Ognuno è al proprio posto, ognuno è nel proprio momento e l'universo ci

continua a mostrare il nostro sentiero. Dovremmo solo fidarci, senza pensarci. Pensiamo di conoscerci, ma sono sicuro che l'universo ci conosca meglio di chiunque altro.

Prendere un autobus a bordo strada per assaporare momenti di una vita ordinaria. Una vita straordinaria. Gram non sembra essere interessato ad una vita di lusso. Si confida, dicendo che potrebbe tranquillamente dormire in una tenda in mezzo al bosco e io ci credo. I soldi non hanno importanza. Fanno comodo certo, ma non sono tutto. Saldiamo il conto e ci diamo appuntamento fra un'ora.

Gram sembra nato per correre. Ha un'energia che sembra voglia restituire al mondo. Corriamo per i sentieri della valle della città di Göreme e ci fermiamo ad esplorare vecchi monasteri sottoterra. Forse sono in un film di Indiana Jones, la sua somiglianza con l'attore è tale, che mi viene il dubbio di trovarmi in un sogno. Anche questa volta mi trovo a prendere parte in un film, senza rendermene conto.

Come vecchi amici, rimediamo il pranzo al supermercato. Cinque euro bastano per entrambi. Il fiume della città di Avanos ci fa da sfondo. A lui non interessa minimamente mangiare in un ristorante.

Avevo detto che i soldi non fanno la felicità vero? Sono i momenti che la fanno, ne sono certo. Tutti i soldi del mondo non compreranno i momenti che contano davvero, non compreranno gli errori, non compreranno l'amore, non compreranno il tempo passato. L'ha capito anche lui e continua ad esortarmi a non fare gli stessi errori.

Una giornata nuova e un amico che mi stava salvando la vita lo stesso giorno, ma questa è un'altra storia. Avevo detto che i soldi non fanno la felicità? Fanno comodo sì, ma per la felicità tutti i soldi del mondo sono forse pochi.

Tè & Zu 09

Si può morire per così poco?

La Turchia è stata una tappa sentita. Un viaggio di cui avevamo bisogno. La mia anima ed io. Me ne sono innamorato. È stato il primo posto in cui mi sono sentito a casa. Finalmente. Ho cercato un posto del genere per una vita e finalmente, ora che sono qui, voglio lasciarci la mia anima. Non nel senso letterale, ma è quello che stava per succedere.

"I wanna live
I wanna lay ooh"

Skinny blues è il brano che stavo ascoltando quella mattina all'alba. Me l'aveva fatto ascoltare Gram. Stessi gusti musicali. Stessa voglia di vivere e stessa passione per la corsa. È stata una delle persone che, ultimamente, mi ha dato più ispirazione. Una persona da cui accettare consigli, perché sono quelli di cui hai bisogno, li assorbi e ti rendono una persona migliore. Più di quello che sei ora. L'alba è un miracolo. La vita è un dono, ma a volte non te ne accorgi. A volte hai bisogno di una dimostrazione, di una prova che non siano solo semplici parole. Gli occhi credono a ciò che vedono e in quella giornata ho visto la fine di me stesso.

La fine di tutto spaventa e io mi sono visto annullare per poi rinascere.

Sono le cinque e mezza del pomeriggio. Una doccia gelata e un po' di riposo per riprendermi dall'intensità di quella giornata. Shannon, la ragazza australiana che ho conosciuto sul bus a Kayseri, mi scrive: «Ti passo a prendere alle sei.» Mangio un boccone prima di uscire.

La partita Svezia contro Messico, in TV. Scherzo con dei messicani nell'ostello, del fatto che faccia il tifo per la Svezia.

Dopo un paio di minuti il respiro mi si blocca, la gola non riesce più a deglutire ciò che ho appena mangiato. Una sensazione angosciante. È la prima volta che mi succede. Non respiro per soli 15 secondi, ma mi sembra un'eternità. Un tempo infinito. Mi alzo di corsa e mi avvicino alla prima persona che trovo, cercando di farmi capire a gesti. Il ragazzo seduto sul divano mi fissa, senza capire quello che sta succedendo, per poi allungarmi una bottiglia d'acqua. Prendo un sorso e per miracolo riprendo a respirare.

Da quel momento in poi, un senso di gioia, mescolato ad un senso di vulnerabilità.

Si può morire per così poco?
Allora è vero che la vita è così fragile.

In quel momento era come se avessi avuto una seconda possibilità. Per quanto sia stato banale, quel momento, ho sentito la necessità di essere grato per tutto ciò che ho.
Sono uscito e ho festeggiato con alcune delle persone conosciute in quei due giorni a Göreme: i gemelli che lavorano al ristorante dove ho mangiato, appena arrivato, e la proprietaria di un altro ristorante. Mi ricorda visibilmente mia nonna, che ora non c'è più.

La vita, continuerò sempre a dirlo, è una figata, anche se non sapevo ancora quello che sarebbe successo. La giornata è finita in terrazza, mentre mi godevo la vista dall'alto e ascoltavo Youssef El Hirnou dal mio telefono.

Ore 01:03, mi sveglio all'improvviso con una crisi respiratoria e in uno stato confusionario.

Non sapevo quello che mi stava succedendo, ma avevo capito di aver mangiato qualcosa che non avrei dovuto, forse un frutto dall'albero, il giorno precedente.

Non avrei ripreso sonno e nemmeno mi sarei rilassato.
Prendo tutta la mia roba e scendo per chiedere dell'ospedale più vicino. È troppo lontano e non ho la minima idea di quello che dovrei fare. Il mio primo istinto mi suggerisce di chiamare Gram, sento che possa essere l'unica persona in grado di aiutarmi, in questa situazione. Prendo il telefono e lo chiamo. Non risponde, probabilmente dorme.
Esco in strada e mi corico sulla panchina di un locale chiuso. Mi tolgo le scarpe e faccio quello che posso per essere il più rilassato possibile. Le strade sono deserte e silenziose. Lascio tutta la mia roba e mi dirigo, senza scarpe, all'unico negozio aperto a quell'ora. Una bottiglia d'acqua e caramelle all'eucalipto: la mia salvezza.

«Allora Zu, l'ospedale è troppo lontano e non sai minimamente come funzionano le cose qui. Hai il taxi alle quattro e non sai nemmeno se ce la farai a tornare. Quindi hai due scelte: andare in ospedale e rischiare di perdere il volo rimanendo qua, fisicamente, oppure aspettare di arrivare in Italia rischiando di rimanerci... letteralmente.»

Al solo pensiero crollo e le lacrime sembrano non fermarsi più. Il respiro si fa pesante e la gola sembra chiudersi piano piano. Ho davvero paura di quello che sta succedendo. L'acqua sembra l'unico modo per tenermi in vita e le caramelle fanno quel poco che possono.

Tutto quello che mi interessa in questo momento è respirare bene. Voglio vivere ancora. Ripeto le stesse parole di Jeremy Loops.

«I wanna live,
I want lay ohhh»

Tutto quello che ho non ha più senso. Capisco realmente, che il valore della vita non è accumulare cose, ma lasciare un'impronta positiva su tutte le persone che incontriamo.
Non lasciate conti e dialoghi in sospeso.
Le parole non dette sono quelle che potrebbero cambiarci.

Sono quelle di cui a volte abbiamo bisogno.
Mi sdraio e mi metto comodo cercando di rilassarmi. Tre cani si avvicinano e uno di loro sembra capirmi perfettamente. Si mette vicino a me. Mi viene istintivo parlarci fino a cantargli due frasi che ripeto più volte. Per un attimo mi dimentico di chi sono e di tutte le etichette che ho raccolto, quelle che mi hanno attaccato addosso.

Mi rendo conto che non sono nessuna di quelle etichette, sono solo una persona di questo posto. La verità è che tutti noi abbiamo delle etichette che non ci rappresentano, ma non ci facciamo minimamente caso.

Abbiamo un lavoro, ma non siamo il nostro lavoro.
Paghiamo le tasse, ma non siamo le nostre tasse.
Abbiamo degli amici, ma non siamo i nostri amici.
Abbiamo uno stile, ma non siamo il nostro stile.
Abbiamo delle idee, ma non siamo le nostre idee.
Abbiamo un conto in banca,
ma non siamo il nostro conto in banca.
Abbiamo fatto degli errori, ma non siamo i nostri errori.
Non siamo nemmeno il posto in cui decidiamo di vivere.

Il tempo si dimentica di scorrere e io ne approfitto per fargli compagnia. La luna come sfondo, mi ricorda di quanto è immenso l'universo.
Io.
Voi.

Nuotiamo senza una direzione precisa, siamo persi.
Forse.

Sono quasi le quattro e mi dirigo verso il mio hotel per aspettare il taxi. Forse riuscirò ad arrivare in Italia, forse si risolverà tutto nel migliore dei modi.
Mi riprometto che il pronto soccorso sarà la mia prima tappa.
Il paesaggio e l'alba mi fanno perdere il contatto con la realtà, sto sognando, ma forse non me ne rendo conto. Forse ho già perso i sensi da un bel po' e tutto questo è solamente il frutto della mia immaginazione che cerca di andare

avanti. Chiudo gli occhi e smetto di farmi domande. All'aeroporto prendo un tè caldo e una bottiglia d'acqua. Il cambio ad Istanbul e un'altra bottiglia d'acqua.

Ore 14 italiane, sono a Bologna. Finalmente. Fatico ancora a respirare, ma sono felice comunque. Accendo il 4G e mi arrivano un paio di messaggi e qualche chiamata persa da Gram.

Preoccupato dalle chiamate e dai messaggi che gli ho mandato la notte scorsa, cerca di mettersi in contatto con me. Mi ha persino cercato nel posto in cui stavo a Göreme chiedendo di me, alle sette del mattino. In treno una videochiamata con lui e il sorriso di una persona felice. Il mio.

L'universo è sempre dalla mia parte, anche questa volta.

«Zu, ma come fai ad essere felice e sapere quello che vuoi?» La verità è che non so la risposta. Non so nemmeno perché lo chieda a me. So solamente che una volta che impari ad ascoltarti e a capire di cosa hai realmente bisogno, impari a seguire il tuo istinto. Il flusso. Tutto il resto viene da sé.

L'universo ci conosce realmente per quello che siamo e ci fa da seconda voce cantando:

«I wanna live
I wanna lay ooh
I wanna lie down with my skinny blues...»

Tè & Zu 10

52 Km in 8 ore senza allenamento

A volte non so il motivo per cui faccio ciò che faccio. Alcune cose vanno fatte e basta. Non c'è un motivo profondo o qualche ragione particolare. L'istinto ti suggerisce di fare ciò che è meglio per te, e io credo nel mio istinto. Credo nel cambiamento e nel superamento di certi limiti.

Negli ultimi mesi non ho corso per niente e volevo rompere questo schema. La corsa ti regala una delle sensazioni più formidabili: il respiro della libertà. Ho avuto questa pazza l'idea di fare Sassuolo-Bologna, esattamente 52 Km. Scrivo a Othmane, e mi risponde che lui ci sarebbe stato. Come? Davvero? Così su due piedi?

Sono fortunato ad avere amici pazzi, che mi seguono a ruota in ciò che penso e nella mia visione. Fare una maratona è OK, ma fare più di una maratona senza nessun tipo di allenamento è da incoscienti. È quello di cui abbiamo bisogno, di tanto in tanto.

Mi sono ripromesso che, se avessi completato l'impresa, avrei scritto nuovamente a Cesare Cremonini per potergli mostrare il video realizzato per la canzone La Isla. Sarebbe davvero un sogno che si concretizza. Un caffè con una delle persone che mi ha insegnato a scrivere ciò che scrivo.

L'alba ci dà il buongiorno e noi siamo grati per quest'alba. Corriamo mentre il sole si solleva.

"L'asfalto mentre corri sembra un fiume verso il mare. Il panorama se ti volti è spazio e tu sei l'astronave..."

Un campo di girasoli attira la nostra attenzione e cogliamo l'occasione per riposarci. 20 km sono già passati. Condividiamo il piacere di seguire il sole ed essere sempre rivolti nella sua direzione. Siamo dei girasoli con le gambe. Siamo tutti un tipo di piante. Siamo noi che decidiamo dove piantarci, e se non ci piace dove siamo, possiamo cambiare destinazione.

Il sole batte forte e la fatica inizia a farsi sentire. Un cartello ci indica Bologna. Manca poco. Le persone ci salutano e quando ci manca l'acqua suoniamo i campanelli di case a caso, per riempire le nostre borracce. Una signora sulla sessantina si ferma a chiacchierare con noi per un quarto d'ora e ci presenta il cane della figlia che è partita per la Sardegna. Ci regala un bottiglia fresca e siamo di nuovo sulla strada.

Otto ore dopo siamo in piazza maggiore, distesi sull'asfalto, a riprendere fiato. Un succo d'arancia ghiacciato è ciò che ci vuole. Ce l'abbiamo fatta, anche questa volta. Tutte le imprese iniziano con un'idea e il primo passo, al resto ci pensa l'universo. Qualsiasi cosa vogliate fare è possibile. Il segreto è non essere realisti, ma sognatori.

Tè & Zu 11

L'amore...

«Hai tempo per parlare Zu?»

«Certo, di che vogliamo parlare oggi?»

«Dell'amore.»

«Ne sei sicuro?»

«Certo.»

«Allora metti l'acqua a bollire e prepara due tazze grandi. Prendi dall'armadio due bustine verdi e mettile nell'acqua con un po' di cannella. Avremo una discussione lunga. Mettiti comodo.»

Il vento, Il sole e il tempo estivo. Il canto delle cicale risuona nell'aria: una melodia d'estate.

«Perché l'hai lasciata?»

«Vuoi iniziare proprio da questo?»

«E da cosa vorresti cominciare? Da cos'è l'amore o roba del tipo bla bla...»

«Pensavo che saremmo andati d'accordo, ma poi ho capito che non eravamo fatti l'uno per l'altra.»

«Stronzate. Questo è quello che potresti dire a lei o ai tuoi amici. Con me puoi parlare francamente. Abbiamo solamente un tè e l'universo che ci giudica. Non fare il coglione con me.»

«La verità è che qualcosa si è rotto.»

«Nell'ultimo viaggio intendi?»

«No, no. L'ultimo viaggio non c'entra nulla. Dico molto prima.»

«Sei sicuro di aver aggiunto la cannella? Perché non la sento.»

«Sinceramente no, dammi un secondo.»

«L'ultimo viaggio è stato un sogno, per due anni. Ho sempre voluto fare un viaggio in autostop. Un viaggio con me stesso e con le coincidenze con il prossimo. La verità è che prima di partire, qualcosa si è rotto. Nessuno l'ha notato perché la gente non si sofferma più sui dettagli. Le persone non si soffermano più ad ascoltare ciò che hanno bisogno di esprimere i nostri occhi. Lei l'ha notato, ha visto che i miei occhi erano spenti. Ha notato che non brillavano più di luce propria, avevano bisogno di un sole.»

«E lei non lo era?»

«Forse no. O forse non abbastanza. Quando sai che la luce di un altro non può bastare per due, allora tocca cercare da un'altra parte. O forse smettere proprio di cercare. Nulla accade per caso.»

«E ora, a che punto sono i tuoi occhi?»

«Ti invito a mettere giù il tè e andare a guardarti allo specchio...».

Tè & Zu 12

Il ricordo del Kinder Sorpresa

I ricordi hanno qualcosa di straordinario, si associano ad un profumo, un colore o un suono e riemergono quando meno te lo aspetti. Riemergono dalle profondità del mare dei ricordi per salutarti. Ci sono ricordi impossibili da eliminare. Si affezionano a te e ti seguono a vita. Non c'è nulla da fare.

Ogni volta che penso ad un Kinder Sorpresa mi torna in mente quel giorno. Un giorno di 18 anni fa. Non era passato nemmeno un anno dal mio arrivo in Italia. Era il periodo in cui frequentavo l'oratorio tutti i giorni. I pomeriggi più belli. Pomeriggi spensierati senza telefono e senza troppe preoccupazioni. Senza tante pretese.

L'oratorio era il luogo in cui tutti si riunivano. Non importava il colore della pelle, la religione o il sesso. Ci si riuniva a giocare e puntualmente, alle cinque, usciva il don con la merenda e ci riuniva tutti. Adoravo quella torta soffice al cioccolato.

Era la primavera del 2000, me lo ricordo come se fosse ieri. Ero seduto su una panchina con mio fratello, non ricordo bene cosa stessimo aspettando. Ricordo solo che eravamo di fronte ad un bar: quello dell'oratorio. Proprio in quel momento si trovò a passare di lì Lucio Stefani, un mio compagno di classe delle elementari. Mi salutò con un sorriso ed entrò nel bar. Ricordo benissimo che quel giorno era con sua madre. Tempo due minuti ed era di nuovo fuori, tenendo in mano due Kinder Sorpresa, uno per me e uno per mio fratello. Ringraziai con il mio goffo italiano. Pagherei oro per poter riascoltare le parole che usai all'epoca.

Alcune persone fanno gesti senza aspettarsi nulla in cambio. Si comportano in maniera genuina e autentica. Sono sicuro che quelle siano le persone che lasciano dietro di sé una scia di ricordi indelebilmente positivi. Sono quelle le persone che vivranno per sempre e che cambieranno il mondo senza rendersene conto.

Mi fa davvero riflettere, come certi ricordi riemergano in superficie dal nulla, e mi fa sorridere, l'idea che sia possibile trovarli persino dentro ad un Kinder Sorpresa.

Ho comprato al supermercato un ovetto Kinder, per realizzare la foto e condividerla.

Passando per una strada principale noto un ragazzino, si chiama Giacomo, sta giocando a pallone per conto suo. Io e l'amico con cui sono uscito, decidiamo di fermarci e giocare un po' con lui. Mi torna in mente di avere ancora in macchina l'ovetto. Voglio darlo a Giacomo e così faccio.

LA STORIA SI RIPETE E I GESTI INASPETTATI SONO QUELLI CHE PIÙ RIMANGONO IMPRESSI, QUELLI CHE TI TORNANO IN MENTE IN UN GIORNO QUALUNQUE.

Tè & Zu 13

Il richiamo alla natura

Il tè di oggi me lo gusto con i pochi amici che ho, nel posto più spettacolare di sempre. Le uscite spontanee ti portano a chiacchierare. Sono le conversazioni che ti porterai dietro a vita. Smile on the road.

Sono grato di avere amici così. È domenica e ho bisogno di raccontare qualcosa di reale per questo Tè & Zu di oggi. Qualcuno mi suggerisce di parlare della luna. Hamadou Diabre ride di gusto. Sostiene che ne abbiano parlato già in troppi, per via della recente eclissi. È banale, mi suggerisce di parlare della natura invece. Di riflettere sulla natura.

Essere qui è un sogno lucido. Per molti mesi ho sognato di vedere Il lago di Braies. L'idea di essere immerso nella natura e respirare l'essenza del luogo è qualcosa che ti toglie il fiato. Come ogni cosa, il viaggio arriva nel momento giusto, proprio quando sei pronto a godertelo. Io ero pronto. Io sono pronto.

Pronto? Non ci sono per nessuno. Staccare il telefono ed essere tutt'uno con ciò che ti circonda per ricaricare le energie. Staccarsi è qualcosa che bisogna assolutamente fare. Svegliarsi in mezzo al bosco guardando il riflesso del cielo sul lago, dimenticandosi di controllare prima ciò che accade al mondo, prima ciò che accade agli altri.

La natura è un miracolo. È qualcosa di magico: un'alba meritata. Ci svuotiamo per poi riempirci nuovamente. Eclissi umana. Le nostre preoccupazioni svaniscono lasciando piccole onde sul lago; sono il segno che se ne stanno andando. Dobbiamo scegliere con cura ciò che pensiamo, come un abito su misura nel giorno più importante, perché diventiamo i nostri pensieri. Nella nostra mente si costruisce ciò che vediamo intorno a noi. Ingegneria della

nostra realtà racchiusa in dieci metri quadri.
Mi sono perso, ieri notte, a fissare la luna. Era piena e sbucava dalle cime dei monti. Era vicinissima. Se avessi scalato la montagna fino ad arrivare lassù, sono sicuro che l'avrei sfiorata. Ne sono convinto. Ma sono rimasto seduto, con lo sguardo verso l'alto, senza parlare. A meditare.

LA NATURA TI PORTA A RIFLETTERE SU TUTTO CIÒ CHE TI CAPITA CONTINUAMENTE. TI PORTA A FARLO NELLA MANIERA PIÙ LUCIDA POSSIBILE. È COSÌ CHE CAPISCI CHE LA VITA NON È FATTA DI ACCUMULAZIONE, MA DI ELIMINAZIONE.

Non ha senso sprecare energie che potremmo dedicare ad altro, per sostentare tutto ciò che c'è di superfluo nella nostra vita. Se ci soffermassimo un attimo, capiremmo che certe cose, certe persone, che fanno parte della nostra vita, sono più un peso che altro. Un bagaglio per il quale non siamo disposti a pagare un supplemento.

Non voglio portarmi dietro qualcosa di cui non ho bisogno. A malapena riesco a portare me stesso.

Tè & Zu 14

Sei perso?

Sei perso, lo so. Lo riesco a sentire da un milione di chilometri, da un milione di passi da me. La verità è che tutti, seppure in parte, lo siamo, in un modo o nell'altro. Nessuno lo ammette, però. Nessuno ha voglia di mostrarlo. Dimostrarlo.

Continuiamo a parlare con superficialità mentre ci consumiamo. Le banalità mi irritano fino a farmi diventare insopportabile, persino con me stesso. Un disco rotto che gira all'infinito. Si gioca a chi riesce ad essere il più felice possibile, a chi riesce a convincere gli altri di esserlo. Segui questo discorso con me: Invidiamo la vita degli altri, osservandola dal buco di una serratura, chiedendoci come si possa vivere una vita del genere, come si riesca a sorridere nonostante tutto. Può darsi che anche quelle persone facciano lo stesso; un continuo invidiare senza motivo.

In questo modo tutti hanno una visione distorta della vita degli altri e forse, anche della propria. Io ho smesso da un pezzo di far parte di questo gioco. Ho smesso di paragonare la mia vita a quella degli altri; non ha senso. Ho smesso da un pezzo di essere un film proiettato da altri, di prendere in prestito le sceneggiature di altri. Sono in un multisala con il mio tè nero, a godermi l'unico film che ho davvero voglia di guardare: quello della mia vita.

I titoli scorrono e mostrano le persone all'interno della mia vita: gli amici veri. La musica è lenta, sembra quasi ci sia Ludovico Einaudi a dirigere il tutto. Una frase scorre e ne rimango catturato: ho un buco nell'anima, una finestra sul mondo. Il vento dei pianti entra facilmente. Mi accarezza e si porta via le lacrime da asciugare...

Tè & Zu 15

Gli amici sono sempre stati lì

«Chiedi e ti sarà dato», mi ha detto un giorno l'universo. Me lo ricordo bene. È successo una sera di una vita fa. Ero sdraiato per terra con la faccia rivolta verso il cielo scuro. Dimentico sempre il motivo per cui il cielo della sera ha questa colorazione. Sarà l'infinito o qualcosa del genere. Me l'ha sempre spiegato in maniera dettagliata Filippo, ma forse amo il fatto di non capire certe cose. A volte amo lasciare tutto in sospeso. Non lo faccio per una ragione. Succede e basta. Anche quella volta, da sdraiato, lasciai perdere. Non chiesi nulla, il genio della lampada rimase a fissarmi per ore. Continuava a muovere le nuvole e a spegnere qualche stella come se dovesse andare a dormire. Sapeva che ero bruciato. Fase di burnout.

Lo sapevi che di notte le nuvole si muovono più lentamente? In realtà non ne sono affatto certo, ne ho solo l'impressione. Sono così da due ore e le forme sembrano essere sempre le stesse. La nuvola al centro ha il suo viso, la stessa espressione di quando mi lasciò. Mi lasciò davvero?

Non stavamo per sposarci, ma ricordo bene quando mi lasciò, sull'altare della città. Potevo vedere tutto il mio mondo da lassù. Si presentò lì per l'ultimo saluto, per poi andarsene via. Respirò una parte della mia anima per poi lasciarmi il resto in spiccioli. Sapeva che ero bruciato. Fase di burnout.

Gli amici sono stati sempre lì, con i caffè della mezzanotte e gli occhi lucidi. Conversazioni silenziose. L'universo è sempre stato lì, silenzioso, continua a fissarmi, sa di cosa ho bisogno: qualche amico vero che non ti faccia domande e qualche caffè.

Tè & Zu 16

Momenti

Un momento può essere comprato? Certo, chi dice di no mente spudoratamente. Ho comprato momenti con il mio tempo, l'unica valuta che ho. L'unica in cui credo veramente. L'unica che non può essere rimborsata.

I momenti possono essere comprati. Ne ho comprati un paio dando un pezzo del mio cuore; l'ho frantumato e non me ne pento. Ci sono dei pezzettini mancanti.

Ho comprato un paio di momenti pagando con le amicizie più care; anni dati via per dei momenti. Anni bruciati. Fuoco bruciato.

Ho comprato momenti pagando con altri momenti.

Ho barattato momenti per altri momenti, ma non ne ho mai venduti; non saprei darci un prezzo. Non conosco il valore dei soldi, davvero.

Alla fine, i soldi non mi sono mai importati, non si tratta di quanti tu ne abbia in banca né di quanto tu sia disposto a spendere. Si tratta di avere il giusto per godersi la propria vita; una bilancia perfetta. Sono in bilico. Salto da un filo che sta per essere sciolto ad un ponte che non so fino a quanto sia capace di reggere...

Sì, lo voglio

Non voglio più essere una persona mediocre. Non mi accontento di meno di ciò che merito. Voglio i miei sogni. Ci vuole tempo, ma li voglio con tutto me stesso. Voglio la vita, voglio respirare il cielo e fermarmi sotto un albero cosmico. Tutti meritiamo la felicità. Tutti, anche tu. Sei felice?

Ho scritto quello che desidero, con tutto me stesso, e lo leggerò ogni giorno per non scordarmelo. Dovresti farlo anche tu, te lo meriti.

Sono seduto al bar, da solo, in compagnia di un caffè. Strappo un foglio dalla mia agenda delle visioni e ci scrivo tutto me stesso: i miei sogni. Lo desidero con tutto me stesso. Li rileggerò tutti i giorni, fino al giorno in cui mi troverò di fronte tutto ciò che ho sempre desiderato. Sarò felice allora?

Non lo so. Poco importa perché lo sono già adesso. Il caffè con me stesso mi rende la persona più felice del mondo. Per questo faccio fatica a rinunciare a questo momento.

Scrivere le nostre idee le rende più vicine a noi. È un modo per ricordarle e capire che le vogliamo realmente. Non so quanti di voi già lo facciano, ma vi posso assicurare che è il segreto per cambiare la propria vita.

Tè & Zu 18

È una follia!!!

Non potrei essere più grato di così in questo momento. Sono esattamente dove vorrei essere e sto facendo ciò che più mi piace. Bologna è una regola. Amo la vita e amo di più le coincidenze, con tutto ciò che portano di buono. Amo le persone e gli incontri che l'universo decide di regalarmi.

Una cosa che ho imparato è che le persone che incontriamo non sono mai frutto del caso, che hanno sempre qualcosa da insegnarci e che qualcuno le ha mandate da te. È come se noi stessi ci osservassimo da una postazione strategica e scegliessimo le persone da mandarci: un modo per inviarci dei messaggi senza farci scoprire.

Ci osserviamo, e quando ci accorgiamo di non star cogliendo il messaggio ci malediciamo da lontano: «Ma sei cretino? Ti ho mandato dei messaggi e tutto ciò di cui avevi bisogno e tu cosa fai? Decidi di non darmi/darti ascolto!» A volte sì, siamo talmente occupati a preoccuparci del passato che ci sfuggono i segnali per realizzare tutto ciò che abbiamo desiderato.

Questi segni sono tutti di fronte a noi. Sono la cosa più ovvia che ci sia. Dobbiamo solo fare più attenzione agli sconosciuti che incontriamo; in realtà non sono altro che le persone che ci siamo mandati. Sembra folle lo so, ma proviamo a pensarci un attimo. Avrai sicuramente incontrato qualcuno che ti ha dato un consiglio senza che tu lo chiedessi, oppure ti sarà capitato di sentire una frase, di cui in quel momento avevi bisogno, pronunciata in una conversazione ad alta voce tra sconosciuti. E se fossimo noi stessi ad aver creato quelle situazioni? Non chiedetemi né come né dove, perché non lo so neppure io.

È una follia lo so.

Quando capisci realmente le potenzialità che hai dentro di te, inizi a percepire tutto in maniera diversa; tutto ciò che abbiamo intorno è energia. Siamo energia. Tutto prende forma nel modo in cui noi lo percepiamo.

Siamo atomi.
Siamo quark.

Siamo l'universo. ...E se proprio fatichiamo a cogliere tutto ciò, immergiamoci nella natura...

Tè & Zu 19

Le sigarette non sono un problema

Non credo che le sigarette siano un problema. Davvero. Le ho sempre evitate perché pensavo che fossero dannose per la salute, ma la verità è che non è così. Certo, contengono qualche sostanza che bene alla salute di sicuro non fa, ma non sono affatto un problema.

Si leggono molte storie di persone che raccontano come abbiano smesso di fumare e della loro forza di volontà. Oggi invece voglio raccontarvi la mia di storia: di come ho trovato la forza di volontà di iniziare. Certo non è facile iniziare, ci vuole coraggio. Ma facciamo un passo alla volta. Ieri, il 24 agosto, ho preso in mano la sigaretta e lei mi ha insegnato a fumare e tossire in maniera appropriata.

Fumare non è affatto facile, bisogna avere stima di sé stessi ed esserne fieri. Chi fuma di solito è una persona vissuta. Voglio avere anche io l'aria da vissuto. I problemi del passato e tutte le storie d'amore finite male non mi hanno trasmesso quell'aria da vero vissuto. Carla, la ragazza vissuta, di fianco a me, mi confida che il mal di testa da matricola che fuma si supera fumando.
«Tranquilla Carla, non credo proprio che mi fermerò.»

Mi guarda e rimane sbalordita dall'idea che vorrei cominciare a fumare. Non ci vedo nulla di male, lo fanno tutti. Poi se davvero facesse così male, non lo farebbe nessuno, no? Tutti gli artisti e le grandi personalità fumano. La foto sul pacchetto è solamente una trovata pubblicitaria, non ha nulla a che fare con le conseguenze del fumo.

Mi accende la sigaretta e mi sorride. Le viene in mente il tipo del giorno prima che continuava a tossire senza mai smettere: «Senti Zu, ti ricordi il tipo di ieri? Forse sono le conseguenze del fumo. Non credo che tu debba fumare. Se non l'hai fatto per una vita non credo tu debba cominciare oggi. È una dipendenza.» Io credo che la dipendenza non c'entri nulla. Credo che sia solo un'abitudine. In realtà fumare ha anche i suoi lati positivi; ci concentriamo tanto sui lati negativi che spesso perdiamo di vista quelli positivi. La sigaretta ti permette di socializzare.

Poi cosa dovremmo fare durante una pausa? Non è meglio accendersi una "sana" sigaretta e parlare con gli altri fumatori?

Alla fine, pensandoci è un ottimo modo per socializzare, avere un'interazione stimolante, magari con culture diverse.

Mi viene in mente quando mio nonno mi mandava a prendere le sigarette dal tabaccaio giù in Marocco: «Vai a prendere le sigarette e non fare tardi. Prendimi le Casa», diceva. Quelle sì che erano sigarette da vero vissuto: senza filtro!

Ora che ci penso mi vengono in mente tutte le volte che lo sentivo tossire, mentre continuava a fumare nell'altra stanza. Non avevo mai visto i suoi occhi mentre lo faceva. L'età avanzata e la nebbia che circolava nella sua stanza erano un chiaro segnale che il suo momento sarebbe giunto presto. Da quella stanza si sentivano soltanto i suoi colpi di tosse tra un tiro e l'altro. In ogni caso, non credo che le sigarette c'entrassero qualcosa. Altrimenti avrebbe smesso, no?

Avrei dovuto cominciare a fumare prima. Avrei evitato di avere il mal di testa da matricola. Ho avuto tante occasioni in cui ho rifiutato di fumare. Prima cominci, meno problemi avrai dopo. Tutte le indagini statistiche mostrano numeri sbagliati; vogliono scoraggiarci dal fumare. Mi guardo attorno e noto tutte le persone che fumano. Il gesto di alzare la mano e sbuffare mentre si osserva il cielo e l'infinito è davvero figo, l'ho visto fare in molte scene di film.

Non è vero che le multinazionali investono miliardi per alimentare questo vizio.
Non è affatto vero.
Non siamo mica stupidi.
Se il fumo facesse davvero male, non fumeremmo, cosa credi?
Avremmo altro a cui pensare.

Sto sbuffando il mio ultimo tiro. Ma quanto spacca dire sbuffando? Sto sbuffando il mio ultimo tiro mentre penso alle sue parole: «Il sapore delle sigarette non mi piace, non credo che starò mai con una persona che fuma.»

Il suo ragazzo attuale fuma, non è vero Zu? Mi faccio una domanda di cui so già la risposta. Le promesse a volte non sono fatte per essere mantenute. Avevo promesso a me stesso che non avrei mai fumato.

Tè & Zu 20

Nessuno mi ha capito realmente

Ti faranno sentire diverso. Ti faranno sentire fuori luogo, in tutti i posti che frequenti. È già capitato e se non te lo ricordi, dovresti rovistare nell'armadio della tua memoria. In realtà, sai, non è che mi importi più di tanto, non ho nulla contro nessuno. Adesso. Sono concentrato su me stesso, solo che avrei voluto farlo prima. Avrei voluto imparare a conoscermi prima, o almeno conoscere qualcuno che mi somigliasse molto. Anche tramite una chiamata anonima: «Dovresti continuare su questa strada, sei la persona più vera tra tutte quelle che conosco. Non cerchi di piacere a nessuno perché non vuoi perderti». Avrei voluto tanto sentire queste parole, e invece la gente continuava a bombardarmi con domande senza senso:

«Perché non parli molto Zu?»
«Dovresti fare esattamente quello che facciamo noi.»
«Sei molto diverso da noi, lo sai vero?»

«Bullshit!», avrei voluto dire. Mi accontentavo di sorridere perché non sapevo cosa rispondere. Dico davvero, ho detto talmente tante frasi fuori luogo che a ripensarci ora non posso che riderci su. Sorridevo dicendo qualcosa che a sua volta strappasse un sorriso. Ero io. Non mi aspettavo che le persone mi capissero. Io mi capivo.

Alle superiori ho visto persone cambiare gusti musicali e stile solo per non sentirsi esclusi.

Ora mi chiedo: esclusi da cosa? Da un sistema?

SE ENTRI NEL SISTEMA TI ESCLUDI DALLA VITA.
ORA A TE LA SCELTA!

Guardavo senza giudicare. Mi piace tutt'ora l'idea di essere me stesso, anzi, adesso forse la apprezzo ancora di più. Dovreste capirlo, il prima possibile. Siete tutti completi con tutti i vostri difetti. Forse sono proprio quelli a rendervi unici. Autentici. Veri. Vi sfido a guardarvi dentro e trovare la vostra diversità. Le avversità sono la chiave della crescita, io ne ho vissute tante. Sono grato per questo.

Carla sorride ancora all'idea che vorrei cominciare a fumare. Lo racconta a Patricia che cerca di capirmi squadrandomi. Non credo che qualcuno mi abbia mai capito realmente. La diversità è una cosa meravigliosa. Marocco, Brasile, Germania, chi l'avrebbe detto che la vita mi avrebbe fatto incontrare persone tanto meravigliose. Sono fuori dal sistema e mi sento incluso nel club della vita. Amo vivere. Non ho l'aria da vissuto di chi fuma, ma ho gli occhi di chi ne ha viste tante e ne va fiero.

Star seduto sui gradini in piazza mi fa sentire presente in questo momento. È domenica e io dovrei prendere una tazza di tè, un rituale settimanale.

… … … … … Tè & Zu 21 … … … … …

Avreste dovuto dirmelo!

Mi aspettavo di più da voi, davvero. Ho passato molto tempo con voi, ma non me lo avevate mai detto. Non è che volessi che lo notaste, è ovvio. Bastava guardarmi negli occhi per accorgersene.
Me l'ha dovuto dire lei.

Eravamo sugli scalini della basilica della città. In mano una focaccia, nell'altra un Estathè e gli occhi più spenti che abbia mai avuto. Gli occhi di chi ha perso da un bel po' e riprova a rimettersi in gioco.
Ho scommesso tutto.
La mia anima.

Avevo dei pantaloni neri, me lo ricordo bene. Una giacca pesante, ma non abbastanza da proteggermi dal freddo che avevo dentro. La legna era finita e il fuoco si era spento. Io Ero spento. Forse anche prima che ci conoscessimo. Era stata lei ad accenderlo, non so come abbia fatto. Dico davvero, quando il legno è bagnato non basta più una scintilla. Ora che ci penso attentamente, forse, non mi sono mai acceso; quello che vedeva era il riflesso dei suoi occhi. I miei occhi si erano comportati come uno specchio. Mi voleva guardare gli occhi sotto a questi Ray-Ban. Sapeva che ero spento. Si vedeva, però voi non l'avete notato. Prendere un caffè fuori con voi era una terapia, il mio psicofarmaco.

Ho provato a mentire, ma l'anima negli occhi non può essere simulata.
Lei mi aveva capito. Non stavamo più insieme, era un incontro tra vecchie anime che in qualche modo sono venute a contatto. Due scintille in contatto.
Due che si accendono a vicenda per poi vedersi spegnere lentamente.
Una città senza colori a Natale.

Tè & Zu 22

Non riesco più a farlo!

A volte per quanto sforzo io ci metta, rinuncio senza che si possa notare. Rinuncio a parlare e perdo interesse nelle cose, nel discorso. Non è per cattiveria, ma giuro non riesco più a procedere, è come se ci fosse un muro. Parlo di quello di cui ho sempre voluto discutere: i sogni, la vita e tutto quello che riguarda l'universo.

Discorsi senza leggi.
Discorsi a ruota libera.
Discorsi senza pregiudizi.

É figo riuscire ad incontrare persone con le quali è facile comunicare senza bisogno di mascherarsi. Essere liberi. Dimenticare tutto quello che hai imparato per partorire parole nuove. Idee in gestazione da una vita, che nascono con le persone giuste.
Forse.

Poi arrivo ad un certo punto e non riesco più a procedere, la mia voce non procede più. Una voce da radio in galleria. Niente più note vocali. Vorrei scavare a mani nude, ma è inutile. Lo farei, ma capisco che non avrebbe senso. Quando si crea un muro di convinzioni è difficile liberarsene e le mie mani non hanno il potere di scavare oltre.

Dico davvero, mi sforzo, ma arrivo ad un punto in cui non so più come continuare la conversazione, vorrei dire «non mi interessa più», ma non posso.
Non è carino, giusto?
Cosa fai in questi casi?

Lasci tutto in sospeso e te ne vai o continui in qualche modo?
Io scelgo sempre di rimanere, gli occhi spengono le luci rimaste della mia stanza mentale e mandano i discorsi infiniti a dormire.

«Sarà per un'altra volta, tranquillo che non tutte le persone sono così.»

«Dici?»

Le voci si chiudono ognuna nella propria stanza.
L'ora d'aria è finita, potete tornare tutti nelle vostre celle. Amo parlare, lo amo davvero tanto. Per me è una terapia: parlare senza mai stancarmi di ascoltare.

Arrivo sempre ad un punto in cui è come se scavassi nella roccia, una roccia che non si può sbriciolare. Lì si nascondono tutte le convinzioni che si sono create nel corso della vita. Tutte le idee in cui ti hanno fatto credere, i tuoi dogmi.

Capisci che nessuno può superare quel punto. Non ti riesci a lasciare alle spalle ciò che hai imparato. Credetemi, ci provo, ma è come scavare a mani nude in una montagna.

Bevo un sorso di questo tè domenicale, pensando al discorso senza confini di quel tetto e l'immenso. Le persone sono straordinarie e tu un po' di più.

Tè & Zu 23

La ribellione nella sua semplicità...

La cosa più ribelle che sia possa fare è dire NO. Me l'ha appena detto Domenico, questa mattina. Oggi a Bologna si respira un'aria blues, la città è serena e i musicisti si sono messi d'accordo in qualche modo per trasmettere un po' di blues. Mi sono fatto convincere anche io e sto ascoltando un po' di Amy Winehouse. *Don't go to strangers* è il titolo del brano che accompagna il mio tè della domenica, quello capace di tirare fuori la parte più vera di me. Ascolto le parole di Amy, ma questa volta non sono d'accordo, mi dispiace.

Sono andato da uno sconosciuto e ho conosciuto la sua storia. Una chiacchierata con Domenico era proprio quello di cui avevo bisogno. Mi ha raccontato della sua vita e degli errori che alcune persone continuano a fare. Mi ha parlato di come ognuno di noi dovrebbe essere sicuro dei suoi sogni e imparare a dire di no quando non se la sente di fare qualcosa. Strano, sai, proprio ieri ho detto un NO importante, perché all'ultimo non me la sono sentita. Ho lasciato perdere. Non ne valeva la pena. Ognuno di noi continua a dire di sì per poi lamentarsi continuamente con un'altra persona. Avrebbe voluto dire no, ma non ha avuto il coraggio di farlo, ha rinnegato la propria libertà. Ce la vediamo sfumare per una sillaba che non riusciamo a pronunciare. Perdiamo l'uso della voce nel momento della decisione e ripetiamo ciò che ci fa comodo: Sì.

«Domenico, facciamo un gesto ribelle!»
«Sai, a me non sono mai piaciuti i simboli. Essere semplici è la forma più ribelle. Sorridi!»
Sì, sono d'accordo con te. Essere il più semplice possibile è la cosa più ribelle che esista.

Tè & Zu 24

अनस्थरि

Mi piace pensare che nasciamo liberi per poi esserlo per sempre. Liberi per il resto della nostra vita. Liberi di essere noi stessi per tutto il tempo a nostra disposizione. Se ci penso a fondo, davanti a questo tè della domenica, credo sia solamente una storia romantica industrializzata. Una storia d'amore che è destinata a fallire perché la libertà non ama anelli al dito.

Come fai a voler la libertà che manco sai riconoscerla?

Ho riconosciuto la libertà in due ragazzi conosciuti ieri mattina. Hanno il sorriso di chi non ha nulla da perdere e gli occhi di chi ha visto molto. Abbiamo preso un caffè al bar e riso come vecchi amici che si erano persi di vista e che si raccontano le loro disavventure faticando a trattenere le risate. Mi raccontano del loro viaggio in autostop e di come hanno trovato la pace interiore in India.

Marie pratica lo Yoga tutti i giorni e ha un tatuaggio sull'indice della mano sinistra: «अनस्थरि». Impermanènte. Mi spiega che tutto quello che abbiamo non è destinato a durare, in realtà, nulla dura per sempre e forse dovremmo ricordarcelo più spesso.

È sempre magico parlare con degli spiriti liberi, perché ti portano nel loro mondo per poi farti dimenticare di avere delle preoccupazioni e forse persino una vita.

Ci facciamo trascinare nella vita di tutti i giorni per dimenticare che esistiamo, dimentichiamo di vivere e proiettiamo noi stessi in quello che abbiamo:

Abbiamo un lavoro, ma non siamo il nostro lavoro.
Abbiamo un conto in banca, ma non siamo il nostro conto in banca.
Non siamo né la nostra macchina, né la nostra casa.

«Don't let them fool ya», mi ripete Bob Marley stasera. Tutti i consigli più veri e genuini li ho ricevuti da persone che non respirano più. La musica mi aiuta ad assorbire meglio i consigli, perché a volte li dimentico.

«É buffo Zu, sai, non mi hai mai spiegato realmente la tua libertà?»

«Vuoi conoscere davvero la mia idea di libertà?»

«Certo!»

«Martedì.»

«Perfetto, metto io a bollire l'acqua questa volta.»

Tè & Zu 25

Libertà

La libertà sfugge dalle mani, scivola fra le dita e sorride all'idea che tu la possa sfiorare. È una donna dallo spirito libero, non si fa certamente comandare.

La libertà ha sempre qualcosa di nuovo da raccontare. È pronta a sederti accanto in una sera qualsiasi con la luna piena, ma non pensare di fare il furbo cercando di baciarla. Non ci casca in questi giochetti.

La libertà compare sempre quando meno te lo aspetti, anzi, compare proprio quando ti passa di mente. È lì che la magia accade. È solo quando ci scordiamo delle cose che queste ci tornano in mente. È solo quando non facciamo caso a loro che loro fanno caso a noi. Forse è la libertà che cerca noi, assicurandosi però che non siamo un peso per lei.

La mia libertà la trovo a notte fonda surfando la città. La trovo quando la città dorme e i miei pensieri sono onde calme alla deriva. Hanno un suono rilassante. La luna calma queste maree dentro la mia testa e dà un senso a tutto questo.

La libertà mi fa compagnia e si trasforma in persone che neanche conosco. Ieri notte ha preso le sembianze di Carlos. È del Nicaragua e ha gli occhi accesi nonostante sia un pensionato che passa le proprie serate in compagnia della birra.

Carlos non ama viaggiare e a volte si chiude in casa. Gli assomiglio, perché a volte mi chiudo in me. La libertà mi ha insegnato a rispettare le libertà degli altri. Non giudico.

Parlo, rido e condivido.
Mi offre il mio secondo caffè.
Ringrazio, saluto e volo sulla tavola.

La luna emana raggi di ispirazione
che io catturo continuando poi a scrivere frasi mentali che dimentico
facilmente.

Mi sorride.
È luminosa, ma
Non brilla di luce propria.
Ci ripenso e sorrido, ma
non di pensieri miei.

Tè & Zu 26

Ci metterei la firma

I libri maledetti mi affascinano da sempre. Quelli scritti in un periodo strano dell'autore. Quelli in cui i dettagli devi andarteli a cercare e scoprire tramite confessioni di amici. Jack Kerouac ha scritto romanzi maledetti, almeno un paio che ho letto. La storia che c'è dietro è sempre fuori dal normale, solo in pochi lo riescono a percepire.

Mi hanno detto che dovrei scrivere un libro su come rovinare i rapporti in 24 ore. Ci metterei la mano sul fuoco che riuscirei anche in meno tempo. Non ci vuole nulla, è la cosa più semplice che si possa fare. Basta prendere la verità e metterla su un piatto di ceramica bianca. Il contrasto è così evidente che il proprio viso appare come verità. Un po' come guardarsi allo specchio e non saper reggere quello sguardo. È lì che si nasconde la verità.

Avete mai provato a fissarvi allo specchio per capirvi un po' di più?

Non vi consiglio di farlo, dopo un minuto il confine sparisce e rischiate di catapultarvici dentro. Uno specchio di vetro colato che vi assorbe. Si perde il senso della realtà. Ci ho provato e ho paura di essere finito dall'altra parte dello specchio.

Non tutti accettano la verità, o meglio, non si regge in piedi da sola. Ha bisogno di un paio di stampelle. Si preferisce andare avanti senza fare i conti con sé stessi; è un po' come mentirsi guardandosi negli occhi. Mi sono guardato talmente tante volte che mi sono odiato, per poi far pace con me stesso. L'ho fatto e ora non ho più nessuno a cui chiedere scusa.

Sto bene.

I'm fine. Ho fermato Lil Wayne per cercare un pezzo che contenesse "*I'm fine*" nel testo. C'è sempre lui, Jeremy loops che mi fa compagnia.

"... Just wanna tell that I swear I'm fine
I don't lose my mind anymore
It's not a problem but I
Just wanna tell you that I swear I'm fine
And I don't lose my mind anymore..."

Grazie Jeremy, sei sempre d'aiuto. Dovremmo prenderci un caffè. Dico sul serio. Forse meglio un tè, mentre ognuno scrive le sue canzoni. I consigli più veri che ricevo vengono da persone che non ho mai conosciuto.

Sto bene, lo giuro.

I miei primi 31 euro con l'arte

Ho stima per tutti quelli che si guadagnano da vivere con l'arte. Una stima profonda da creare un pizzico d'invidia. Nasciamo tutti artisti, nessuno escluso. Tutti hanno il dono di rendere la propria vita un capolavoro. Non sono parole al vento, è ciò che penso.

L'UNIVERSO HA DEI PIANI PER OGNUNO DI NOI.

Il mondo che ci circonda ci ridimensiona come se fossimo un pezzo di ghiaccio che aumenta di temperatura fino a svanire per poi conformarci a tutto ciò che abbiamo intorno. Acqua che prende forma da pensieri non nostri.

Ho sempre amato scrivere, ma a dire la verità c'è un momento preciso in cui ho iniziato a scrivere seriamente. Ricordo esattamente quando ho scritto interi fogli per dimenticare lei, ho scritto cose che a volte stento a credere siano opera mia. La scrittura ha il potere di svuotarci raccontandoci, ma non è detto che dobbiamo per forza condividerlo con gli altri.

Solo riempire il foglio ha il poter di rigenerarci:
una terapia.

Oggi ho voluto dare forma ad un nuovo progetto e ho iniziato a provare a metterlo in pratica. Una Polaroid poetica per sconosciuti. L'idea è piaciuta molto. Vedere il sorriso delle coppie e l'emozione nei loro occhi è una sensazione impagabile. Ho scattato la prima foto di una coppia. Ricorderanno sempre quel momento grazie ad una mia idea.
Non è una figata?

L'idea è di trasformare una polaroid in un quadro con una breve poesia all'interno. Un testo personale mai scritto prima, un qualcosa che appartenga solo a loro: una magia. Sto scrivendo un sacco ultimamente, oltre al mio libro. Riuscire anche a portare il mio amico a cena, come gli avevo promesso due settimane fa, è qualcosa di straordinario.

L'UNIVERSO È SEMPRE DALLA NOSTRA PARTE, MA SOLO QUANDO RIUSCIAMO A FIDARCI DELLE NOSTRE SENSAZIONI RIUSCIAMO A TROVARE LA NOSTRA STRADA. BOLOGNA HA UNA VIBRAZIONE E UN'ENERGIA FANTASTICA CHE VORREI ASSORBIRE PER INTERO.

La luna mi illumina, ma so già cosa mi vuole trasmettere, senza che mi parli.

A volte cambiare punto di vista, prospettiva, città o semplicemente le persone che abbiamo intorno, ci fa maturare e vedere il mondo con nuovi occhi. Il mondo che ci meritiamo. 31 euro non sono un granché, anzi forse non sono nulla, ma a chi importa quando ho un sorriso che splende per strada. Sono felice.

Vorrei dire a chiunque legga questo scritto, che è speciale.
Tu hai il dono di rendere la tua vita un film di cui sei il protagonista.

Tè & Zu 28

Gli errori che conta... no!

Rifarei ogni singolo errore se fosse il prezzo per essere qui sperduto da qualche parte in Islanda insieme al mio amico Mounir. Mi farei rompere il cuore nuovamente altre mille volte e mi farei lasciare senza chiedere spiegazioni, alla fine è quello che ho fatto ultimamente.

Piangerei sorridendo se avessi saputo che sarei stato qui a godermi il mio sogno: l'aurora boreale.

«Zu, hai visto l'aurora?»

Sì, cazzo, l'ho vista. Il cielo risplende di verde e mi dà segno che mi sta ascoltando. Il cielo dà tutte le risposte che stiamo aspettando, è l'universo che l'ha mandato per dircelo.

Gli errori sono ciò da cui dobbiamo imparare perché sono segni del nostro destino, sono la cosa più spettacolare che ci possa capitare. Lo scrivo con il sorriso mentre sorseggio un tè a Reykjavík. Siamo arrivati in autostop e il mio amico ci ha procurato un passaggio di due ore e mezza fino all'ostello dove dormiremo stanotte.

La nostra macchina ha smesso di funzionare all'improvviso in mezzo al nulla dopo che avevamo fatto il bagno sotto la pioggia in una sorgente calda.

Non mi pento di nessuna scelta della mia vita, sono esattamente dove dovrei essere e tu sei esattamente dove dovresti essere. Sei nel posto e nel momento giusto per fare le scelte che ti porti dietro da una vita, lascia l'ancora che ti lega al passato, perché solo a quel punto farai cose che nemmeno ti rendevi conto di saper fare.

PRENDI TUTTE LE TUE PAURE E LASCIALE NEL PORTO SICURO, FUORI C'È UN MONDO CHE TI ASPETTA. SONO SUL CIGLIO DEL MONDO E MI GUARDO CADERE, PERCHÉ LA SENSAZIONE DI ESSERE IN ARIA MI DÀ I BRIVIDI.

Tè & Zu 29

Se corri come un fulmine, ti schianti come un tuono

Ho seguito regole per la maggior parte della mia vita. Un'eco degli altri che non mi ha portato da nessuna parte o forse, solo dalla parte in cui non volevo trovarmi.

Ho smesso per un certo periodo di essere persino me stesso, fino a perdermi! Non sapersi più riconoscere non è una bella sensazione. Non è una situazione facile da cui uscire. È come essere in una minuscola imbarcazione in mezzo all'oceano che continua ad agitarsi.

Far finta di nulla risulta difficile.

Mi sono incontrato in qualche barca di qualche cacciatore di balene e mi sono portato a prendere un caffè. Mi sono spogliato di tutto quello che avevo: la mia armatura di emozioni. L'unico modo per uscire da una situazione che non si desidera è ammettere le colpe senza cercare un colpevole, capire il problema e ripartire da zero.

Partire nuovamente dal punto di partenza non mi spaventa. Ripartirei altre mille volte se fosse necessario per essere ciò che voglio. Senza regole e spoglio di tutto quello che possiedo.

I soldi non fanno la felicità, vero? Perché mi sento male quando non riesco ad offrirmi un caffè?

Quando me lo offre un amico è sempre una sensazione meravigliosa. Non è il fatto del caffè, ma il fatto di avere la ricetta perfetta, la cura di cui ho bisogno di tanto in tanto: un caffè, un amico e tante stronzate da raccontarsi.

I soldi fanno la felicità? Non lo so nemmeno io, mi metto sempre in dubbio. Sempre in discussione per tutto. A volte non sono nemmeno sicuro che sia io l'autore che partorisce questi pensieri. La mia mano si muove scolpendo la carta, dando vita a parole che prendono senso: donando un'anima alle parole.
Una danza che solo chi ama leggere percepisce.

L'ultimo periodo l'ho passato scappando dalle situazioni che non mi portavano da nessuna parte. Sono stato bene. Egoismo? Non è che forse tutti noi siamo egoisti? Se una persona vuole tenere un'altra persona nella sua vita, non è egoismo quello?

LE PERSONE NON CI APPARTENGONO. FORSE NEMMENO NOI CI APPARTENIAMO, A VOLTE.
NON APPARTENIAMO A NULLA.

Ti sei mai messo in dubbio su tutto? No, dico sul serio. Su tutto! Non siamo alla fine tutti ancorati a qualcosa? Corro a petto nudo perché è l'unico modo per sentirmi libero. La sensazione del freddo e l'asfalto gelido sotto i piedi mi fa sentire vivo e mi viene voglia di consumarmi prima di spegnermi.
Completamente.

Mi torna in mente la frase di un film che ho visto tre volte: «Se corri come un fulmine, ti schianti come un tuono...»

Lui correva in moto, io corro a piedi nudi...

Non sono solo sogni.
Come possono esserlo?

A volte capita che faccio chiamate lunghe ore. Non capita spesso, solamente una volta ogni tre mesi circa. Quattro volte all'anno. Non hanno una cadenza precisa, capitano e basta. Non è neanche sicuro che capiti. Un po' come quando si mette a piovere all'improvviso. Rispondo senza chiedere come stai. È banale. Nessuno in realtà risponde sinceramente, non lo faccio nemmeno io.

«Come stai?»
«Bene man e tu?»

Dai non è una conversazione reale. Come può esserlo? Non è meglio saltare subito alle cose vere? Non sarebbe figo dirsi le cose in maniera spontanea, così da arrivare al petto del cuore?

La chiamata l'ho ricevuta due settimane fa. Ero in giro sul mio Longboard, a notte fonda. Il telefono di solito è scarico, lo sanno tutti che non lo carico spesso. Ero in giro, poco dopo le undici, quando mi ha chiamato. É un vecchio amico che avrò visto l'ultima volta due anni fa, come minimo.

Mi chiama, spengo la musica. Avevo musica nuova da ascoltare. Non sono il tipo da stare al telefono, mi rompo dopo pochi minuti, figuriamoci ore. Mi racconta tutto e si parla per due ore.

Arriviamo a parlare di un concetto che ho sentito da chissà chi. Seguitelo bene perché è una cosa che mi ha affascinato e mi sto portando dietro da un sacco di tempo.

«Dormiamo giusto?»

«Certo Zu che dormiamo.»

«E sogniamo, non è vero?»

«Ma è ovvio, lo sanno tutti.»

«Perfetto.»

«Nei nostri sogni ci sono persone, non è così?»

«Sì...»

«E quelle persone sono reali, hanno una personalità e, a volte, a quelle persone non siamo simpatici. A volte ci odiano.»

«E quindi che vorresti dire?»

«Nulla, è che mi sembra tutto così assurdo. Dormiamo, inventiamo una realtà e creiamo personaggi a cui non siamo simpatici. Cioè, abbiamo dato vita a qualcuno che non ci ama; è assurdo, ma è affascinante allo stesso tempo. La nostra mente è così spettacolare, non lo pensi anche tu?»

«È la nostra mente che ha creato il tutto. È stupefacente.»

E nel mondo reale è possibile fare una cosa del genere?
Nel mondo reale?

Che importanza ha. Tutto è creato nella nostra mente prima di diventare realtà.

Caffè orgosmico

Chi dice che l'amore è eterno, non l'ha mai vissuto. Non ha mai capito che si può smettere di amare di colpo, senza conoscerne le ragioni. Non si può spiegare l'illogico.

Chi dice che l'amore fa superare tutto, forse non l'ha mai visto. Alcuni muri non sono destinati a cadere e frantumarsi. Gli errori sono gusci delicati da cui stare alla larga.

Non tutti vogliono pagare per degli errori: i tuoi.

Chi dice che l'amore segue il cuore, non lo ha mai seguito realmente. È tutto nella nostra testa: forse è il cervello che ha un cuore dentro. Scelte razionali mascherate da sentimenti. Il cervello è il nostro cuore, lo abbiamo usato dando le colpe a qualcuno che non c'entra proprio nulla.

Mi ero innamorato. Il fatto che me ne renda conto quando succede mi manda fuori di testa, o forse sarebbe meglio dire "fuori di cuore". Vado fuori di cuore per come tu riesca a parlarmi per ore senza annoiarmi. Mi annoio spesso, ma con te è diverso. I sorsi di caffè sono un aperitivo alle tue parole. Escono fuori, mi prendono per mano e mi portano lontano passando per la galleria del cosmo.

Abbiamo fatto per caso l'amore vestiti, dentro a quel bar?
Non era un semplice caffè.

Caffè cosmico. Caffè orgasmico. Caffè orgosmico.

Tè & Zu 32

Il caffè delle sette chiese

Il mio tè della domenica è un rito. È iniziato quando ero sicuro che avrei smesso con il caffè, ne ero convinto. Mi sbagliavo. Tre settimane dopo ho ripreso come ogni vizio che non ti lascia. Torna sempre, come fai anche tu, solo in mente però.

Nonostante non abbia smesso con il caffè, il tè la domenica mi accompagna e mi solleva quando non me la sento di parlare. Quando mi dico che oggi dovrei prendermi una pausa di riflessione da me stesso.

Mi offro un tè caldo verde, con uno spicco di arancia e una foglia di menta. Mi faccio la solita domanda di cui a volte mi scordo. Le luci rosse del bar creano una strana atmosfera, danno l'idea di trovarsi fuori, a notte fonda, e che questo non sia proprio un bar. Sono l'unico seduto e mi sembra strano.
Siamo sicuri che sia davvero un bar?

Leggo "Caffè delle Sette Chiese" sull'insegna e mi rimane comunque qualche dubbio.

Da qui non si riesce a vedere la luna. L'avevo persa di vista per un po' di giorni la settimana scorsa, mi era mancata, ma stasera l'ho vista. Sono le 18.48 e il tè è ciò di cui avevo bisogno.

«Cazzo quanto è buono...» Dovrei tornare più spesso qui, a notte fonda però. Darebbe più senso alle sensazioni che provo ora, a questa strana atmosfera.

L'hai dimenticata?

Certo che l'ho dimenticata, per questo sto scrivendo di lei. Sto scrivendo di lei per dimenticarla per sempre, come l'ultimo pensiero che voglio avere prima che la memoria si spenga da sé.

È il mio caffè a cui non riesco a rinunciare. Il caffè a cui ho detto tante volte basta. Il suo profumo è una lenta condanna che mi consuma.

Mi segue.
Mi consumo.

I sorsi sono dolci e mi chiedo ogni volta come io abbia potuto dire di no, come abbia fatto a resistere ogni volta, fino a privarmi di qualcosa che faceva parte di me. Una parte del corpo mi è mancata per un po' e io sono stato bene.

Sono in sala operatoria con il petto aperto, l'infermiere mi sorride e si chiede cosa riesca a tenermi in vita. Le mie vene sono più scure. Sono sicuro che sia il caffè di cui mi sono privato per poi di colpo berlo in un unico sorso.

Di quanti caffè ha bisogno il corpo prima di avere un attacco?

Di quanti pensieri di te ha bisogno la mia mente affinché ceda e vada in blackout?

Sorseggio il caffè e ti sento su tutto il mio corpo. Non sono in sala operatoria, ma mi stanno operando in città.

Ho il cuore a petto nudo.
La gente passa.
Mi osserva.
Sorrido.
Mi consumo.

Tè & Zu 33

Le persone copia: un'intelligenza artificiale

Questo è talmente un fatto assurdo da essere vero o talmente vero da sembrare assurdo. Ci sono, non so come mi sia venuta questa idea, ma ci sono persone che chiamerei copie da intelligenza artificiale.

Ci sono persone che esistono giusto per imitare le parole degli altri, assorbire ciò che sentono per poi farlo proprio. Come se fosse frutto di ciò che hanno pensato. Frutto di ciò che hanno creato. Più li vedo, più mi sembra ovvio che l'intelligenza artificiale abbia fatto passi da gigante.

Dimenticatevi dei robot, dimenticatevi dei programmi o dei codici, questo è molto meglio.

Le persone copia imparano in fretta. Osservano, assorbono e si trasformano, in maniera del tutto naturale. Un po' come se fossero destinati ad una vita che non è la loro. Il fatto che non se ne rendano conto li rende ancora più prigionieri: un esperimento di cui non sanno di far parte.

In fin dei conti non è una cosa grave. Si può dire che si tratti semplicemente di intelligenza artificiale che ha fatto passi da gigante. Una cosa che bisogna tenere a mente è che le idee distruggono. Le tue idee potranno distruggerti se non le controlli. Basta assorbire un'idea sbagliata e questa inizierà a comportarsi come un virus; nemmeno il tempo di capirla che alla fine non serve più neanche l'antidoto. È troppo tardi.

Giuro, mi è successo un sacco di volte in passato. Avere conversazioni con persone che ripetevano esattamente quello che avevo detto loro alcuni giorni prima. Parlavano come se quei discorsi fossero loro, le loro parole. Giuro che mi è venuto anche il dubbio di non averle mai dette io. Ripetono quelle parole e tu ti ritrovi lì a cercare di capire come diavolo sia possibile che si siano già dimenticati che sei stato proprio tu ad averle dette a loro.

Quelle parole. Quelle copie...

Tè & Zu 34

Jazzista di parole

Musica Jazz nelle cuffie e il posto più improbabile dove io possa fare colazione: Ikea. Stavo pensando a come mi sarebbe piaciuto essere un musicista Jazz. Mi sarebbe piaciuto, però sono un jazzista di parole. Creo suoni con le parole. La cosa mi diverte e mi affascina. Siamo fatti di parole o le parole ci fanno?

NON È IMPORTANTE, FINCHÉ AVREMO LA CURIOSITÀ CHE CI SPINGE A SCOPRIRE IL MONDO, A GUARDARLO OGNI GIORNO CON OCCHI NUOVI. NOTE NUOVE AD OGNI ISTANTE.

Sono tornato un paio di giorni fa e c'era la luna. Di quelle piene che ti fanno fermare di colpo in mezzo al traffico. La luna era lì e io altrove, con la testa, non so dove. Ero dappertutto tranne nel posto dove avevo poggiato i piedi.

Mi sono dimenticato per un attimo, nel senso che mi sono dimenticato di me per un istante. Non ero io, ero solo uno sguardo verso l'alto. Nulla di più.

La notte è una benedizione. Ti calma i pensieri e ti alleggerisce. Ieri la luna era piena ed è come se avesse riempito anche me. Come se avesse colmato il vuoto che sento certe notti, quando non riesco a prendere sonno. Ha colmato le distanze; eri lontana, ma la guardavi anche tu. Ne sono sicuro.

La luna mi completa. A volte nemmeno tu ci sei riuscita.
Sei una luna a metà.
Capisco perché rimani sveglia fino a notte fonda.
Capisco il perché solo ora.

Carla un po' di tempo fa mi ha rivelato che la luna è ciò che di notte mi fa fare sogni lunghi e reali. Talmente reali che è riuscita a far apparire una ragazza nella mia vita. Per poco tempo, ma ci è riuscita...

La super filosofia

«Ti sta bene il nero addosso, lo sai.»
«Certo, sto bene anche scalzo.»

Sto bene quando piove e la pioggia mi calma i pensieri.
Sto bene dentro un uragano e quando fallisco.
Sto bene anche quando mi viene in mente la super filosofia.

«La super filosofia? Di cosa si tratta?»

C'è un film che avrò riguardato almeno un milione di volte. Ogni volta è sempre più perfetto. Ogni volta noto un dettaglio a cui non avevo mai fatto caso. Un dettaglio che mi era sfuggito. Accade così anche con le persone.

Alcune persone non sono perfette, anzi nessuna lo è. Nessuna persona è così perfetta da sfuggire alle imperfezioni e sai cosa? Va bene così. Il fatto di avere qualcosa di unico è qualcosa di cui dovremmo essere grati. Dovemmo esserlo ancora di più quando qualcuno nota le nostre imperfezioni, vuol dire che ha superato la barriera che ci eravamo costruiti addosso.

La super filosofia arriva quando non vogliamo scavalcare la barriera dell'altro, il suo giardino. Da fuori il recinto è tutto perfetto, non vorremmo rovinare l'immagine che ci siamo fatti di quella persona. Non vogliamo suonare o farci invitare all'interno, per poi scoprire che questi fiori non sono poi così perfetti. Non sono così ben innaffiati e alcuni petali sono a terra.

LA VERITÀ È CHE ABBIAMO PAURA DI ROVINARE LA NOSTRA PERFEZIONE E CAPIRE CHE ALLA FINE SIAMO UMANI.

«Così in effetti puoi passare tutta la tua vita a non dover conoscere veramente qualcuno.»

Abbiamo i nostri difetti e le nostre debolezze. Da lontano lo mascheri bene, sai?

Una volta dentro il giardino ti rendi conto che hai superato il limite e sei vulnerabile. Sei in balia del giudizio e questo spaventa non poco.

La nostra vulnerabilità può essere anche la nostra forza. È lì che finalmente inizia la magia, nel vivere. Possiamo essere finalmente liberi.

«Il film alla fine come si chiama?»

«Ah giusto, Il Genio Ribelle.»

Tè & Zu 36

Una maledetta formica

Sono in stazione. Il telefono è scarico e sono senza orologio, mi guardo attorno per regolarmi sul tempo. Non voglio perdere il treno delle 9.47.

Sorseggio il mio tè con un goccio di miele e una fetta di limone guardando il tempo grigio dalla gigantesca finestra del bar della stazione.

Mi accorgo di quanto il tempo scorra, del suo valore e di quanto noi ne siamo dipendenti. È sempre sorprendente come la nostra mente richiami un ricordo dopo l'altro senza una spiegazione, apparentemente senza una logica precisa.

Mi viene in mente il sogno di stanotte. Un cane mi rincorreva perché voleva solamente una carezza. Mi rincorreva saltando il recinto che ci separava per poi riportarmi in mente il sogno dell'altro giorno. Ero perso nello spazio e tutto intorno era nero: vagavo. C'era mio fratello, la luna e sua moglie. Mi vedevo precipitare indietro per poi prendere la spinta da non so cosa fino ad andare nella loro direzione. Cazzo, che sensazione assurda.

Come si fa a non accorgersi che era solamente un sogno?

Altro che non sapere l'ora, passare l'eternità a vagare nello spazio è così assurdo che non mi ci riesco ad immaginare. Il tempo avrebbe lo stesso valore? Assolutamente no.

Qui ci siamo conformati per correre come formiche. Non voglio essere una maledetta formica. Chiedo l'ora e mi verso di fretta l'ultimo bicchiere di tè ancora caldo, per poi pensarmi già di corsa a prendere il treno all'ultimo momento. Mi fermo a pensare un secondo e sorrido. Fanculo. Perché?

Non voglio essere una maledetta formica. Voglio godermi il mio tè prima di muovermi e perdermi nel momento. Si, voglio perdermi in una tazza di tè, voglio farlo perché sono gli unici momenti in cui riesco ad essere me stesso.

Gli altri momenti invece, sono solo sfumature di me.

*Sfu*ME*ture*.

Vedo il treno da qui, mentre riparte. Io sorseggio il mio tè.

È la mia ribellione contro il tempo.

Un tè con Dio

Sono uscito questa settimana, credo sia stato mercoledì. Non era una semplice uscita, era un appuntamento con Dio. Sì, ci siamo invitati a prendere un tè. Sembrerà assurdo a tal punto da essere vero. Non si era rivelato, ma io sono bravo a capire le persone. Sono sempre stato bravo a cogliere gli occhi, a tuffarmici dentro fino all'anima.

Ho imparato a nuotare in Marocco, un giorno a caso in una città fuori dalla capitale, sarà stato quindici anni fa. Ero sicuro che avrei imparato a nuotare quel giorno. Mi sono diretto verso il bagnino e gli ho chiesto di salvarmi se dopo essermi buttato non fossi riuscito a tornare a galla. Mi ha guardato e mi ha detto che non c'era problema. La cosa più semplice che avessi mai fatto, la cosa più naturale della mia vita.

Ho provato anni dopo a nuotare dentro gli sguardi delle persone, questa volta senza bagnino. In queste occasioni di solito non c'è. Un po' come per tutte le cose più vere della vita. Hai solo una chance. Una cartuccia a colpo secco. L'acqua era gelida e ricordo bene di essermi spaventato a tal punto da non riuscire più a muovermi. Gli sguardi profondi sono sabbie mobili per chi non sa nuotarci dentro.

Il tè è caldo e fuori splende il sole nonostante sia novembre. È tutto così strano e surreale. Il fatto di essere uscito con Dio mi passa di mente come se fosse una situazione del tutto normale. Mi sorride e mi confessa che non crede in sé stesso, mi ripete che non crede che lui esista. Un bel paradosso.

Com'è possibile che Dio non creda in sé stesso?

A questo punto dovrei vedermi svanire o tornare indietro fino a diventare una particella. Tornare indietro fino a sperimentare il Big Bang. Sembra che la questione non lo tocchi minimamente, me lo fa capire mentre sorseggia il suo tè nero elegantemente. Mi sussurra che non ama il caffè e che non è mai riuscito a farselo andare bene. In questo momento vorrei chiedergli come faccia a resistere al profumo dei chicchi, perché sono due settimane che non ne assaggio una goccia e sembra che la dipendenza si faccia sentire ora più che mai.

Come si fa a sapere che si ha di fronte Dio?

Te lo sarai chiesto sicuramente a questo punto.

Non è che forse Dio si manifesta tutti i giorni, sotto ogni forma?

Persino nei dettagli a cui non facciamo caso? Nelle frasi che leggiamo e nelle persone che incrociamo? I consigli di sconosciuti a volte sono talmente su misura che non può essere un semplice caso.

Non credi?

Mi invita fuori dal bar mentre mi racconta di come ha passato il suo mese in Cile, di come abbia deciso di rasarsi a zero e del fatto che forse dovrei farlo pure io.

«Avrei dovuto farlo dopo l'Islanda, ma mi continuavano a dire che non starebbero così bene su di me.»

«Chi sono gli altri per poter decidere delle nostre vite?»

Tè & Zu 38

Segreti

È novembre, le foglie si seccano e fanno rumore quando le calpesti. Una laguna a fontane spente in mezzo al parco. Non è una vera laguna, ma è quello che mi piace pensare.

Si gela e si può udire che il vento fischia a tratti. La natura suona melodie e le tartarughe si nascondono sotto l'acqua sporca che riflette questo cielo.

Le nuvole scorrono piano e portano via i segreti che ognuno di noi costudisce. Da qualche parte lontano da qui. Lontano da noi. I miei li costudiscono al sicuro. Sono protetti da una serratura la cui chiave è composta da parole. Un cancello che si fa aprire a parole, per questo parlo poco.

Una volta che capisci che tutti noi siamo fatti di segreti, inizi a vedere il mondo come non più composto di persone, ma di tartarughe che si nascondono sotto il lago: persone che hanno paura di mostrarsi realmente.

Sto parlando di più ultimamente perché la sensazione che si ha quando qualcuno ascolta le tue parole è cosmica. Qualcuno di vero le ascolta, per questo rimangono impresse. Le parole rimangono tatuate in mente, non sono più parole che si porta via il vento.

Ho quasi paura che qualcuno abbia le chiavi di questo cancello, che lo possa aprire. Una volta che si apre il cancello, l'anima è nuda. Nulla più da nascondere.

Sei vero. Una tartaruga in superficie.

Quando racconti un segreto non si può più tornare indietro. È buffo perché va via una parte di te, ma ti avvicina di più a ciò che sei realmente.

Niente maschere.
Sei tu.
Sei reale.
Sei vero.
Un buco nell'anima.
Tutto è fantastico.

Tè & Zu 39

Pensieri come nel basket

Molte persone sono fissate con i propri pensieri. Non c'è nulla di male, sia chiaro. Dico solamente che alcune ne sono talmente ossessionate da esserne schiave, con grosse catene al braccio che non possiamo vedere e non possiamo distruggere.

A nulla servono le lunghe conversazioni e le discussioni; niente può portarle ad allontanarsi dai propri pensieri. È come la regola dei passi nel basket. Con un piede sono ferme e con l'altro si muovono liberamente senza però fare un passo, solo un movimento apparentemente flessibile, ma non del tutto.

Alcune persone sono così, libere solo con un piede, altrimenti qualcuno potrebbe fischiare un fallo, potrebbe notare che non ci atteniamo ai piani.
Che piani scusa?

Non siamo in una partita di basket e non abbiamo quattro periodi. Non stiamo giocando una partita di 40 minuti, ne abbiamo per molto di più.

Apparentemente non abbiamo regole. Quelle che esistono, le hanno create a tavolino giusto per non creare caos. Credo che dovremmo tutti abbandonare l'idea delle regole e concentrarci di più sull'etica. Ho letto che deriva dal greco e vuol dire qualcosa come "comportamento" o "costume". Sono d'accordo!

Dovremmo seguire ciò che è giusto e guardare da lontano ciò che è immorale. Dovremmo a malapena distinguere le sue forme dall'alto di un palazzo, sarebbe più logica come cosa.

Non che io voglia trovare la soluzione a chissà che cosa, che poi, non è nemmeno una soluzione, questa. Potrebbe però avere senso, essere un buon punto di partenza. Ciò che è giusto per te non è detto che vada bene per me, ma non è questo il punto della situazione.

Sarebbe figo poter prendere tutte le decisioni rimanendo in pace con sé stessi, nessun compromesso, nessun patto con nessuno. Una scelta di cui essere fieri per poi continuare a guardarci negli occhi di uno specchio. Essere in totale pace.

Un lago limpido e io che mi ci rifletto.

Tè & Zu 40

Abbiamo vinto

I numeri non mentono, sono chiari e limpidi come l'acqua che accompagna il caffè al bar. Non mentono nemmeno quando ci suggeriscono che potremmo essere nulla.
Mai nati.
Mai esistiti.

Una possibilità su un milione di trilioni.
Quant'è un trilione scusa?

Non lo so, ma sono sicuro che potrebbe riempirmi la testa in meno tempo di un pensiero. Potrebbe spazzare via tutti i pensieri che ho in testa per farsi spazio.

Ho un amico che ogni fine settimana puntualmente gioca dei numeri. È convinto che possano essere i numeri della svolta: i prescelti. I numeri su cui puntare la sua vita, l'ultima scommessa prima di smettere di crederci sul serio. Non si rende conto che non sta mettendo in gioco dei semplici numeri, ma il fatto di aver smesso di credere al proprio futuro.

I numeri alla fine hanno sempre ragione su tutto. Quando si parla di logica, i numeri vengono fuori e ti aprono i cassetti delle probabilità. Sono capaci di darti molte risposte, molte di più di quelle che stai cercando, senza farsi usare però. I numeri non sono gente che puoi fregare facilmente.

Se penso al fatto che siamo una possibilità su un trilione di milioni sorrido; alla fine abbiamo già vinto tutti. I numeri ne sono la prova. Una volta ci andavo d'accordo, ero il tipo che poteva fare interi calcoli senza stancarsi. Ero il tipo di persona che giocava con i numeri, mi divertivano. Se conosci i numeri hai la chiave di tutto. Avevo la chiave, ma l'ho lasciata andare, non so nemmeno per quale motivo l'abbia fatto. L'ho lasciata andare e ho visto la delusione nel viso della mia prof di matematica. Quello sguardo, non lo avrei più dimenticato.

Ha continuato a venirmi in sogno per anni. Le ho dovuto scrivere una lettera di scuse, molti anni dopo, per smettere di fare lo stesso sogno ogni settimana: trovarmi davanti ad un foglio che non riuscivo a compilare.

Numeri incomprensibili.

Quel giorno credo di aver fatto molto di più: ho fatto pace con i numeri. Oggi si prendono un tè in mia compagnia e si raccontano, mi mostrano quanto vale un trilione e io cerco di convincerli che è esattamente il numero di giorni che riuscirò a stare senza caffè. Per ora i tè mi bastano.

Una volta che capiamo che siamo solamente un numero infinito di probabilità, tutto il resto è un dono. Ad alcuni questo può spaventare, ad altri potrebbe non fare nessun effetto, a me l'idea rilassa.

3 - 6 - 9

Tè & Zu 41

Gli oggetti hanno un'anima

Sono esattamente 40 giorni che ho smesso di bere il caffè. Stasera bevo un tè al timo. Il mio amico mi ricorda ironicamente che ho sempre avuto un problema con il caffè, una relazione difficile. Sono anni che decido di smettere, ma ogni volta riprendo, come una dipendenza, ma più leggera rispetto a quella che provocherebbe una vera droga.

Ogni volta che l'odore del caffè passeggia sotto il mio naso, il mio cervello mi suggerisce di prenderne una tazza e di mettermi a scrivere, gustando il momento. Se fossi un oggetto vorrei essere una moka. Sì, proprio una moka, di quelle piccoline, giusto per una persona. Vorrei essere una moka da bar, un locale intimo dove le persone possono prepararsi un caffè da soli. Ogni giorno vedere centinaia di espressioni meravigliate e desiderose di prendere una tazza di caffè, vedere gli occhi che brillano quando inizio a canticchiare e finalmente la bevanda miracolosa viene fuori.

Gli oggetti, pensandoci, possono avere un'anima propria come quella che abbiamo noi adesso. Forse un pochino più silenziosa. Mi viene in mente un posto fuori dal tempo, visitato mesi fa ad Istanbul. Ero con un'amica: Cindy.

Siamo entrati in un negozio di articoli usati; una dimensione custodita da un guardiano che ci ha invitato a dare uno sguardo agli articoli esposti, o per meglio dire, parcheggiati lì dentro. Il tempo lì dentro non esisteva, era una dimensione dove sei circondato da oggetti che vogliono una possibilità in più, perché la seconda l'hanno già avuta.

Puoi girarci e sentire gli oggetti parlarti, se sei abbastanza saggio da saperli ascoltare. Se sei addirittura abbastanza pazzo, puoi sentire il giradischi accendersi e ordinarti di ballare, perché è questa l'usanza lì dentro. Non me lo sono fatto ripetere due volte. Ballavo mentre Cindy si univa a me facendomi compagnia.

Credo di essere stato per un momento una Moka che ne se frega e che balla, dimenticandosi del resto.

Ci sono oggetti che a volte pensiamo di poter scegliere, quando in realtà sono loro che scelgono noi. Me ne sono reso conto uscendo da lì con una spilla e un libro che in poco tempo mi ha cambiato.

Non è che ogni volta che bevo un caffè, inconsciamente la mia mente mi riporta lì?

Mi riporta dove vorrei essere solo un'anima, in mezzo a tanti oggetti?

Forse dovrei prendere una tazza di caffè.

Apparteniamo a loro

Apparteniamo agli oggetti che compriamo. Pensiamo sia il contrario, ma mi sono reso conto che non è affatto così. Non sono solo oggetti, ma contenitori di energie. Contenitori di tutte persone che li hanno usati. Scatole che si riempiono di ciò che hanno intorno, di ciò che gli dai.

Una volta che lo capisci, tutti i mercatini dell'usato prendono forma e si animano, attirando l'attenzione delle persone capaci di ascoltare. Ho acquistato un paio di ricordi di altri, oggetti vivi. Ho il dubbio che, forse, io non abbia alla fine mai scelto nulla. Sono stato scelto per tutta la mia vita.

Ho davanti a me il mio tè caldo ed è notte fonda. Mi convinco sempre più che nemmeno questa tazza sia stata una mia scelta. Una scelta arbitraria intendo. I fiori disegnati mi ricordano quelli che ho colto anni fa in giro per Budapest. Hanno lo stesso colore e le forme sono simili, sarà così?

Questa regola vale solo per gli oggetti di seconda mano, quelli che hanno assorbito la vita di chi li ha amati per poi abbandonarli, lasciandoli al loro destino che si fonde con il destino di qualcun altro. Gli oggetti non elemosinano attenzione. Quando sentono che non sono più nel posto giusto si fanno abbandonare; solo loro sanno come sia possibile.

Forse succede anche con noi persone pure. Non siamo altro che oggetti con una coscienza propria, ci distingue solo il fatto che possiamo pensare discorsi complessi per poi complicarli ulteriormente. Come gli oggetti, siamo il futuro del nostro passato. Un presente che continua ad espandersi pensando sia l'universo.

Tutto è collegato.

Siamo le scelte fatte, non da noi però. Siamo le scelte degli altri. Gli errori a volte ci rendono delle pedine, sta a noi scegliere di essere quelle che si muovono in tutte le direzioni, uscire dalla scacchiera e rompere gli schemi di questo gioco.

Il mio accendino si lascia rigirare tra le mie dita. L'ho comprato in una giornata qualsiasi a Parma girando per il centro. Sono stato attirato in un mercatino dell'usato e ho deciso di comprarlo senza una chiara spiegazione.

Come diavolo può venirmi in mente di comprare un accendino che non fumo nemmeno?

Non sono nemmeno sicuro di essere io l'autore di ciò che scrivo. La matita scarabocchia parole che prendono forma solo alla fine, come quando tu prendi forma con il vino.

E se ti dicessi che non sei tu ad aver deciso di leggere queste parole, ma che è ciò che ho scritto ad aver scelto di essere letto da te?

Forse non l'ho scritto nemmeno io.

Tè & Zu 43

Ognuno ha una pistola. Lei ha la mia, ora

Poco fa ho aperto l'armadio. L'ho fatto dopo il mio solito tè del mattino, la scusa perfetta per rilassarmi e ripetermi che ce la sto facendo a smettere con il caffè. È dicembre e splende il sole, non è un pochino strano? Sembra uno di quei sogni in cui è tutto strano eppure ti accorgi che stai sognando. A me sembra che tutto sia così surreale, eppure non mi accorgo che sto vivendo.

Ho aperto l'armadio e sono rimasto fermo per almeno un minuto, pensando se davvero lo volessi fare. Sono arrivato davvero a questo punto? Me lo ripeto e le parole si mescolano facendo eco dentro la mia testa.

«Sai bene a cosa vai incontro, non è vero Zu?»

Mai stato sicuro! Mai stato abbastanza sereno da afferrare per la gola una decisione del genere e farla mia.

Anton Cechov aveva dannatamente ragione: «Se in un romanzo compare una pistola, bisogna che spari.» È inutile introdurre un elemento in una storia se poi nessuna lo usa, bisogna eliminarlo. Se mai qualcuno dovesse usare la pistola contro di me, vorrei che sia lei a farlo. Voglio che sia lei a finirmi fino a privarmi di qualsiasi sentimento che possa avere una definizione. Se mai qualcuno dovesse spararmi, voglio che lo faccia lei. Il suo viso angelico e gli occhi che mi penetrano l'anima sarebbero un ossimoro reale, non di quelli che si studiano sui libri; questa è roba vera. Sarebbe un ossimoro vivente, come se le spiegazioni prendessero forma.

Un fumo che aspiro.

Le pistole non compaiono così dal nulla. Le pistole hanno una storia dietro. Nulla nasce dal nulla. Il mio amico beve l'ultimo sorso di caffè e mi racconta di quando passeggiando per i vicoli del centro, tornando a casa dal lavoro, si accorse di un garage aperto e di un cane che lo fissava come se volesse invitarlo ad accarezzarlo. Wesh (è il suo soprannome) non è un amante dei cani, non lo è mai stato, ma quella volta è stato come se dovesse attraversare il cancello e fermarsi ad ascoltare cosa avesse da dire quel cane. Era immobile, con lo sguardo fisso. Wesh avanzò tra le macchine nel garage.

Accarezzando il cane e guardandosi intorno notò una pistola sotto una delle macchine parcheggiate. Era nera, lucida e immatricolata. Non ci pensò due volte, la prese e l'appoggiò a contatto con la schiena, infilandola nei pantaloni. La sensazione di gelo, trasmessa dal metallo, gli si diffuse in tutto il corpo. Me ne parla solo oggi, ero curioso di sapere se anche lui ne avesse una. Non so nemmeno dove la nasconda e credo che non dovrebbe dirmelo. Ognuno di noi ha una pistola e quando dico ognuno, intendo tutti.

Se non l'hai trovata è perché ancora non sai di averne una. Dovresti secondo me prenderti una tazza di tè e cercare di ricordare un momento particolare in cui ti sei accorto di esistere, di poter respirare, in cui sei stato consapevole di avere un cuore che batte. Molto spesso è quello il momento in cui ti capita di trovarne una, in una giornata apparentemente normale. È quella la coincidenza assurda.

Avere la coscienza di esistere non è da tutti; non tutti sanno di esistere. È un paradosso lo so. Puoi continuare a vivere in entrambi i casi: sia sapendo di esistere che non sapendolo. Il percorso però è diverso: è come se, da quel momento in poi, la tua vita non ti appartenga più. Così abbandoni il vecchio te al suo destino, lasciandolo svanire all'improvviso come se non fosse mai esistito. Mi sarebbe piaciuto seguire qualche lezione di fisica quantistica, perché mi rendo conto che spesso mi esprimo su concetti che io stesso non sono del tutto capace di capire. Non vedo perché dovresti seguire tutto questo discorso per poi sforzarti di capirlo.

Esisti vero?
Questo è quello che importa.

Mi sento ispirato e voglio che tutto prenda senso da questo momento in poi. Ho una pistola nell'armadio, conta solo questo. Voglio che sia sua perché è stata qui per troppo tempo. L'ho trovata a Genova nel maggio del 2013. Aveva piovuto e io avevo camminato per tutto il pomeriggio arrivando al porto. Il vento passeggiava tra le onde e mi invitava a mescolare i miei pensieri per poi portarmeli via. Qualcuno sapeva che la mia testa navigava in qualche posto lontano da qui. Un posto dove le onde faticano ad arrivare.

Il porto era diverso visto dall'alto, di sera. Avevo la sensazione di essere nel posto giusto, da solo. Le luci della città illuminavano tutto in maniera omogenea mentre l'anima della città evaporava verso l'altro. Si vedeva chiaramente la sagoma che prendeva forma e io che ne sono stato ipnotizzato. Non mi accorsi nemmeno che accanto a me c'era una pistola.

Da quanto stava lì?
Era davvero una pistola?

Il mio zaino nero era il posto perfetto per tenerla. Era come se inconsciamente sapessi che l'avrei trovata, come se prenderla e vedere se era carica fosse un gesto del tutto normale. Strofinarla con la maglia e infine appoggiarla delicatamente all'interno del mio zaino, togliendo la sicura. Se in un racconto compare una pistola bisogna che spari. Io ancora non sapevo che farne.

È passato un sacco di tempo da allora e credo che ora sia arrivato il momento perfetto. È sempre rimasta tra la macchina da scrivere e la t-shirt bianca, quella che ho smesso di indossare da un pezzo. Gli oggetti ultimamente mi parlano, mi suggeriscono un sacco di cose che le persone hanno smesso di dirmi; mi scelgono. Alla fine, hanno qualcosa in comune e lei ha qualcosa in comune con tutti gli oggetti a me cari. Il fatto che le sto dando una pistola carica lo dimostra.

«Fammi capire, stai dando una pistola carica ad una persona che hai conosciuto da poco?»

«Certo!»

Rispondo come se fosse la risposta più ovvia che io possa dare, è la cosa più folle e normale allo stesso tempo. Non lo faresti?

Basterebbe un click per spedirmi dall'altra parte, che poi, alla fine, il mio corpo sarà sempre qui. Solo la mia anima se ne andrà, che poi, non so nemmeno io dove.

Sono vulnerabile e la sensazione è fantastica. Ho dato via una pistola carica e la sensazione è adrenalinica. Mi sento finalmente libero.

Se questa è la sensazione della libertà, vorrei che tutte le persone tirassero fuori le loro pistole dall'armadio e le dessero alle persone di cui si fidano.

Ne saresti capace?

Tè & Zu 44

Fuori luogo

Ci sono persone che per quanto si ostinino ad essere come gli altri, non lo saranno mai. Oggetti che ho definito più volte senza un'anima, solo movimenti goffi e parole senza personalità. Finché non saprai il valore che possiedi, sarai in mezzo ad onde che ti sbatteranno senza una direzione: uno sguardo che annega in mezzo ad una metropolitana.

Non ho mai sognato di essere qualcun altro, nemmeno quando parlavo poco e cercavo risposte divertenti a domande stupide a cui non sapevo cosa rispondere. Ero il più fuori luogo tra tutte le persone che conoscessi; avevo sbagliato film.

Non cercavo di impressionare.
Non cercavo di stupire.
Non ti cercavo.

Vorrei poter dire che andavo male a scuola e in seguito ce l'ho messa tutta per arrivare a ciò che sono, alla persona che volevo essere. In realtà non è così. Sono sempre andato alla grande a scuola, spaccavo. Mi ricordo la prima interrogazione di chimica, la Govi mi interrogò a sorpresa. Era il primo anno delle superiori e cercavo di ambientarmi. Mi fece un paio di domande per poi darmi un sei e mezzo. Non avevo studiato e mi sono fatto andare bene il voto.
Non avevo studiato e mi sono meravigliato del voto.

«Dai, alla fine non è male...»

Quando dico che non studiavo, è così, non studiavo davvero. Lo giuro. Mi bastava stare attento per assimilare ciò che ascoltavo. Sono sempre stato bravo a farlo e anche ora lo faccio spesso. Mi zittisco, ascolto e non mi annoio. Tu non mi annoi.

Sono sempre stato bravo ad ascoltare le persone. Non giudico, ascolto e penso. Nessuno alla fine lo fa veramente: ascoltiamo giusto per poter dare una risposta che si incastri perfettamente in un discorso. Io però non sono così. Come allora, mi annoio spesso, credo sia per questo che dalla terza superiore in poi ho messo via i libri e ad andare avanti per inerzia. Andavo per inerzia.
Non mi importava più di nessuna materia;
mi annoiavano.

Qualcosa dentro di me si era rotto. Capita spesso in alcune fasi della mia vita, me ne rendo conto. Riesco a sentire il rumore del vetro che non regge più e si frantuma lasciandomi a pezzi.
Un vuoto.

Un oggetto che cade dentro il mio vuoto e si perde, rompendosi in mille pezzi che spariscono da qualche parte, in un posto che ancora non conosco.

A volte mi succede ancora, con le persone, ma ora non ci sono voti. Posso smettere di ascoltare e andarmene quando mi pare, senza una spiegazione. Una libertà menefreghista. Un egoismo che fa risparmiare tempo a entrambi. Tu salvi il tuo mentre io spreco il mio bevendo tè.

Non sarete voi a darmi un voto per l'attenzione che ho nei vostri confronti.

Tè & Zu 45

Sanguinare è poetico

Mi esercito a creare mondi partoriti da una singola parola. Un singolo inizio. Un big bang parolitico. Mondi composti di parole che non esistono. Parole fecondate da una sillaba.

Scrivo finché le parole giuste non mi investono. Sanguino. Autostrade tedesche senza limiti di velocità, senza limiti di parole. La cintura è slacciata, voglio correre dentro fiumi di concetti nuovi senza sicurezza. Sanguinare è poetico. L'immaginazione prende il posto di questa realtà che a volte spaventa. Mi spaventa. La confondo con videogiochi mentali che ho creato io. Coincidenze assurde alle quali mi sto abituando. Il mio amico continua ogni giorno a darmi motivi per credere a questi mondi inesistenti. Inesistenti per gli altri.

Tre volte a settimana mi prepara un tè caldo e racconta, senza fare pause, ciò che ha sperimentato. Mi racconta di quando l'ho portato a Genova e ha scavalcato nella realtà, quella vera. Aveva sempre vissuto in una realtà parallela, simile alla nostra, ma dove le coincidenze non si facevano trovare. Non davano appuntamenti. Due di picche dall'universo, continuamente. A volte mi racconta di episodi a cui faticherei a credere, se non fossi stato con lui.
Ci si sta abituando.
È tutto surreale.

Mi immedesimo in un buco nero. Non esisto e assorbo tutto ciò che ho attorno. Pensieri che surfano su queste strade, che si fanno trascinare verso di me. Storie tristemente armoniche prendono vita e svaniscono in una folata di vento. I volti delle persone si fanno chiari di luna, sto imparando a leggere gli astri.

È buffo come tutto venga assorbito da qualcosa:
Il tempo dal telefono.
Il respiro dal freddo.
La bellezza dai fiori.
Il momento da una sigaretta.
Me da te.

Dondolo su un filo di ferro. Ho l'asfalto a 3 cm dai piedi. Vertigine d'asfalto. Un momento con me stesso. Intorno a me silenzio melodico, di quelli da farti scivolare nel grembo di una supernova.

Mi lecco una ferita senza sapere cosa l'abbia causata.
Sguardo verso un universo lontano, i tuoi pensieri: le sigarette dopo il sesso.
Gli abbracci dopo le lacrime invisibili dell'anima.

Ho il polso che lacrima sangue, ho pensieri che lacrimano ricordi. Il cielo che mi attraversa l'anima. Riflessi di vento che posso accarezzare con i miei momenti.

Prenderei volentieri un pugno da qualunque stronza di città, per vedermi sanguinare. Un rito mistico. La sigaretta dopo il sesso.
Ti entro nei pensieri senza bussarti addosso...

Tè & Zu 46

Tranci di felicità

Se non sei felice con niente, non lo sarai mai nemmeno con un milione di euro in banca.

Ho qualche euro sul conto e riesco ancora ad offrire il caffè a qualche amico.
La macchina dei tuoi sogni non colmerà il vuoto che ora senti.

Pensi che il lavoro che hai sempre voluto sia la risposta alle tue preoccupazioni?
Non lo è per niente. Non è niente.

Mi hanno detto che hai comprato una macchina nuova di zecca, non è vero?
Perché continui allora a tenere quel musone?
Dovresti essere al settimo cielo.
Hai comprato la felicità.

Hai sempre voluto quella macchina, no?
La vita ti aspetta.

Investiamo soldi come se dovessero darci la felicità con gli interessi. Resta solo il vuoto e lo guardiamo come se un abisso guardasse sé stesso. Consegniamo le chiavi della felicità ad oggetti inanimati e ci aspettiamo che ci portino a Felicilandia.

Ci aspettiamo che la felicità accada da un momento all'altro, dimenticandoci del viaggio.

Forse parto anche per questo. I soldi spesi nei viaggi non li si può vedere addosso. Non puoi mai dire a qualcuno:

«Ti sta bene quel viaggio.»
«Che bel viaggio che guidi...»

Non si può dire «Stai dormendo in un bel viaggio da tre camere». I soldi non comprano la felicità. Poterla vedere spensierata però comprerà la mia.

Il caffè da 60 centesimo delle macchinette del santuario di San Luca, guardando la città dall'alto, è un trancio di felicità.

Mangio la felicità a tranci. Una pizza margherita con gli amici. Tranci di pizza tra amici. Un amico a cui raccontare tutto, anche se a volte non capisce fino in fondo ciò che provo fissando le nuvole scomparire nel tramonto.
Ho un amico a cui raccontare tutto, non è scontato.
Ho un amico a cui raccontare tutto.
Grato.

Il freddo ti fa sentire vivo, ti fa tremare come una foglia.
Mi scaldo respirando il freddo.

Mi perdo guardando l'arancio dietro le nuvole.
Il viola svanisce lasciando spazio ad altre sfumature,
lascia spazio a qualche sfumatura di me.
Mi sfumo. Fumo.

Cicatrici, erosioni del tempo.
Maree dell'universo che mi scalfiscono.
Sogni dei momenti.
Sogni dell'amore.
Sogni di te...

Tè & Zu 47

Dovresti crescere

«Dovresti crescere Zu, sai? Ti vedo fare parecchie stronzate nella tua vita. È l'ora di mettere la testa a posto e diventare un po' più maturo, che dici?»

Me lo dice una persona con un tono maturo, azzarda una battuta che sembra forzata, detta apposta per farmi sentire fuori luogo. Una battuta che gli permetta di sentirsi bene. A giudicare dall'atteggiamento deve aver studiato psicologia dopo il diploma. È stato sempre portato nel giocare con la psiche, nel cambiare a piacimento degli altri. È stato lui stesso il suo primo paziente, senza che se ne sia reso conto. Alle superiori è passato da Sean Paul al metal pesante solo per sentirsi il benvenuto:

«Hai dei gusti musicale davvero ottimi, diventiamo amici.»

Non ho mai capito quelle persone che si vendono per la frase giusta, chi si vende l'anima per la cosa giusta.
(o forse un po' li capisco).

«Dovresti crescere Zu, sai?»

Me lo dice una persona più giovane di me, ma che dimostra almeno 5 o 6 anni in più. Ha studiato con me alle superiori e sembra che il tempo non si sia mai fermato. Visti da fuori potremmo sembrare le stesse persone di anni fa.
Le stesse menti. Gli stessi meccanismi in funzione.

Il fatto interessante della mente umana è che non potremmo mai notarne i cambiamenti. Potremmo evolverci e sembrare comunque le stesse persone di una vita. La stessa persona da una vita. L'evoluzione mentale è fantastica. Potremmo studiare e crescere per un'eternità e sembrare le stesse persone, finché non avremo la possibilità di aprire bocca. Le parole parlano per noi. Poi alla fine non è detto che il cambiamento si possa notare quando parliamo, e nemmeno quando scriviamo. Darwin ci ha azzeccato su tutto, anche se non sono d'accordo con la selezione naturale.

«Quindi Zu spiegami questa cosa, sei cresciuto sì o no?»

Che importa? Quando sei consapevole che hai finalmente la vita che ti sei scelto.

Quando non dipendi da nessuno e nessuno può permettersi di comprare il tuo tempo.

Quando hai di fianco persone con la tua stessa visione della realtà.
Quando tutto prende forma e la visione si fa più chiara.

Quando le coincidenze ti vengono a trovare, dimostrandoti che sei nel posto giusto.

Molte persone confondono il divertimento con la stupidità. La verità è che siamo dei neonati cresciuti che hanno continuamente bisogno di divertirsi per dare sfogo alla propria creatività. Ci insegnano che arrivati ad una certa età dovremmo buttare le chiavi della curiosità e conformarci a tutto il resto. Abituarci a fare i resti. Ci insegnano che superata un'età, dovremmo essere la "normalità", che non ha senso credere ad un sogno che mai avverrà.

Ad una certa ora qualcuno tirerà pugni alla campanella del ring della vita e con un megafono urlerà: «Mi dispiace, hai avuto abbastanza tempo per provarci, non ha più senso ora. Torna nel tuo angolo, hai preso abbastanza pugni.»

Aspettano che tiri fuori la bandiera bianca.
Ha senso?

Io non so cosa abbia senso, non ho mai le risposte giuste a nulla. So solo che non sono uno psicologo. Non so come funziona la mente, ma so che se fai ciò che ti diverte alla fine hai vinto.

Che senso ha chiudersi alle possibilità della vita e smettere di danzare? Danzare è fantastico e fare il cretino lo è ad un livello superiore.

Io non so cosa sia giusto, ma so che crescere non è solo mettere la testa a posto. Che poi alla fine, non vuol dire proprio nulla. Questi discorsi con me stesso, davanti ad un tè, mi portano fuori dalla mia mente e mi perdo negli occhi dell'universo. Gli occhi di Dio.

Lì sto bene. Lì ho le palle di volare scalzo. A volte credo di essere davvero fortunato perché giro con Dio.

*** Non sono uno psicologo, ma qualcuno dovrebbe pagarmi la parcella per aver scritto tutto questo ***

Tè & Zu 48

Perché la morte spaventa?

La morte ci terrorizza, è l'unica certezza di questa vita. Dicono che lo siano anche le tasse, ma ne dubito, quelle si possono evitare tranquillamente. Basta avere un bravo commercialista. Per la morte, invece, non basta nemmeno un avvocato. C'è una forma di scongiuro, in Italia, che consiste nel toccarsi le palle quando si parla di morte o si vede passare un carro funebre e questo gesto vale sia per gli uomini che per le donne. Io sinceramente non l'ho mai capito; la morte è una cosa inevitabile.

Quando comprendi di avere un limite, sai che il tuo tempo inizia un conto alla rovescia. Inizia a scorrere al contrario, un po' come se si premesse rewind su un vecchio videoregistratore. Siamo un nastro delicato in equilibrio nel sole e che scivola svelto in avanti. Il vento cerca di accarezzarci, senza permesso. Cerchiamo di avere un nostro spazio in questa vita, proviamo persino a darle un senso.

SIAMO UNA VECCHIA POLAROID SENZA FLASH. UNA FOTO ISTANTANEA CHE HA BISOGNO DI SPLENDERE DI LUCE PROPRIA. DOBBIAMO ESSERE LA NOSTRA LUCE.

Pensa ad un momento in cui hai rischiato di lasciarci la vita.
Un momento che poteva essere la fine di tutto.
«Perfetto, ce l'hai in mente giusto?»
«Chi dice che non sia successo il peggio?»

No, aspetta, lascia che ti spieghi un concetto molto semplice.
Non è possibile sapere di essere morti. Come fai a saperlo?

Non c'è qualcuno che ti bussa sulle spalle e ti dice:
«Mi dispiace, non ce l'hai fatta.»

Ho rischiato la vita almeno cinque volte. Mi ricordo quando ho guidato in autostrada in Germania due anni fa. Ho saltato una notte di sonno e ho dovuto guidare per arrivare in Olanda. Guidavo mentre osservavo le mie mani, chiedendomi se stessi sognando. Non sognavo affatto. Mi sono dovuto fermare per schiaffeggiarmi il viso con l'acqua fredda. ho dovuto passare il volante a Francesco Malaspina. Alla fine, però, come posso sapere che non sia andato tutto storto? Come faccio ad essere sicuro che non sia solo la mia mente che va per inerzia, immaginando questa realtà che mi circonda?

Chi mi dice che non è solo la mia mente che va per inerzia, immaginando tutto questo?

«*Just Saying... Just Saying...*»

Quando capisci che abbiamo tutti una scadenza, un'etichetta con il "da consumarsi entro", tutto acquisisce una luce diversa. Abbiamo priorità più importanti del semplice pagare le bollette. Più importanti del semplice prendersela con il prossimo.
Con chi te la prendi?
Il prossimo, grazie.

Per capirlo bisogna aprirci di più, ascoltarci e parlare di meno. Alla fine, sono grato per tutto questo, per il fatto che respiro e per aver beccato quel millesimo di probabilità di esistere, su un miliardo di milioni di possibilità contrarie.
Siamo una possibilità su un miliardo di milioni, ci credi?
Bastava una millesima variante in questa realtà e avremmo potuto non essere mai nati, mai stati. È buffo no?

Bisogna sapere di esistere e avere una forma. La mia la prendo dai momenti di silenzio dopo il sesso. Il Big Bang tra le nostre anime, tutto questo ha origine da lì...

Greatitudine

Quando ti prendi una pausa di un momento con il tuo vero Io e ti godi la tua esistenza non puoi che esserne grato. Sei complice dell'universo nella creazione del mondo che ti circonda, il tuo mondo.

Quando ti ritagli del tempo per te stesso, capisci che solo e soltanto tu sei sia la soluzione che i problemi che ti circondano. Alla fine, nessuno ti ha puntato una pistola alla tempia obbligandoti a diventare o a fare ciò che non vuoi.

Stai tranquillo, nessuno ti tiene in pugno. Certo, alcuni hanno potere su di te, ma è solo perché tu gliel' hai concesso. Hai permesso loro di trattarti a loro piacimento. Ho fatto questo errore per anni.

«Non siete stati voi a farmi del male, ma io ad avervelo permesso.»

È buffo come tutto venga sagomato, quando sai chi sei realmente, quando lanci in aria le tue parole e le tue responsabilità, manipolandole in un equilibrio quasi mistico. Tutto è magico. Sarebbe figo se avessimo le foto perfette per ogni occasione, come quelle che vediamo condivise. Un sorriso a 32 denti e una frase su misura cucita dal miglior sarto di parole.

Le imperfezioni sono un lusso che solo gli autentici si possono permettere, sono dettagli visti dall'anima di chi si ha vicino. Stare un paio di giorni senza social media mi ha permesso di capire che il tempo è capace di scorrere lentamente quando ti concentri su ciò che ti appassiona realmente, senza bisogno di paragonarsi agli altri.

Il tempo con sé stessi è capace di regalare la libertà assoluta senza bisogno di allontanarsi, se non dagli altri. Ogni tanto è bello ricordarci che non siamo numeri, ma anime con il sangue che ci scorre dentro. Un grosso respiro. Tutto è fantastico.

Creato.
Gratitudine.
Greatitudine...

Tè & Zu 50

Siamo clessidre di momenti

Alla fine, non siamo che clessidre fatte per il 70% di acqua e per il 30% di momenti. Ultimamente bevo sempre di meno, ma non sento sete. Ho solo fame di tuffarmi nelle mie follie e poterle toccare, per capire che effetto fa perdersi. Siamo granelli di sabbia che scivolano tra le dita di dio, scivolano tra le dita dell'immensità.
Eternità.

I momenti più autentici sono quelli in cui dai sfogo ai tuoi segreti, quelli in cui squarci la tua pelle per mostrare la tua vulnerabilità, le tue debolezze. Mostrarti per quello che sei, niente più trucchi, solo raggi di te che si mostrano per quello che sono e si chiedono se questa sia la mossa giusta.

Scacco?
Ha davvero senso giocare a scacchi con gli altri?
Ha davvero senso fare una mossa alla volta con gli altri?
Una pedina alla volta, singoli momenti, uno alla volta.

Ora so solo che voglio godermi i cereali all'alba, ammirando il sole che sorge e mi fa l'occhiolino come ogni mattina; c'è confidenza tra di noi. È davvero magico il fatto che si presenti puntualmente ogni mattina, senza una tazza di caffè, nemmeno quando il giorno prima ha dato spettacolo scivolando tra le sfumature di un tramonto da aurora boreale. Vorrei sapere il suo segreto, anche se so che farebbe comodo a quel mio vecchio amico che non è mai riuscito ad arrivare puntuale agli appuntamenti, nemmeno quando ci si diceva addio.

L'alba è la risposta a chi vuole capire se davvero i miracoli esistano. L'alba è la risposta silenziosa accompagnata dalle maree, perché la bellezza non si presenta mai da sola. La vera bellezza ha bisogno di pause per far sentire a proprio agio gli altri, ha bisogno di creare un feeling per farsi assorbire meglio, per farsi toccare delicatamente.

La bellezza ha bisogno di tempo e io ne ho in abbondanza. In realtà anche chi pensa di non averne ne ha. Si tratta solo di dare priorità a ciò che ti toglie il fiato, un telepass a ciò che ti toglie la voce, perché vorresti solo osservare e perderti nelle parole che non dici.

Siamo tutti una clessidra, non sappiamo quanti granelli di sabbia abbiamo all'interno. Oggi, come domani, potrebbe essere il nostro ultimo giorno. Potrebbe essere il nostro ultimo respiro e io lo vorrei passare tra le cose che ho sempre voluto fare, ma sono stato distratto da qualcos'altro.

Ha davvero senso preoccuparsi del futuro?

Tè & Zu 51

A Brendon mancherà il suo corpo

Sono geloso. Sono talmente tanto geloso delle mie cose che ho paura di lasciare il mio corpo quando me ne sarò andato. Non c'è nulla di triste, è solo che ho sempre amato ciò che mi appartiene, ho sempre tenuto agli oggetti, e a volte anche alle persone. Dire addio ad un amico dopo anni di condivisione di momenti è doloroso, figuriamoci separarsi da una persona con cui hai sempre condiviso tutto senza pause, nemmeno quando avresti voluto prendertene una. Non sarà affatto facile. Momenti in sinfonia. Una nota che si scinde per dare vita a due note che si assomigliano, ma sono leggermente diverse nel suono. Due binari diversi, treni in direzioni opposte.

Allontanarsi dalla linea gialla.
Allontanarsi dalla linea di te.

Ci sono domande a cui è meglio non pensare per nulla. Ci sono domande che penetrano nella tua mente e ci rimangono per istanti che possono durare giorni; hanno bisogno di un permesso di soggiorno perché, forse, non sono nemmeno delle tue parti. Quando le ali delle domande assurde ti invadono, per la tua retemente è meglio far finta di nulla e distrarsi, ad esempio leggendo il giornale, come fa l'uomo in giacca e cravatta davanti a me. Ha una borsa di pelle marrone e porta ciò che la vita gli ha donato in maniera impeccabile.

Avrà più o meno 60 anni e i capelli brizzolati, tendenti al bianco. Se lo guardo di sfuggita vedo una somiglianza con mio padre, solo che lui ha l'aria più rilassata. Sono convinto che sia per via della giacca costosa, sicuramente. Non sono un esperto in queste cose. Se dovessi indovinare il suo nome direi senza ombra di dubbio che si chiama Brendon. Non ha l'aria di uno che vive da queste parti. Ha l'aria di uno che stamattina ha preso un treno da Londra e per qualche assurda ragione è finito a chiedermi se potesse sedersi di fronte a me.

«È libero?»
«Sì, certo, il posto è libero. La mia mente no.»

Avrei voluto rispondere così. Mi sono limitato ad accennare un sì tornando al mio reparto di pensieri neonati. Pensieri nati.
Pensieronati, vorrei metterli già a riposo, pensio-nati.

Ha preso il treno e legge con calma aspettando di andare a quell'incontro che sicuramente ha organizzato con tanta cura e dove di certo farà un sacco di grana. Ho sempre avuto problemi a portare un abito come il suo, mi sento goffo e fuori luogo. Se ci ripenso con più attenzione mi accorgo che sono sempre stato goffo e fuori luogo, anche senza un vestito elegante come il suo. Da come legge e porta il completo sembra a suo agio e comodo, ci può ballare persino uno swing. Chi sa, magari alla fine festeggerà il successo dell'incontro con uno swing.

Chissà se Brendon è bravo a ballare!
Non lo so, proverei solo ad azzardare che tra un po' andrà in pensione e prenderà un treno diverso dal suo corpo.

Chissà se a lui mancherà come mancherà a me!

Il paesaggio fuori dal finestrino mi rilassa, mi illude sul serio che alla fine il viaggio è sempre un modo per distrarsi. Un modo per fondersi completamente con il proprio corpo per poi un giorno dargli l'addio che si merita.

Chissà se l'anima piangerà quando vedrà il corpo spegnersi!

«Zu, ma che domande ti stai ponendo? Stai andando al lavoro, non è il momento di complicarsi la vita con idiozie di questo tipo. Lavora, torna a casa, bevi un tè con lei e dormi tranquillo!»

Tè & Zu 52

Non esisto

Quando dico alle persone che non esisto mi guardano perplesse, come se avessero visto qualcuno che svanisce nelle proprie parole. Quando lo dico, lo penso veramente. Io non esisto, ma forse nemmeno tu.

Ve lo potrei spiegare con tutte le teorie e le leggi fisiche che ancora non conosco, ma sarebbe un concetto talmente difficile da affogare nel proprio inconscio.

Io non esisto. Più lo ripeto, più il concetto si fa vivo, prendendo forma in modo da confondermi e farmi sentire una briciola di quel poco che mi rimane.
Un nulla che prende forma. Com'è possibile?

Sono la briciola di una stella svanita milioni di anni fa. Sono svanito e continuo ad emanare il mio io in questa parte di città.
Terra o universo?

Io non esisto, universo acustico, suoni che si espandono.
Nuovi mondi.
Nuovi me.
Mini me.
Nuovi te.

«Un tè?»

«Si, domani però, che adesso voglio scrivere...»

Tè & Zu 53

Fisica sguardistica

La scintilla negli occhi è il grido a luce continua dell'anima, è la sua impronta. Il suo lievito madre. Quest'ultimo periodo l'ho passato a tuffarmi negli occhi di tutti. L'ho passato, e lo sto passando tutt'ora, a nuotare nelle piscine private dell'iride di chi incontro. Ogni tuffo è un'acrobazia verso l'ignoto, una danza diversa, sott'acqua. Il volo è una pausa di riflessione prima di immergersi, la testa si spegne per lasciare spazio a ciò che assorbirà.

Ogni sguardo, per quanto unico sia, è simile ad un altro che ho già visto. È quasi irripetibile, si avvicina alla regola dell'unicità: fisica quantistica. Fisica sguardistica.

A volte, senza sapere come, riesco a cogliere ciò che gli occhi hanno da raccontare. Gli occhi di chi cerca aiuto o solamente qualche risposta. Non ho mai le risposte giuste a nessuna domanda, ma se ti fermi un attimo le possiamo cercare insieme.

Riesco a percepire i segni di chi è depresso e lo nasconde perfettamente. Puoi mentire in tutti i modi, ma non puoi sabotare la tua volontà.

Non so cosa porti le persone ad essere depresse, so solo che da quel momento in poi la loro mente è fuori dal loro controllo.

«Fatti un giretto amico, qui per un po' ci sono io. Non sono affari tuoi.»

La gente non è abituata a parlare di depressione. Sono solo discorsi in polvere. La depressione è ancora un tabù, per molti versi, o qualcosa di cui ancora ci si vergogna troppo per parlarne apertamente. Lo capisco, è del tutto normale. Una volta che ti esponi continuerai a ricevere la stessa domanda carica di compassione: «Come stai oggi?» Come se la depressione scomparisse da un momento all'altro.

Non so come si esca da questo labirinto, so solo che non avere il controllo della propria vita è un valido motivo per cadere in questo vortice. Chi è depresso dovrebbe parlare con chi gli sta vicino. Parlarne con chiunque può solamente peggiorare la situazione perché si rischia di non essere capiti, trovandosi in una situazione peggiore di prima. Bisognerebbe lasciarsi completamente andare solo con persone di fiducia.

Ma come ci sente ad essere depressi?

Non lo so nemmeno io. Proviamo a fare così: lascia scorrere l'acqua nella vasca. Lascia che si riempia ed entraci.

Sei stanco e non hai le energie nemmeno per chiudere il rubinetto. La depressione è una vasca tutt'altro che limpida. Ci sei dentro e hai lo sguardo rivolto al soffitto come perso ad ammirare le stelle. Ammiri il soffitto. Vedi le macchie parlare, le stesse che sulla tua pelle ti mandano in tilt la testa. Le endorfine confondono il cervello. Bocciatura in chimica molecolare.

Prossima sessione?
«Mi piace come hai spiegato il concetto. Ti va di parlarmene ancora e magari spiegarmi come si può ritrovare l'uscita di questo labirinto?»

«Solo se mi prepari un caffè. È una discussione delicata e intima.

Ti chiedo anche, se è possibile, di lasciare fuori tutto ciò che sei stato fino ad ora.»

«Perfetto, al prossimo tè & Zu.»

Vulnerabile

Vulnerabilità, salto nel vuoto dall'ultimo piano. Intravedo l'acqua cristallina, ma può darsi che sia solo il riflesso del vetro di questi palazzi. Questo non lo posso sapere con certezza, nessuno può sapere certe cose. A volte le cose si scoprono solamente correndo il rischio.

LE SENSAZIONI SONO GIÀ VERITÀ A CUI DOBBIAMO DARE VOCE.

Il vuoto è il nostro compagno di banco che è stato sempre assente senza giustificarsi mai. Il vuoto ero io che non mi presentavo alle lezioni, in seconda media, quando mi sono trasferito in un'altra città. Mi ricordo quando la prof ha chiamato il mio nome e ha aggiunto: «Ma questo Zouhair è un fantasma, non c'è mai!» Ho alzato la mano dicendo che il fantasma si era presentato. Sono il fantasma di me che si spinge dal bordo di questo palazzo. Mi spingo da dietro senza darmi il tempo di comprendere cosa stia accadendo.
Senza dare una giustificazione:
«Dovresti solamente osare di più.»

Il panorama da qui è mozzafiato, ma vuoi mettere a confronto il nuotare nell'aria aspettando la risposta che il suolo è capace di dare? La lezione più autentica che possa esistere. La lezione più cruda dell'essere umano. Dovremmo solamente osare di più, perché è lì che si nasconde la vita. La vita nasce dai rischi, la paura è un cancello aperto che ci impedisce di entrare nel giardino di ciò che sogniamo.

Sono convinto che l'universo sia una frequenza che continua ad inviarci messaggi. Per captarli, non dobbiamo fare altro che ascoltare ciò che abbiamo intorno: persone, parole, poesie o semplicemente foglietti, che possono capitarci davanti. Persino il vento è un sussurro del destino: carezze che si avvicinano, sfiorandoci delicatamente.

Sabato pomeriggio mi sono dato ascolto e mi sono messo a sedere con un poeta che ho incontrato in qualche stradina di Bologna. L'ho salutato e ho preso posto sui gradini della sua scuola personale. Sapeva cosa dirmi, come se mi stesse aspettando. Sono rimasto in silenzio ad ascoltarlo, senza dire una parola. Era l'universo mascherato da mortale.

Essere vulnerabili è la cosa più profonda e vera che possa capitarci. Un cappuccino senza schiuma, come quello che ho davanti. Siamo nudi, ma vestiti di vita, essenza di vita. Siamo aperti, lo è la nostra anima. Dobbiamo rischiare di essere vulnerabili e di aprire le nostre ferite. «Un caffè grazie, potrebbe metterci del sale al posto dello zucchero? Dovrei versarlo sulla ferita aperta, io non bevo caffè...»

L'universo ci investe solamente quando siamo pronti ad assorbirne gli urti. Lividi e cicatrici sulla pelle. Accarezzale, perché solo tu puoi vederle. Non sono mai stato capace di squarciarmi l'anima come sto facendo ora. Sono nel vuoto e la cosa non mi spaventa. La vulnerabilità è un discorso profondo, fatto alle tre di notte con un amico al quale non abbiamo paura di mostrarci per ciò che siamo realmente. Stelle che si parlano utilizzando noi come tramite.

Nuoto nell'aria con Dio, guardando il cielo. Non mi interessa guardare verso il basso. Non mi interessa prendere le misure. Bisogna avere fiducia.
E io ho fede in te.

Se sei Dio, come ho sempre immaginato, allora la lezione sarà una supernova capace di farmi dimenticare ogni emozione possibile. Sarò io stesso l'esperienza: la vera essenza della vita.

Tè & Zu 55

Cadere è la metafora più vera

NON BISOGNA AVERE PAURA DI CADERE. BISOGNA AVERE PAURA DI NON AVERE LE PERSONE GIUSTE AL PROPRIO FIANCO E, SOPRATTUTTO, BISOGNA AVERE PAURA DI NON AVERE SÉ STESSI QUANDO SI INCIAMPA SULL'ASFALTO.

Cadere è normale, è una condizione reale dell'uomo che si imbatte nelle onde della vita. Cadere è necessario perché ti permette di capire quando sei in piedi e cammini, cercando di assorbire il tuo contorno. Siamo neonati in continua evoluzione che non smettono mai di imparare da ciò che capita loro.

Le cadute sono le lezioni più crude che si possano imparare. Ho perso il conto dei voli a spalle scoperte. Ogni volo ha il suo sapore, perché ti avvicina a ciò che ti vuole insegnare qualcuno; qualcuno che a noi risulta invisibile. Avrei tante di quelle teorie su come funzionano le cose, da poterci scrivere un libro. Ho mille intuizioni che risulterebbe impossibile collegarle fra loro. Intuizioni con le quali punzecchio le persone al mio fianco. La cosa mi diverte, perché è da lì cominciano le conversazioni più assurde e cosmiche che si possano avere.

Da piccoli, un mio amico ed io ci divertivamo a inventare teorie, per poi parlarne per ore. Era un periodo in cui la mia testa era sempre alla ricerca di nuove idee, di nuovi spunti. Credo che da allora non sia cambiato nulla, se non le persone con le quali ne discuto, che poi, alla fine, non è una discussione, ma più che altro un'immersione dentro noi stessi. Sono le conversazioni, durante le quali mi lascio cadere volentieri nei labirinti di chi mi ascolta. Gli amici veri rimangono sempre a nostra disposizione. Gli altri aspettano che il gancio del treno si stacchi per poi lasciarsi andare. Non sono capaci di aspettare la stazione successiva. Non sono capaci di reggere le conversazioni in sala d'aspetto. Io invece aspetto molto volentieri; c'è sempre qualcuno con cui parlare. Fatemi un favore! Quando siete in giro e il vostro umore è a terra, fate caso alle persone che vi sorridono e vi regalano parole spontanee, senza che voi le abbiate chieste.

Fate caso agli animali che avete intorno.
Fate caso alla forma delle nuvole.
Fate caso ai suoni della città.
Fate caso all'odore caffè.
Fate caso al tempo.
Fate caso a voi.
Fai caso a te.
Fateci caso.

Cadere in longboard è una metafora reale che prende forma. Ogni volta è come se fosse la prima, vedi il mondo che si capovolge in un millesimo di secondo mentre tu cerchi di capire cosa stia succedendo. Non lo capisci finché le spalle non toccano l'asfalto. Fissi il cielo e ti rendi conto che sei per terra. Non puoi tirarti su da solo subito, hai bisogno di capire cosa sia successo prima di alzare la mano per chiedere aiuto. Non c'è nulla di male a chiedere aiuto, dovremmo capirlo tutti.

A volte vorremmo superare tutti gli ostacoli da soli, ma sai una cosa? Non è possibile, me ne rendo conto quasi sempre troppo tardi. Me ne rendo conto quando mi viene offerto aiuto, ma il mio ego mi convince che ce la faremo insieme. Mi sussurra che non abbiamo bisogno di nessun'altro per splendere di nuovo. Ogni volta che cadi, l'ego perde un pezzo di sé: un puzzle di lego. Ogni volta che cadiamo non dobbiamo chiederci il motivo per il quale siamo caduti, ma dobbiamo domandarci cosa possiamo imparare da quello. Quello che sto imparando io, è che non si smette mai di cadere, bisogna però essere pronti ad avere al proprio fianco le persone con cui siamo disposti ad aprirci per riuscire a rinascere nuovamente. Sorrido perché ho ancora molto da imparare in questo viaggio.

Tè & Zu 56

Parigi è il tempo perfetto

C'è un tempo perfetto per tutto. Te ne accorgi quando finalmente ascolti la tua voce interiore. Quella voce che continua a suggerirti i tuoi prossimi passi. E quando quella stessa voce ti sussurra: «Dovresti saltare», vuol dire che quello è il momento perfetto.

C'è un tempo perfetto, dovresti solo essere pronto ad ascoltarti di più. Prendo un volo senza alcun preavviso, senza averlo programmato e mi catapulto nella città di dio, la città dove i paradossi prendono forma. Un tuffo dentro agli sguardi persi sulla Senna, la pausa che mi serve per riconciliarmi con il resto, per tornare ad essere tutt'uno con il mondo. Tutt'uno con il cosmo.

Mi perdo in un cielo così blu che rischio di nuotarci dentro, fissando l'ondeggiare dei miei pensieri. Ondeggio e mi lascio cadere verso l'alto. Cado verso il cielo come fossi una bolla, una piuma delicata. I pensieri non mi pesano più, sorrido spontaneamente. Il mondo è lo specchio di ciò che siamo, ciò che ci portiamo dentro. Ho abbandonato qualche bagaglio, perché non mi apparteneva più; ora sono più leggero.
È questo il segreto.

Sorrido e mi siedo, senza pensarci. Parigi è Il posto dove l'immaginazione si lascia fluttuare creando uno scenario magico per le coincidenze. Uno scenario perfetto per un caffè e per un seguimi, «che dobbiamo vederci.» Ce lo diciamo senza parlare. Gli occhi comunicano più di quanto possiamo immaginare.

Non sono mai stato bravo a captare i messaggi. Che poi è il modo in cui potremmo chiamare anche le coincidenze, se vogliamo. In realtà non ho ancora trovato la parola giusta, la parola che possa esprimere alla perfezione il concetto che tutto sia collegato in maniera misteriosa. È difficile trovare le parole giuste, perché le parole ci limitano e io non voglio chiudermi in una stanza di concetti.

La pura logica non porta da nessuna parte.
Io voglio andare ovunque.

Uno sguardo ti può portare oltre il mondo stesso: verso altre dimensioni. Dovresti ascoltarti, davvero. Mi zittisco e cerco di ascoltarmi di più. La verità è silenziosa e non fa rumore. Non vuole attirare l'attenzione di chiunque, vuole solo essere catturata da chi è capace di ascoltare l'universo. Ascolto il tutto, le parole scendono e si colorano di arancione, un tramonto perfetto per questo aperitivo soffuso a Parigi.

«Te l'ho già detto che sto amando Parigi?» Dovrei ripeterlo ad ogni bicchiere di sidro bevuto.

OGNI CITTÀ HA UN'ISPIRAZIONE DIVERSA, UN SAPORE DI CAFFÈ DIVERSO. OGNI CITTÀ È UN AROMA DI CAFFÈ PARTICOLARE. PARIGI È UN AROMA ROMANTICO CHE MI STRAPPA DALLA MENTE L'IDEA DI VOLER FUMARE SUL CANALE, AL CALARE DEL SOLE. L'ALBA DI UNA LUNA COMPLETA. MI CI PERDO.

«Avete una sigaretta? Ho dimenticato il pacchetto in Ostello.»

Non fumo e non ho nemmeno un pacchetto di sigarette, da nessuna parte. Non fumo, ma la naturalezza del gesto mi ricorda che dovrei aggiungere questo particolare dentro un altro paradosso, un altro numero. L'ultimo paradosso che mi ha portato fino a qui sta per essere scoperto e io sto per ripartire, mancano solo poche ore. L'ultimo non è un numero, è solo la fine dei paradossi. Non è la fine, è solo la fine dei giochi, tutto si conferma.

Alea iacta est: il dado è tratto!

Tè & Zu 57

Rockstar senza sofferenze, luna senza crateri

Tutti vogliono essere delle rockstar e muoversi tra la folla con disinvoltura. Passi a 10 centimetri dal suolo, come una nuvola animata da uno spirito libero. Un fulmine che si accende per una manciata di vita, energia pura che carica tutto ciò che ha intorno.

Siamo energia in movimento, siamo tuoni sull'asfalto. Tutti vogliono tutto e lo vogliono subito, senza doversi sorbire la fatica di ciò che sta nel mezzo. Tutti vogliono il piacere di essere la meta piuttosto che il viaggio. Un jet che salta nel tempo, un libro sfogliato per un quarto. L'ultima pagina.

Un mese fa sono stato a Monaco, ho visto James Hersey live e mi ha fatto innamorare dell'idea di essere dalla parte della vita persa, di far parte di coloro che sentono prima di scrivere, che provano prima di esprimersi. Sono dalla parte della pratica, la teoria inganna a volte. Il più delle volte.

Faccio parte di chi scrive per esperienza propria. Non baratto la mia sofferenza e il mio dolore per l'ultimo vagone, non fa parte di ciò che sono. Voglio arrivare all'ultimo vagone con il mio zaino che perde lacrime e pezzi di me, portandomi dietro un'anima vissuta. Sono una rockstar che non canta, ma grida. Le note escono e si imprimono come murales sull'ultimo vagone, quello dove incontri le cicatrici ricucite e cuori solitari che festeggiano con un tè caldo.

Tutti vogliono il grande salto, l'ascensore orizzontale per l'altra riva, l'ultima metà.

Non funziona proprio così. Le rockstar, quelle vere, si gustano le cadute perché rialzarsi è ancora più fico. Nessuno vuole farsi vedere per terra, nessuno vuole essere vulnerabile. Tutti vogliono trovare l'amore a cuore intatto, a cuore plastificato. Il mio amico mi ripete che non ha mai sofferto. Io penso invece che non abbia mai giocato. Il suo cuore non si è mai infangato, ha giocato su un terreno sintetico. Sentimenti sintetici.

Ho visto mio fratello cadere più volte e rialzarsi con un sorriso. Ieri ho visto una rockstar che sorride cadendo. Mio fratello è la rockstar più cruda che abbia mai visto dal vivo. Surfista che ondeggia tra la vita vera e il dolore dell'esperienza.

CREDO CHE ALLA FINE SIA NECESSARIO AMARE IL DOLORE, MA NON FARSELO AMICO, ALTRIMENTI SI RISCHIA DI VOLERLO SEMPRE AL PROPRIO FIANCO. BISOGNA FARSELO PIACERE, MA NON ABITUARSI AD AVERLO NELLA PROPRIA QUOTIDIANITÀ.

Vogliamo essere rockstar, mica perdenti, no?

A volte mi spaventa il fatto di dover stare male per scrivere certi passaggi; vedermi da fuori mentre mi racconto, fissando nostalgicamente il cielo con le spalle sul pavimento. Gli scrittori sono persone strane, molto strane. Sì, vivono nel loro mondo. Vogliono andare oltre la linea sottile della realtà, quella che la separa dal surreale, per disegnare ciò che vedono con la loro mente. Le voci dentro di loro sono più reali che mai. Non scrivono mai per sentito dire. Non si raccontano per eventi successi ad amici di parenti dei loro cugini.

Vivo.
Racconto.
Mi scrivo e mi perdo, città sotterranea.

Metro di Parigi.
Corro per inseguire ciò che voglio provare.
Corro e lo vivo, prima di scriverlo a parole.

Voglio essere una Rockstar senza evitare tutto ciò che ne consegue: tutta l'esperienza cruda.

Voglio vedervi sull'ultimo vagone con me. Festeggeremo e grideremo al mondo che le rockstar sono anime vulnerabili. Le persone più vere mai esistete. Le canzoni più vere mai scritte. Il tramonto con il caffè mi riporta nel momento. Pago e vivo il resto della mia giornata, nella mia mente.

Sono uno scrittore o sono solo strano?
Non lo so, ma diamoci appuntamento sull'ultimo vagone!

Tè & Zu 58

Tentativo + 1: vita in loop

Il cuore è nella nostra mente, l'avevo detto vero? Ho ripreso con i caffè. Ho ripreso a scrivere molto. Ho ripreso a perdonare, solo per ora e solo per una volta. Ho ripreso le cose che avevo messo via e ora ho ripreso a parlare di sentimenti. Non suona banale, vero?

I discorsi con gli amici davanti ad un caffè hanno un intenso aroma di verità. Il mio caffè si mescola alle parole che il mio amico mi ripete ed io bevo entrambi in un solo sorso, senza distinguerne i gusti. Le parole sanno di caffè, mentre io imparo ad ascoltare i discorsi degli altri, a darci il giusto peso, perché solo a mente aperta si assorbe lo scambio.

Amo chi mi corregge e sottolinea qualche frase che scrivo di getto o per sbaglio, senza rendermene conto. Non sono perfetto e non voglio esserlo, voglio essere solo vero. Ho l'ego che a volte si gonfia e mi cammina accanto. Mi tende la mano e lo vedo diventare almeno il doppio di me. Amo chi si mette fra noi due, dicendo cose che lo distruggono: scambi che ti cambiano. Cambiamento.

Tutti i discorsi partono da una parola che nasce da una lettera. Ho scritto una lettera intera per lei partendo da un suono. Ho scritto racconti interi partendo da un suo sguardo. Il mio amico mi legge e, a volte, mi riporta con la testa per terra. Riporta il cuore in testa, su quest'asfalto. Il mio amico ha sperimentato la vita tramite il cuore; non è vero che lo si usa solo per l'amore. Il suo cuore è usurato dalla vita stessa, non è possibile che solo l'amore lo possa usurare, non avrebbe senso. Non è possibile che rimanga plastificato e parcheggiato in testa. Non è possibile che possa essere solo in esposizione per essere guardato, che batta solo per il gusto di respirare.

Il mio amico è una Rockstar, una di quelle che non ha bisogno di sottolinearsi perché l'umiltà si fa notare quando tutto tace. È una rockstar perché è in piedi nonostante il sudore; tutte quelle lacrime di cuore che gli scivolano sulla pelle, mentre lui continua a disegnare una visione ancora da completare. Se mi raccontasse tutto di sé, faticherei a credergli, se non fossi suo amico. Dico davvero: solo a gennaio ci siamo fatti mille risate per tutto ciò che ha passato in quel mese. Rido ancora adesso e se ve lo raccontassi sarebbe la trama perfetta per un film. Un film in cui non vorreste recitare. Ci vorrebbe una controfigura. Ma questa è la realtà, e non ci sono ciak.

Nelle notti in cui non si riesce a prendere sonno, il cuore si racconta e confessa di consumarsi con tutta l'esperienza della vita stessa. Il cuore si prende una pausa e si esprime meglio di quanto abbia mai fatto: dice di essere stato una barca in mezzo all'Atlantico, in balia degli eventi, in balia di tutto ciò che ci circonda.

Il cuore si lascia sfogliare una cicatrice alla volta. Ogni graffio è un'esperienza che lascia un segno visibile sul volto del nostro specchio. Tutto finisce per imprimersi sui nostri visi. Alcuni sorrisi hanno più cicatrici di quanto possiamo immaginare. Più la cicatrice è profonda, più il sorriso ha quel tocco di serenità che lascia il segno.

La serenità di chi splende nei giorni in cui i pensieri sono in balia del mare mosso.

Le rockstar corrono con il sorriso, rincorrendo la vita. Si concedono sempre un ultimo tentativo, prima di abbandonarsi per sempre. Tentativo + 1, un'operazione matematica destinata a non concludersi mai. Un circolo che crea dipendenza, che inizia e si conclude con la vita stessa; un ciclo continuo di emozioni, che si alimenta partendo da ciò che lo ha chiuso.

Il mio amico è una rockstar. A volte molto più di me.

Trasformazione di un Dorian. Sei un Gray

Un giorno si presenterà qualcuno per farti pagare il conto. Lo pagherai, stanne certo. Devi solamente capire quando vuoi pagarlo. Non c'è un momento perfetto per saldare il debito di ciò che hai consumato. Non c'è mai un momento per niente.
L'ho già detto ieri, giusto?

Il ritratto di Dorian Gray è più vicino di ciò che pensiamo, dico sul serio. Dorian Gray non è solo un personaggio o un quadro sul muro: siamo noi stessi il quadro e arriverà sicuramente il giorno in cui il vero Dorian si presenterà nel nostro armadio.

All'interno avremo uno specchio, che ci mostrerà per le persone che siamo realmente, per quello che abbiamo trascurato. Sarà uno specchio spaventoso per tutti quelli che non hanno mai pagato i loro debiti e per quelli che pensavano che i conti in sospeso si saldassero da soli.

Io ho sempre pagato i miei conti. No, forse non è proprio così. Ho iniziato a pagarli quando ho capito che il mio ritratto si stava dipingendo per conto proprio. Il quadro stava prendendo vita e la cosa mi spaventava. Adesso l'unica cosa che ho nell'armadio è una pistola, o meglio, l'unica cosa che avevo, era una pistola. L'ho data vita. Me l'ha puntata addosso, ma non so se mi abbia sparato.
Non ne sono ancora sicuro.

I conti si presentano sempre, a volte vestiti da persone che conosci bene, altre volte invece, da sconosciuti di un'eleganza stronza. L'eleganza che ti frega e ti chiede più di quanto tu le debba. Ho pagato i miei debiti. Pagare ciò che ho consumato è il passo che mi fa sentire in pace con me stesso. Non voglio essere in debito con nessuno. Voglio che la mia mente surfi sulle onde dei miei respiri, quelli profondi che mi fanno immergere nel quadro della natura.

Anche quando pensi che non possa succedere nulla, alla fine qualcosa succede, senza che tu te ne renda conto. Succede senza che nessuno bussi alla tua porta. I conti hanno già duplicato le tue chiavi e le tue forme; ci faranno il tuo vero ritratto, quello che ti mostrerà per quello che sei realmente.

I conti in sospeso vengono a farti visita la notte, un secondo prima che tu prenda sonno, un momento prima che tutto crolli in un respiro vicino alla morte. I conti se ne andranno solamente nel momento in cui farai un'altra promessa: quella che non manterresti comunque. Sarà un arrivederci al giorno seguente. Alla notte seguente.

Tornerà e sarà come se la scena si ripetesse. Pausa e replay, ancora e ancora, ogni sera. Potresti occupare la tua mente per un paio d'ore, in quel club che ti piace tanto, ma quando la musica sarà finita, la notte inizierà a dipingere il ritratto nel tuo armadio. Non te ne potresti liberare. No. Nemmeno se lo bruciassi.

Come fai a dormire la notte, sapendo che c'è un quadro che sta prendendo vita nel tuo armadio?

12 maggio

Gocce su una superficie di eco, i ricordi riemergono così, con un suono che tintinna. I ricordi sono creature dal sonno leggero, animaletti dai sogni fragili. Me ne rendo conto quando la vedo nuovamente. La sua voce è così uguale ad allora, che un flash d'immagini mi investe, portandomi indietro nel tempo, almeno di vent'anni. Un proiettore dentro la mia iride mi mostra la sua semplicità in tutto il suo splendore di allora.

«Oh, Dio quanto vorrei poterla abbracciare, con quel suo trucco, la vita si era presa una pausa nei suoi occhi scuri.»

Il tempo è un amico che ti volta le spalle quando lo dimentichi, quando non lo inviti più fuori. I caffè si sono trasformati in chicchi trascurati. Ammetto di averlo trascurato, ma è venuto ugualmente a farmi visita, mostrandosi sul viso di mia madre invecchiata, senza darmi il tempo di gioire dei suoi giorni più raggianti, senza darmi il tempo di capire la parte del ponte che mi appartiene.

Non potevo sapere quale fosse la parte giusta del ponte, potevo solo farmi guidare. Mi sono fatto trascinare, ma da una guida egoista: un padre che si dimentica del resto, quando tutto ciò che conta è un sogno personale spazzato via da un vento di numeri improbabili.

Il tempo mi ha messo all'angolo, come un pugile che non riesce più ad incassare. Mi arrendo a questi pugni che mi colpiscono dall'interno. Le lezioni a volte non si mostrano sul corpo, ma ti divorano partendo dalla mente. I ricordi più nostalgici prendono in affitto il tuo cervello, pagando con flashback improvvisi di lei. Certe lezioni sono mostri a cui devi abituarti, conviverci. Sono tuoi coinquilini in questa stanza. Le scuse diventano solo antistaminici per questa allergia che si placa fino alla prossima primavera, fino alla prossima ondata di suoni che rievocano tutto questo uragano mentale. Le giornate lunghe equivalgono a pensieri più assordanti e non c'è nessuno che ti possa salvare.

Nessuno.

Ho bisogno di aiuto?

Ho chiesto scusa fino a prosciugare il mare dentro a questi occhi, fino a vendere questo sale al tempo, che non sarà mai in grado di ridarmi indietro le sue rughe, quelle custodite dentro la clessidra di un tempo che ti era amico.

Darei un pezzo di me, per non vederla coprire il suo sorriso.
Darei un pezzo di me, per non vederla soffrire dentro a quegli occhi che mi parlano.
Darei un pezzo di me, per non vederla inciampare nei suoi ricordi per poi affogarci.
Darei un pezzo di me, per avere almeno un pezzo di me nei suoi ricordi.
Darei un pezzo di me, per una goccia in quelle lacrime salate.

Sorrido davanti a questo scatto, ma non mi copro, vorrei che tutti la vedessero attraverso la mia espressione. Ho preso il volo un anno e mezzo fa, perché quando ti spegni, le persone capaci di accenderti sono quelle racchiuse in ciò che sei realmente, quelle che ti hanno dato la vita. Ho preso il volo, di nuovo.
L'abbraccio di un legame, nuovo uomo.

Tè & Zu 61

Salta e ritenta

Scrivo per riordinarmi, per parlarmi senza filtri se non queste tracce d'inchiostro. Filtri d'inchiostro, conversazioni da uomo libero. Uomo senza nulla che non sia un'anima usata. Si può lavare?

Le conversazioni più vere iniziano sempre in maniera spontanea, senza che ti vengano poste le domande giuste. Iniziano quando sei sul punto di volerti distruggere, di volerti vedere a pezzi per poi ri-assemblarti nel verso giusto.
Conversazioni, bicchieri di tè e parole che ci conoscono più di chiunque altro.
Conversazioni e lacrime, cosa siamo?
Una poesia in versi sbagliati, versi inversi.
Diversi.
Anime e rime.
Rime e anime.
R-anIME.

Le conversazioni più autentiche ti vengono a trovare in città, per portarti fuori di te almeno per una mezz'ora. Vogliono che ti osservi, senza poter dire una parola. Solo parole e vento. Le conversazioni più vere hanno sempre un sottofondo, hanno un'anima loro che spesso illustra il vero cammino, che tanto spaventa.

Hai mai cercato il senso di tutto questo?
Non me lo chiedere ora, davvero.

Ho voglia solo di gustare un buon caffè al miele e appoggiare i piedi su questo cornicione. C'è fresco e questa musica meditativa mi rilassa.

Mi ricorda la Senna e quel momento, sai?
Mi ricorda una parte di me che ho lasciato a Parigi, non so se tornerò a riprenderla. In realtà ho lasciato un'ombra di me dappertutto.
Ogni città.
Ogni persona.
Ogni caffè.

Non è strano lasciarsi ad ogni angolo, ma sentirsi completi ugualmente?
Non è forse questo lo scopo di tutto?
Non lo so. Voglio solo vivere, camminare un po' di più, ti va?
Un passo, due passi, tre passi. Mi perdo nei miei pensieri.

«Ho preso il volo e ho dentro una Parigi a notte fonda. Dall'alto la città è un cimitero di segreti. La verità sfuma verso il cielo e tutto tace. Nessuno vuole prendersi la responsabilità di farci i conti. Il cielo è indistinguibile da questo smog e le parole, a volte, sono indistinguibili dalle bugie. Tutto cammina su un filo logico che è capace di tagliare chi ha gli occhi che vedono oltre ciò che gli altri vogliono teatrale.»

Cammino, finché tutto ciò che mi circonda sembra volermi parlare. Sto seguendo i numeri in questa Parigi e quel lampione mi invita a sedermi e chiedere una sigaretta al primo sconosciuto. Non fumo. Mi siedo, scrivo nella notte e mi rendo conto all'improvviso, che Parigi è una cascata di colori e suoni che non smettono di movimentare la città. La mia testa è una città in disastro. Mi sincronizzo su due mondi che non appartengono alla stessa realtà. La luna è piena, l'ultima goccia di splendore prima che tutto ricominci di nuovo.

Si ricomincia sempre tutto. Si ricomincia sempre, dopotutto. Tutto ciò mi spaventa, perché è sempre un lancio nuovo, uno schianto di cui ho paura ad abituarmi. Prendo il volo senza prendere le misure.

Ogni volta va sempre a finire in "Salta e ritenta":
Scommesse dell'anima.
Resto.

Hai finito l'università? Quanti esami ti mancano?

Non so come dovrei rispondere, ho smesso di ricevere questa domanda almeno cinquecento caffè fa. Ogni volta la domanda mi paralizza, perché è rinchiusa in un circolo vizioso di persone che hanno poco da dire. C'è una domanda che ho sempre odiato, anche quando frequentavo l'università:
«Quanti esami ti mancano?»
Quanti esami mancano a cosa poi? Al potermi rinchiudere in un lavoro, che poi scoprirò non essere il lavoro dei miei sogni?
Dovresti smettere di illuderti, il lavoro dei sogni non esiste. È arrivata l'ora che ti conformi al resto. A me, alla gente intorno e a tutto questo sistema; alla società.

Vorrei ululare senza una ragione. Vorrei bere un caffè insieme ad Othmane e ululare parole incomprensibili. Sembra di stare in Into the Wild.

«Hai finito l'università?»

La domanda rimbomba per almeno un paio di ore dentro questa caverna di testa, ma sono passati solo due millesimi di secondi. Sorrido, muovo la testa da una parte, poi dall'altra: «Non ho finito l'università, l'ho mollata». Ho sempre la stessa espressione nei confronti delle persone che non capiscono. Non intendo che non capiscono me, ma la vita in generale. Non tutti devono seguire gli stessi percorsi, non tutti hanno gli stessi obiettivi da raggiungere.

A dirla tutta, non voglio giustificarmi con nessuno.
Non voglio giustificare ciò che sto portando avanti e non dovreste farlo

nemmeno voi. Non giustificate mai i vostri sogni, qualsiasi essi siano. Non fatelo perché non si può spiegare l'impossibile a chi non sogna. Hai un lavoro, spegni la testa e svegliati tra dieci anni.

(Ci vediamo sull'ultimo vagone del treno)

A volte mi sveglio e scopro che non sto puntando abbastanza in alto, non sto sognando abbastanza. I momenti più vissuti sono quelli in cui ho dimenticato chi sono, gli attimi in cui la vita sembrava un sogno. Ogni idea diventava realtà, l'impossibile prendeva forma davanti a me, mi invitava a prendere un caffè. Bisogna continuare a muoversi perché la vita è lì. Fallire, fallire e fallire ancora, per poi conquistarsi.

Mi evolvo.

La vita passa in fretta e più passa, più me ne rendo conto. Il tempo sta assumendo tutto quello che d'importante c'è, almeno per me. Avrei voluto capirlo molto prima, quando ho cambiato facoltà, pensando che ci fosse qualcosa di sbagliato in me, quando mi spegnevo lentamente ad ogni esame.

«Quanti esami ti mancano?»

«Sono Off-line.»

Le lezioni più vere, te le insegna l'universo, travestito da mortale: Dio in persona. Le lezioni più autentiche sono colpi, ma non devi averne paura. Non cercare di schivarli. Ho preso colpi dai progetti abbandonati, dai viaggi in solitaria e dalle persone lasciate indietro. Ogni colpo è il caffè dopo il dolce, si. Amo fottutamente questo processo, perché anche non avere soldi è qualcosa di poetico da cui si impara ad avere pazienza.

Nessuno ti dice le cose come stanno: i sogni richiedono pazienza e non è detto che le soddisfazioni arrivino. Non è detto che arriverai alla tua ambizione. Ma se non corri il rischio, sarai divorato da dubbi che si accavallano l'uno sull'altro, fino a diventare rimpianti. Non voglio arrivare ad un punto e non sentirmi più io, un punto dove non sentirei più niente.

Sono felice ora, senza niente, e immagino già come saresti se raggiungessi i miei sogni. Amo questa parte del mio percorso, perché mi sto mettendo alla prova e sto sperimentando ciò che conta veramente. Gli amici sul palmo della mano, un amore autentico e una fottuta voglia di scrivere, che potrei fotocopiarmi tre vite a parole in una notte sola.

«Quanti esami ti mancano però?»
«Nessuno. Mi manca essere libero.»

Tè & Zu 63

Tieniti stretto

Quando scrivo mi capita di assentarmi. Saracinesca abbassata: «Torno subito.» Il più delle volte capita di dimenticarmi, per non esistere più e scompormi in parole che si fermano a giocare dentro di me, prima di attraversarmi la mente e nascere senza permesso.

Quando scrivo mi capita di perdermi. Mi addentro nei miei boschi personali, alla ricerca di qualche anfratto di cui ignoravo l'esistenza. Un passo, un sorso di caffè e una parola che raccolgo, per poi regalare al prossimo. Sei il prossimo: il riflesso di quello che ho dentro. Scrivo, mi affaccio e poi rientro.

Non so cosa ci sia dall'altra parte della moka, ma continuo il cammino. Un sorso alla volta. Una vita alla volta. Non ci sono orari per camminare. Non ci sono percorsi giusti o sbagliati. Ci sono solo le nostre proiezioni e l'intuito come compagno. Camminiamo, il sole è una bussola dalla nostra parte, ci guida. Ci offriranno qualche compromesso durante il cammino, l'ho visto con i miei occhi. Il bosco è pieno di personaggi che vogliono studiarti e capirti solo per il gusto di offrirti sogni scontati: bacche premature.

Non dovresti venderti, sai?
Però guardati intorno, lo fanno tutti.
«Che t'importa? Non sei tutti, sei il tutto.»

Mi lascio germogliare, nutrendomi dell'idea di questo romanticismo a cui sono attaccato. Mi lascio sedurre dalle parole, dai sogni e dall'universo. Al mio ritorno, sarò sbocciato. I sogni richiedono tempo, più di quello che ti sei concesso.

Mi annaffio dentro una clessidra, per poi rompere il vetro che mi contiene.
Sono la natura, che il suo spazio reclama.
Sono pianta, sole e fotosintesi clorofilliana.
Sono, anzi siamo, il vento che sfoglia la descrizione dettagliata di un libro nuovo.
Liberi di nuovo.

La moka è mezza piena o mezza vuota?

Il lato delle cose è la prospettiva che noi diamo loro. Il lato delle cose è la visione che diamo loro. Io trovo sempre "il lato positivo", come il titolo del libro che ho comprato pochi minuti fa, passeggiando per via Oberdan, a Bologna. Ogni libro è il destino che ci sceglie. Non siamo noi a scegliere le cose, sono le cose a scegliere noi.

«Te lo sei mai chiesto?»

Non sei mai stato tu a scegliere le cose. Più lo ripeto e più il concetto si fa vivo, fino a farmi aprire una pagina a caso di questo libro.

Pagina 171: "Dawkins lo picchierà così forte che avrà paura di prendere anche solo una palla…"

Non so se incontrerai Dawkins nel tuo bosco, ma incontrerai molte persone che ti prenderanno a schiaffi, per svegliarti e riportarti nella loro realtà. Ti colpiranno con pugni di parole, per portarti ad abbandonare il tuo sogno. Dovrebbero smetterla però, sai?

Sei a tre livelli di profondità, e poi diciamolo: la vita è una maratona, non uno scatto.

Se stai leggendo questo testo, vorrei che mi facessi un grosso, grossissimo favore: Tieniti stretto quel tuo sogno, non importa quale sia. Voglio solo che lo tieni stretto e lo abbracci così forte, da fonderlo con la tua pelle!

Tè & Zu 64

Ti va di sollevarci?

Certe volte il cielo ha le risposte a tutto, altre volte ti confonde e basta. Sdraiato fissando oltre il vetro del soffitto, blatero parole prima di addormentarmi. La notte si fonde con il tempo e l'universo si espande.

«Ma io che ne so di tutto questo?»

È troppo tardi per farsi domande che si espandono. È troppo tardi per discorsi che domani non avranno più nessun peso e nessuna forma.

Quanti grammi pesano le parole che hanno realmente peso?

Non lo so. Non ho letto nessuno studio a riguardo. So solo che se ti amo, sono 21 grammi della tua anima che si uniscono ai 21 grammi della mia. Spengo gli occhi con il bacio che mi dai; racchiude la chiarezza di ciò che vorrei essere. Che vorremmo essere. Ti va di sollevarci da qui?

Le conversazioni vere e profonde ti tolgono il peso di una vita, il peso del passato. Le cicatrici non hanno più la forza con cui sono state inflitte. Raccontiamoci nuovamente e lasciamo che le parole ci curino e lascino qualcosa di indelebile, che non faccia male: impronte.

Conversazioni e nuvole.
Promesse e vento.

Ho la leggerezza nei pensieri, mi mostra la direzione verso casa.
«Continua a sognare, non fermarti.»

Sogno, forse anche troppo. A volte la realtà mi si aggrappa ad un piede senza dire mezza parola. Si limita a fissarmi senza trasmettermi realmente il suo messaggio. Vorrebbe solo che io possa camminare un po' di più. Proprio come tutti gli altri.

«Guardati intorno. Conformati e lascia andare quei palloncini. Non appartengono a te.»

In realtà nulla appartiene a noi, nemmeno le persone che amiamo. Il libero arbitrio si fa trasportare dal vento e si appoggia su qualcosa o qualcuno, senza alcuna predestinazione. Nemmeno il libero arbitro ha il suo libero arbitro.

Cadiamo nel paradosso?

Sì, dovremmo lasciarci solamente andare un po' di più.

Paradossiamoci!

Il cielo è una dipendenza. Che si fottano le droghe pesanti. Il cielo è un faro che continua ad abbagliarci, come fate a non notarlo?

Fisso il cielo ad ore alterne e ogni volta dimentico che dovrei guardare avanti. Se per assurdo lanciassi qualcosa verso l'alto e non ci fosse la forza di gravità, quel qualcosa continuerebbe a navigare nell'immensità del cielo. Il cielo mi rasserena e spesso mi fa dimenticare che oltre l'azzurro c'è l'infinito.

«Per me è assurdo. Sono il tipo che crede, anche prima di vedere le cose, ma in questo caso vorrei essere io quel qualcosa da lanciare. Non so dove finirei, ma continuerei ad andare. Forse è lì casa mia. Dovunque essa sia, vorrei portarti con me e dirti che siamo qui insieme. Ti va di sollevarci da qui?»

Oltre la marea della notte ci sono un milione di maree, un milione di stelle spente. Non vorrei fare la loro fine, perché non sarei capace di illuminarmi oltre ai 21 grammi di te.

Se mi dovessi spegnere, sarei notte fonda.

«È tardi, ti va di sollevarci domani?»

Abbiamo perso il filo che collega le città lontane

Tre settimane fa volevo raggiungere la mia ragazza in Germania. Invece di prenotare il solito volo, ho deciso di prendere l'autobus. Ci avrei messo circa 14 ore o forse un'ora in più. Molto più della durata di un volo Ryanair. Avevo deciso di impiegare quel tempo leggendo e scrivendo qualcosa di nuovo. Era il 22 luglio, sei giorni dopo il mio compleanno. Sto crescendo e sembra che il tempo, dopo una certa età, inizi a mostrare la sua cruda iperbole. È come se premesse sull'acceleratore per metterti pressione.
Il tempo curva e si nasconde in un collare che ti stringe.
Noi non lo vediamo, mentre lui ci vende.
Non ho ancora capito a chi.

Alle cinque del mattino le città si mostrano per quello che sono realmente. A quell'ora le strade sono donne senza trucco, senza nessun filtro. Avevo due zaini, uno sulla schiena e l'altro su mezza spalla, era leggero.
«Ci sarà abbastanza roba per una settimana?»

Alle cinque del mattino gli occhi si prestano a fare il minimo indispensabile: guidarti alla tua destinazione. Nulla di più, i giochi della seduzione saranno per un'altra volta, quando il caffè avrà preso il controllo della mia mente.
I primi colori dell'alba ti mostrano la bellezza del mondo, la leggerezza della vita. È tutto incastrato nei momenti giusti, nei momenti concisi. L'alba è un collante per i giorni, è come se ripetesse il suo rito eterno per collegare i giorni a venire. Un mattino, un pomeriggio, una sera e dopo la notte è il turno dell'alba, per dare un senso meccanico al ritmo di questi battiti quotidiani. Un ritmo costante che non muta, con o senza caffè, è un battito eterno. Posso

confermare che l'alba è un collante dell'eternità e questo filo, che tengo da questa notte, è il mio collante delle città.

Alba: «Di cosa stai parlando?»
«Non vedi? Ho un filo in mano che voglio collegare da Bologna a Dresda. Non credo che queste due città siano nella stessa dimensione. Non credo che nessuna città sia collegata ad un'altra nella stessa dimensione. A meno che tu prenda l'inizio del filo e lo colleghi direttamente ad un'altra città, con le tue mani. Dovresti farlo senza distrarti; è un passo importante».

Alba: «Spiegati meglio, vedo il filo, ma non ti seguo.»
«Guarda, tu colleghi un giorno a quello seguente mentre io voglio solo arrivare a collegare due città, con questo filo, come per dare senso alla distanza. Ho preso non so quanti voli quest'anno, ma è come se, nel tragitto, la distanza sia assente. È come se la dimensione non sia più quella da cui sono partito quando ho preso il volo. Chi può assicurarcelo?
Nessuno.»

Me ne sono reso conto a Berlino, in aeroporto. Avevo il mio caffè in mano e giravo per l'aeroporto, immerso nella mia musica. L'aroma del caffè si mescola alla musica che a sua volta si fonde con i miei pensieri, finché non danzano, tutti insieme. Danzano e accarezzano ciò che sono, ciò che divento. Ogni volta ho la sensazione che la realtà riceva un colpo, un colpo forte, che risuona dentro di me. Non avevo mai dato ascolto a quella sensazione, ma questa volta è stato diverso. Ogni volta è come se, in realtà, le due città non fossero unite da nessun filo.

«Sono solo io ad avere questa sensazione?»
«Sai da dove parti e sai esattamente dove atterri. Ma in mezzo in realtà cosa c'è?»
«Siamo sempre noi?»

«Amore, senti sono qui in aeroporto, ma ho una sensazione stranissima. Sto tornando a casa, ma non sono sicuro che facciamo parte della stessa realtà. Non so come spiegartelo, tra poco prenderò il volo e sarò a Bologna, di nuovo. È come se uscissi da una camera ed entrassi in un'altra camera, senza sapere però quale sia la porta che le collega. Sto bene sai, ho solo avuto questa sensazione. Anzi, ce l'ho ad ogni incontro fuori da Bologna. Esco letteralmente da camera mia e mi trovo in un'altra città. Ogni volta che sono fuori dalla mia stanza, ho la sensazione di essere rimasto semplicemente sospeso in qualche limbo per tutto il tempo dell'esperienza...»

Dall'altra parte una voce, lenta e nostalgica. Ha già capito di cosa sto parlando e sembra avere anche lei la stessa sensazione ad ogni arrivederci. Ad ogni volo, ad ogni "a presto". La distanza è un luogo immaginario che collega due città. Il filo a volte si perde. Non è rosso, è solo sfuggente. Dovremmo tenerlo senza distrarci e io questa volta non me lo voglio assolutamente far sfuggire. L'apatia del tempo mi trasmette tutto il sapore dell'immensità. Camminiamo senza conoscere la direzione, arriviamo distratti e ci accorgiamo, che intanto il vuoto si è colmato strada facendo.

Siamo già di ritorno, ma siamo le stesse persone partite?

Tutte le città che visitiamo prendendo un aereo, non esistono. Sì, proprio così. Quelle città non esistono. Sono solo nella nostra immaginazione. Sono partito di notte e arrivato di notte. Lei mi aspetta con la giacca di jeans che avevo sognato prima di conoscerla. Mi bacia e senza rendersene conto, tiene insieme a me il filo che collega le due città. Tutto ha senso, finché non lasci che la lentezza del tempo ti accompagni nel tuo quotidiano e ti perdi strada facendo. Sono uscito da camera mia con un filo e arrivo in camera sua con lo stesso filo.

Tutto quello di cui ora mi importa, è di addormentarmi al suo fianco, sapendo che siamo collegati.

Stessa dimensione.
Stessa realtà.
Stesso posto.
Stesso limbo.

Tè e Zu 66

DestiNATI ad estinguerci

Mi sto mettendo comodo e cerco di non pensare a nulla. Siamo una maratona che dovremmo portare a termine, l'aveva detto più volte Nipsey, prima di morire. La porteremo a termine? Non saprei, a dir la verità. È la prima volta che penso che forse non sopravvivremo; ci stiamo estinguendo senza rendercene conto. Forse siamo destinati ad emigrare, su un altro pianeta però.

Abbiamo le risorse per questo?

Non si tratta di finzione o di fantascienza, è tutta una realtà che si sta scrivendo da sola e non sarà una sola persona a fare la differenza. In sottofondo Paolo Nutini supplica l'ultima richiesta, prima di calare i titoli di coda: «*Grant my last request and just let me hold you. Don't shrug your shoulders.*»

La terra sta ringraziando tutti quanti: «Grazie per la vostra partecipazione, è stata una bella era, dopo quella dei dinosauri. Una bellissima era dopo l'inizio del big bang, dopo di ciò che c'era prima del nulla.»

Torneremo ad essere il nulla. Non è facile pensare al nulla, ma sarà così: spazio nero nello spazio. Spazio nello spazio. Abbiamo fatto il possibile, o forse no. Prepariamoci e godiamoci i giorni rimasti. Il tempo sta impazzendo e noi continuiamo a fregarcene, del resto come possiamo rimediare?

La luna si illumina pure di giorno, per confortarci. Mi tranquillizza e mi concede l'impressione di osservare la terra dall'alto. Vorrei sedermi su un suo cratere e osservare tutto da lassù. Da piccolo ero convinto che la luna fosse il riflesso della terra. La osservavo in continuazione. Mantengo quest'abitudine ancora oggi. Vorrei poter far penzolare i piedi nell'oscurità dell'atmosfera e godermi il mio tè in tutto il silenzio cosmico.

Il Ritorno alla realtà è un suono acuto fatto di note bollenti sulla pelle. L'acqua bolle già fuori dalla finestra. Ci sono voluti 30 secondi, non pensavo che l'acqua bollisse così in fretta dentro un bicchiere di vetro lasciato sotto al sole. Ho aggiunto la menta e un po' di timo, per dare un sapore dolce a questo istante. Bologna d'estate è un deserto senza carovane, senza musica, senza carattere.

Il caldo e il sudore si mescolano, lasciando sulla pelle uno strato che ti soffoca. Uno strato che ti avverte che c'è qualcosa che non va: un qualcosa di troppo grande. Siamo in una situazione di emergenza, ma la parola stessa è troppo soffice. Stiamo andando a fuoco, letteralmente. Vorrei pensare che sia una colossale fregatura.

Vorrei poter dire che è la fine del libro che sto leggendo, ma non è affatto così. Il libro siamo noi e lo stiamo bruciando. Pagina dopo pagina. Non le stiamo sfogliando, queste pagine, le stiamo bruciando dopo averle lette, non stiamo dando alle generazioni future la possibilità di leggerle.

Siamo egoisti.
Dico siamo, perché nessuno è escluso.

Gli estremisti dell'ambiente stanno saltando a braccia aperte cercando di attirare l'attenzione, ma noi ci voltiamo dall'altra parte, perché è più comodo. Versiamoci un altro bicchiere, un cocktail con pezzi di calotta polare: l'aperitivo della fine.

Se i ghiacciai si stanno sciogliendo, sarà sicuramente per altri motivi. L'emergenza climatica forse non c'entra nulla. Il dislivello del mare, l'incendio in siberia e quello di questi giorni in amazzonia sono, forse, invenzioni create per uno scopo che non conosciamo ancora.

«Vedi? Fuori c'è fresco e pioverà sicuramente. Ma di che cazzo stiamo parlando?»

Mangiare meno carne o piantare un albero non farà la differenza. C'è bisogno di qualcosa di più forte, di un cambiamento radicale. L'egoismo del singolo non ci porterà da nessuna parte. La differenza non la faremo come singoli individui. Pensarmi come individuo mi rende debole e mi porta a riflettere sul fatto che sto perdendo già in partenza. Stiamo tutti perdendo già in partenza.

Un incendio in amazzonia? Forse siamo in un brutto incubo. I nostri polmoni stanno andando a fuoco e non importa se fumi o meno, siamo tutti in zona fumatori e non so se ce la caveremo. Non lo so davvero. Avevo qualche speranza, ma ora non so. Qui o ci si arrende o si cambia radicalmente.

«Come singoli, come possiamo migliorare tutto questo caos? Come possiamo salvarci e salvare il nostro futuro?»

La mia testa viaggia ormai su binari tutti suoi e non si azzarda minimamente a fermarsi con il rosso: «Siediti e goditi lo spettacolo insieme a tutti gli altri. Prendi il tuo posto sul grattacielo più alto e abbraccia la persona che ami.»

«Siamo pronti?»
«Io non sono pronto.»

«Hai a disposizione solamente un paio di mesi, cosa hai sempre sognato di realizzare?»
«Hai a disposizione solamente un paio di anni, cosa potresti fare per il clima?»

Chiudo gli occhi e accompagno Paolo Nutini

«...Lay down beside me
Sure I can accept that we're going nowhere...»

Quando ti rompi, aggiustati da solo

Capita di rompersi; ossa frantumate. Non chiamate i soccorsi, è solo un'altra persona a terra, è solo un corpo senza forze. Non cerchiamo le colpe, piuttosto rincorriamo l'anima che si assenta, aspettando il segnale per rientrare nel nido. Forse rincorrerla non è il modo giusto per persuaderla a tornare a casa, perché essa vaga alla ricerca di qualcuno che possa essere d'aiuto. Qualcuno che la possa capire e accompagnare a rimettere insieme i pezzi.

Ci saranno tutti?

Capita di spezzarsi e non sapere più come ricomporsi. Mandiamo messaggi chiari, senza voce, e aspettiamo che gli occhi di qualcuno possano incrociare i nostri e sollevarci, come abbiamo fatto noi con loro. Dall'altra parte, però, di riflesso solo un'eco: nulla.

CHI SI ROMPE DOVREBBE AGGIUSTARSI DA SOLO.

Dovrebbe guardarsi allo specchio più intensamente di quanto abbia mai fatto in passato. Nel riflesso ci sono gli unici occhi che ci tenderanno la mano. Nel riflesso c'è la rappresentazione della creazione di Adamo di Michelangelo, solo che siamo noi e solo noi. Specchio a immagine e somiglianza d'Io. A volte ci dimentichiamo che abbiamo l'infinito nella nostra mente, che abbiamo il cosmo e Dio che ci parla attraverso di esso. Aspettiamo l'approvazione dall'esterno:

«Mi daresti la tua approvazione per essere felice almeno oggi?»

La verità è che non abbiamo bisogno di nessuna conferma. Ci fondiamo con gli altri pensando di essere noi gli altri e quando loro perdono la serenità, pensiamo di averla persa anche noi. Ma non è così, ci comportiamo da specchio, ma non lo siamo affatto. Dovremmo trovare l'equilibrio nella nostra felicità, la nostra Stonehenge, e tenercela stretta affinché non dipenda da nessun'altra persona. Non è egoismo, è semplicemente la consapevolezza di essere già completi prima di conoscere qualsiasi altra persona.

Stare in compagnia e ridere con gli altri è una sensazione meravigliosa. Stare con la persona che ami e con gli amici, è una gioia indescrivibile. Se riesci a trovare delle persone che ti facciano scordare di controllare l'ora, tienitele strette e fai di tutto per non perderle. Al tempo stesso dovremmo comprendere, che anche la solitudine è sacra; è il momento in cui conversiamo con noi stessi e ci capiamo un po' di più. Sempre che non ci sia un rumore continuo a coprire la nostra voce interiore, impedendoci di capire fino in fondo ciò che realmente vorremmo dirci.

«Cosa vogliamo dirci alla fine?»
«Ascoltiamoci.»

Dovrei ascoltarmi un po' di più. Me ne sono reso conto quando ho iniziato a meditare. In realtà non è da tanto che lo faccio, giusto due o tre giorni. Avevo provato, tempo fa, ed è stata la cosa più spaventosa che avessi mai fatto. Altro che bungee jumping. Qui i pensieri saltano con un elastico che arriva a due sentimenti dal suolo. È un circolo continuo senza mai una sosta, se non quando apri gli occhi.

I pensieri rischiano di schiantarsi e tu sei lì, e non puoi farci nulla. Puoi urlare quanto vuoi, ma i pensieri ti sorridono e saltano, per poi lasciare spazio ad altri pensieri che faranno la stessa fine.

Il primo salto nel vuoto della mia mente è stato tre anni fa, me lo ricordo ancora bene. Sentivo il bisogno di parlare con me stesso e allo stesso tempo, di trovare un reset per tutti i pensieri dentro la mia testa. Ero seduto al parco, per concedermi un momento tutto mio, e in sottofondo avevo della musica classica.

Chiusi gli occhi. Dieci secondi dopo li spalancai, perché i miei pensieri, al posto di calmarsi, avevano preso a sfrecciare uno dietro l'altro. Ammetto di aver avuto paura, perché non sapevo cosa stesse accadendo. Com'è possibile che al posto di calmarsi, i miei pensieri sembrassero essere entrati in una pentola a pressione? Ho avuto paura, perché se non fossi riuscito a controllare la mia mente sarei stato destinato a farmi sottomettere da lei.

Una cosa che si impara solo con il tempo, è che non bisogna sottomettere la nostra mente, ma piuttosto farci pace, perdonarsi e fare lunghe conversazioni dentro la propria testa. Camminare dentro i boschi dei propri pensieri, fino a scoprire che tra un pensiero e l'altro in realtà c'è una pausa, uno spazio in cui ci sei solo tu, che osservi qualcun'altro prendere il tuo posto, senza poter fare altro che stare a guardare. Questo punto non l'ho ancora raggiunto, ma l'ha descritto Claudio Pelizzeni, che ho scoperto da poco. Ha camminato per 72 giorni, in silenzio, portandosi con sé.

«Saresti capace di portarti con te stesso per così tanto tempo, senza nessun altro?»
«Dovrei provare.»

Con il tempo si scoprono un'infinità di nodi che dovremmo sciogliere.
Con il tempo si scopre che siamo pianeti e tendiamo a gravitare intorno alle persone dalle quali riusciamo ad assorbire qualcosa, quelle persone che ci fanno sentire al sicuro e ci strappano un sorriso.
Con il tempo si scopre che nessuna persona può essere rimpiazzata con un'altra, ma forse dovrei ripensarci.

«Possiamo sostituire le persone come si sostituisce il vecchio con il nuovo?»

È una domanda spontanea che pongo al tempo, perché lui risponde sempre dopo aver visualizzato. La risposta non è immediata, perché il tempo ha tanto a cui rispondere, non può badare solo a noi. Per tutto ci vuole tempo, persino per arrivare al traguardo, alla tanto ambita meta, ma c'è un processo colossale che bisogna affrontare e che bisogna apprezzare.

Capiterà di perdersi durante questo processo.
Capiterà di non sapere più la strada.
Capiterà di venire sostituiti.

Non dovremmo prendere nulla per eterno, tutto è momentaneo.

Non siamo eterni, l'unica cosa eterna è la parola stessa, il resto sono i puntini allungati della vita, le sue virgole.

Tè & Zu 68

Uno sparo e una brioche

Uno sparo in testa per farla finita. Una pallottola per uccidere questi pensieri che sbattono sulle pareti della mente: particelle in surriscaldamento.

Uno sparo in testa per liberarmi dei troppi pensieri che ho addosso. Nemmeno correre serve più, ormai. La città al mattino è un bar deserto e c'è solo l'odore di quello che rimane.

Una brioche ripiena di nulla.
Esistenza a vuoto.
Esistenza che si perde.

Sto cadendo ancora in quel limbo?
In questo momento non voglio nemmeno avvicinarmici.
Caderci è il peggio che mi possa accadere. Spararmi in testa, in confronto, è solo pane e marmellata.

L'abisso è un buco nero senza fine. Il vento ci soffia dentro e rischia di trascinare anche me. Sono in bilico. Mi ci rifletto e vorrei che ne uscisse una pallottola, per farmi fare pace con questa mia testa. Mi ci rifletto e vorrei sbilanciarmi in avanti, per sparire per sempre.

Non voglio che mi uccida lentamente, voglio che sia la morte più brutale, così che i pensieri non possano filarsela. Voglio che sia la morte più rapida, che non mi dia neanche il tempo di rendermi conto dei pensieri che svaniscono o che gli occhi si stanno addormentando.

Respiro lentamente. Anche Il tè è pronto, ma non basta a calmare i pensieri.
C'è un pulsante?

Perché vorrei resettarmi, a costo di perdermi i momenti più preziosi.
Questo gioco non vale tutta questa sofferenza di pensieri.

Sarei felice di avere un buco senza fondo nel petto, o ancora meglio, una ferita lungo tutto il petto. I pensieri balzano e si rincorrono, creando un cerchio infinito che si fa sempre più veloce, fino a farmi andare fuori di testa e quando sono stanchi, si prendono gioco del resto del corpo e tutto si fa vivo, peggiorando.

Tempo fa avevo accennato a come il cervello avesse un suo cuore. Ciò che mi è sfuggito, però, è che anche il cuore potrebbe avere un suo cervello.
Sono convinto che sia così.

I pensieri si sono diffusi a macchia d'olio, per far impazzire la testa del cuore.
Tutti vanno fuori e io rimango a osservare.
Vorrei poter andare fuori anche io,
ma fuori da me stesso.

Il sesto senso, mezze verità

Ho imparato che la coscienza e l'anima si presentano puntualmente nei momenti di solitudine, negli istanti di pace. Non importa come tu stia, non aspettano che tu sia guarito o che tu abbia superato quella fase. Passerà, ma non permetterti di fuggire. La coscienza e l'anima ti chiamano per soprannome, possono permettersi questa confidenza. Ti spiegano un paio di cose: le tue scelte e gli errori che hai commesso.

Hai imparato la lezione?
È buffo che la lezione la si possa imparare solo nel modo più brutale. Un modo capace di metterti per terra e farti vedere la vita per quello che è: continue prove senza una logica.

Riusciremo a cavarcela?
Non lo so veramente, ma credo che sia il normale corso degli eventi. O forse è solo ciò che abbiamo chiesto fin dall'inizio. Forse è questo il nostro patto con la vita.

«Se devo imparare la lezione, voglio che sia nel modo più comprensibile e crudo possibile.»

Non sono mai stato bravo a capire i fatti. Non sono il tipo da capire il superficiale; le parole banali mi passano davanti, trasparenti, e io scavo in profondità. Il mio sesto senso mi porta a vedere cose, fino a farmi pensare che io sia pazzo. Mi danno del pazzo per ciò che percepisco, lo sono? Probabilmente chi lo è non se ne rende nemmeno conto, ma non è questo il punto. Non ha importanza, ho solo un sesto senso, che mi sono accorto di

possedere da sempre; è l'universo che mi fa assorbire la verità, perché gli sono amico. Quando si riesce a percepire più di quello che le persone vorrebbero dire, è sempre una rissa mentale, perché si rischia di lottare con sé stessi. Il sesto senso diventa solo un vecchio oggetto di cui sbarazzarsi.
Nessuno può mentirci, del resto non ci siamo detti che abbiamo fiducia nelle persone?
Sì, l'abbiamo detto e per questo è meglio spegnere la lampadina dei sensi se vogliamo vivere bene. È un compromesso necessario per vivere. Ho spento quella luce e sono stato incantevolmente in pace con tutti, senza fare domande.
Per 7 mesi ho lasciato che la verità venisse detta senza essere forzata; ci vuole un grande atto di fede per questo gesto. Ho avuto fede in tutti, persino in Dio. E se quello che io definivo Dio, in realtà non avesse avuto il coraggio di darmi le vere risposte?

Quando le intuizioni bussano, tu apri, senza domandare chi sia, perché sono mezze certezze a cui dobbiamo dare ascolto. Quando arrivi alla verità, è meglio che ti prepari, perché non è mai sola: sono pugni a cui devi dare il tempo di colpirti. Non cercare di addolcire i colpi, perché non è così che funzionano le cose qui. L'ho imparato a mie spese. La prima reazione che si ha, è quella di volersi dimenare. Cercare di fuggire e correre lontano dalle evidenze. Salire verso il piano superiore e poi verso quello dopo. Non nasconderti, perché tutto arriva fino a te.

QUANDO LA VERITÀ BUSSA, SI VORREBBE URLARE E DARE LA COLPA A CHI, SEMPLICEMENTE, NON HA AVUTO IL CORAGGIO DI AVERE CORAGGIO. TU NE HAI?

L'ultimo piano è una mansarda abitata da noi stessi. Siamo dentro di noi, ma è come se fossimo nel mondo che ci circonda. Non ha più senso separare le due realtà, a questo punto. Un cartello davanti a noi ci raccomanda di metterci comodi e assorbire tutto quello che di vero c'è nel momento.
L'avevi chiesto tu, non è vero? Hai varcato il confine, la linea che separa ciò che pensi di sapere da ciò che dovresti sapere. Hai l'anima scalza e l'ansia nelle vene. Hai paura di non reggere il momento. Accetta un consiglio, almeno per

questa volta: «Lasciati prendere a pugni e fai dei respiri profondi. La verità è una meditazione sul ring, con avversari codardi che non hanno avuto il coraggio di avere più coraggio...»

Sul ring hai un attimo di conversazione vera, forse la più reale che tu abbia mai avuto nella tua intera esistenza. L'anima e la coscienza sono sempre state in sintonia. Loro non ti invitano a prendere un caffè o ad andare fuori, perché sanno che ti distrarresti facilmente. Vogliono solo un paio di minuti per un saluto veloce, come quelli nelle stazioni, quando il treno è in partenza e si invita tutti gli accompagnatori a scendere.
Non pensavo che avresti incassato così bene, sai?

OGNI VOLTA CHE NON DAI ASCOLTO ALLE TUE INTUIZIONI, AL TUO SESTO SENSO, È COME ENTRARE NEL RING DELLA MANSARDA. NON VOGLIO CHE TU OGNI VOLTA RIFACCIA LO STESSO RITO PER RIPARARE AI DANNI DEGLI ALTRI.

Non voglio che la verità debba bussare alla tua porta, violentemente senza lasciarti il tempo di capire cosa stia succedendo.

Non voglio che tu dia ascolto solo agli altri.
Non voglio che tu spenga quella lampada.

Vicino al ring c'è una stazione immaginaria per dire addio alla conversazione appena conclusa. In sottofondo una voce elettrica: «Invitiamo tutte le anime e coscienze a scendere, il treno è in partenza tra due minuti.»
La conversazione è reale. Ti stai godendo le parole come un'eco, fissando da qualche parte fuori dal finestrino.

Tutto è immobile.
Tutto acquisisce un senso.
Piano.
Piano,
perché serve tempo per assorbire il tutto.

The & zu 05
Il mare nel cielo (Porto)

The & zu 06
Libertà quotidiana (Salvaterra)

Tè & zu 07 – La vita à un gioco di sguardi (Istanbul)

Tè & zu 08 – Vecchi amici (Cappadocia - Turchia)

Tè & zu 09 - Si può morire per così poco? (Cappadocia - Turchia)

Tè & zu 10 - 52 Km in 8 ore senza allenamento (Bologna)

Tè & zu 12 - Il ricordo del Kinder Sorpresa
(Casalgrande - Reggio Emilia)

Tè & zu 14 - Sei perso?
(Dobbiaco - Sudtirol)

Tè & zu 13
Il richiamo alla natura
(Lago di Braies - Sudtirol)

Tè & zu 19 – *Le sigarette non sono un problema* (Bologna)
©Othmane Kalfaoui

Tè & zu 20 - *Nessuno mi ha capito realmente* (Bologna)
©Othmane Kalfaoui

Tè & zu 23 - *La ribellione nella sua semplicità...* (Bologna)
©Raresh Gheorghiu

Tè & zu 24 - *impermanente* (Bologna)

Tè & zu 27
I miei primi 31 euro con l'arte
(Bologna) ©Othmane Kalfaoui

Tè & zu 28
Gli errori che conta... no!
(Dettifoss - Islanda) ©Mounir Mohamed

Tè & zu 26 -
Ci metterei la firma (Bologna)
©Othmane Kalfaoui

Tè & zu 29 - Se corri come un fulmine, ti schianti come un tuono (Islanda)
©Mounir Mohamed

*Tè & zu 30 - Non sono solo sogni. Come possono esserlo?
Islanda ©Mounir Mohamed*

*Tè & zu 33 - Le persone copia: un'intelligenza artificiale
(Reykjavik - Islanda) ©Mounir Mohamed*

Tè & zu 31 - Caffè orgosmico (Reykjavik - Islanda) ©Mounir Mohamed

Tè & zu 35 - La super filosofia (Islanda)
©Mounir Mohamed

Tè & zu 37 - Un tè con Dio
(Bologna)

Tè & zu 40 - Abbiamo vinto (Islanda) ©Mounir Mohamed

Tè & zu 43 - Ognuno ha una pistola. Lei ha la mia, ora.
(Via Valdonica - Bologna)

Tè & zu 47 - Dovresti crescere
(Parco nazionale delle
Foreste Casentinesi)
©Othmane Kalfaoui

Tè & zu 51 - A Brendon mancherà il suo corpo
(Sul treno verso Reggio Emilia)

Tè & zu 50 - Siamo clessidre di momenti (Rimini)

Tè & zu 46 - Tranci di felicità (San Luca - Bologna)

Tè & zu 54 - Vulnerabile (Metro di Milano)
©Othmane Kalfaoui

Tè & zu 57 - Rockstar senza sofferenze, luna senza crateri (San Luca - Bologna)

Tè & zu 56 - Parigi è il tempo perfetto (Parigi)

Tè & zu 62 - Hai finito l'università? Quanti esami ti mancano?
(Piazza maggior - Bologna)

Tè & zu 60 - 12 maggio
(Casablanca - Marocco)

Tè & zu 58 - Tentativo + 1: vita in loop (Bologna)

Tè & zu 63 - Tieniti stretto (Bologna) ©Raresh Gheorghiu

Tè & zu 64 - *Ti va di sollevarci?* (Berlino)

Tè & zu 67 - *Quando ti rompi, aggiustati da solo*
(Parco Ducale di Sassuolo)

Tè & zu 68 - Uno sparo e una brioche (Istanbul - Turchia)
©Josefine Marks

Tè & zu 73 - A Parigi nessuno rimane fedele
(Parigi)

Tè & zu 79 - Non sogniamo (abbastanza) in grande (Stoccarda)

Tè & zu 80 - Soldi (Aeroporto Stoccarda)

Tè & zu 81 - La fiducia nell'essere umano, in una cartolina

Tè & zu 82 - Sono nessuno (Via Rizzoli Bologna)
©Othmane Kalfaoui

Tè & zu 91 - La risposta alla felicità (Sacca di Scardovari)
©Othmane Kalfaoui

Tè & zu 96 - Amore a piuma vista (Sul bordo dell'universo)

Il sole, l'amore e una piuma come compagna. Testimone di ciò che eravamo: leggerezza.
L'amore è una piuma, la sua rachide, il filo rosso giapponese.
Certi amori sono destinati al bordo dell'universo.
Non importa quanto le vite si separino e prendano strade diverse.
Le piume torneranno sempre dove si sono sentite più leggere, più libere.
L'amore è una piuma che ti capita all'improvviso, ti rapisce e illumina le tue espressioni.

La festa è finita

La festa è finita. Era durata anche troppo.
Più del necessario.
Più di quello che meritavamo.
Non è più il nostro ballo.

La festa è finita. È stata una festa movimentata. Negli ultimi momenti però, mi sono sentito fuori luogo.

Ballavo controvoglia. Non ero così all'inizio.
Voglio andare a casa a riposare.
Ho il sonno che chiama,
rispondo, anima esausta.

La festa è finita. Sono stato io ad annunciarne la fine.
Non me la sentivo più di vederla fregarsene delle promesse strette.
Parole calpestate ed elastici scadenti.

La festa è finita, spegnete le luci e accendetemi una sigaretta.
Non fumo, voglio solo passarci il tempo, aspettando il mio amico qui davanti al locale.

So che arriverà puntuale, come ogni volta. Lui sa quando ho voglia di parlare.
Andremo sopra la città a portare avanti per ore le discussioni che mi alleggeriscono:
conversazioni galleggianti.

La festa è finita. Coriandoli per terra e ricordi dimenticati in due passi di danza.
Ritmi senza sincronia, tutto si sta frantumando.

L'alcool non è la soluzione, è solo una maschera che nasconde ciò che sei realmente.

Non sei più tu, o forse
non lo sei mai stata.
Ti ho mai conosciuto?
Non credo di conoscerti e nemmeno tu.
Ologramma di te.

Tu non esisti e
io smetto di esisterti.

Stamattina ho bevuto una moka intera come fosse scotch. Mi sono sdraiato a fissare il soffitto e ho scritto in aria parole, per poi stropicciarne le lettere. Sono convinto che questa volta i caffè serviranno a ben poco, ci vogliono dosi di dimenticamina T. La stanza è più silenziosa che mai, più fredda e nell'aria c'è l'odore del caffè che la mia pelle sprigiona. Ho sempre parlato di quanto sia necessario restare positivi e dare il massimo, di quanto sia necessario calpestare le giornate in cui il presente è una scelta che qualcuno ha preso per noi.

Ho puntualizzato tante di quelle volte che bisogna stare in bilico dalla parte dei sogni, che ora tutta la realtà sembra inclinarsi dalla parte opposta a qualche sogno fa. Sorseggio un caffè arrendendomi. Sì, mi arrendo, ma lo faccio ad un tramonto di una realtà viva, per non sentirmi solo.

[ATTENZIONE]

Prego signori e signore, alzate le mani che siamo qui per rubarvi solo qualche sogno. Potete conservare il resto in briciole.
Non oppongo nemmeno resistenza.
Mi arrendo, sorseggio il caffè e mi lascio cadere.

Vi consiglio di seguirmi.

Le sfumature lungo questo muro distraggono il mio sguardo, fino a farlo diventare assente, fino a trasformarlo in nulla.

Sono giunto alla conclusione che non sia un male lasciarsi cadere all'indietro, dopo un profondo respiro. Respiro per cinque minuti, per essere sicuro di non andare nel panico un momento prima di lasciarmi andare.

Si rinasce dalle ceneri, giusto?

Mi lascio cadere nel vuoto, ma rinascerò nuovamente. Sarò un uomo nuovo. Mi lascio cadere nel lago di un caffè e qualche stronzata in meno.
I gabbiani prendono il volo fuori da questa finestra e io fatico a stare in piedi.

Si rinasce dalle ceneri, giusto?

Mi rotolo cadendo dal letto, verso il vuoto, ma non ho paura, assolutamente. Il pavimento è un amico che non ti regge. Si scansa e mi lascia continuare il volo. Sono in aria, mentre osservo i mostri sotto al letto, senza riconoscerli. Non sono i miei. Sto guardando tutto dall'alto, i gabbiani mi passano accanto e le luci della città, da lontano, sembrano i miei pensieri in danza. Continuo la mia caduta.

Si rinasce dalle ceneri, giusto?

Il caffè alla fine è un rito che ritorna. Mi rendo conto che è sempre stato il mio combustibile per l'autodistruzione. Sì, ma non importa, perché rinascerò dalle ceneri.

Tè & Zu 71

Diamoci l'ultima regola prima che le regole perdano le loro regole

La leggerezza dei momenti veri ti fa perdere la percezione che hai delle cose, la percezione che hai del tempo. Te ne dimentichi semplicemente. La leggerezza dell'amore è un bel paradosso. Le avevo chiesto se volesse essere un casino con me, ma non pensavo che sarebbe stata lei il mio casino.

L'amore è un libro con un burrone al suo interno.
Avresti il coraggio di leggerlo senza lasciarti cadere?

Mi sono fermato a pochi centimetri dall'abisso. Ero intenzionato con tutto me stesso a saltare per reggere la lettura.

L'abisso è un romanzo con la tua firma alla fine.
È finito tutto. Prossimo titolo?

La curiosità mi porta a sperimentare tutto. Non mi soddisfano le risposte a metà; risposte a perdere. Gli occhi che non vogliono raccontarsi sono pagine che voglio saltare, numeri dispari di un libro da non raccomandare.

Siamo stati un bel casino alla fine, uno di quelli che vorresti ripetere quando tutto si fa più monotono.

Nessun messaggio.
Nessuna adrenalina.

Nessun posto da esplorare.
Nessuno di interessante da queste parti.
Ti va di ricominciare come sconosciuti?
Però prima dimentichiamoci.

Lasciamoci dissolvere nel libro più intrigante che sia mai stato scritto.
Ci credi che l'abbiamo scritto noi?

Siamo stati autori e protagonisti di un destino che si è lasciato destinare. Un libro da libera scelta: libro arbitrio. I pianti insieme sono un fiume dentro lo strapiombo di questo romanzo. I capitoli sono catastrofi naturali e un meteo che fatica a prevederci. Beviamoci sopra, o magari fallo solo tu. Io ho smesso da un bel pezzo, ma so che tu non hai perso quell'abitudine. Le promesse nei capitoli distanti sono state scritte per essere infrante, non ne sapevo nulla. Certe regole non hanno regole, si decidono sul momento e io ero occupato a mantenere le mie.

Diamoci l'ultima regola, prima che le regole perdano le loro regole.
Io mantengo le tue promesse, ma tu non mantenere le mie.
Mi prometti che questa la manterrai?
Beviamoci sopra.

Nei libri che si stanno scrivendo bisognerebbe accorgersi quando si sta andando verso un burrone. Dico bisognerebbe perché non è mai del tutto scontato. Nessuno sa che oltre il capitolo successivo si è destinati a volare giù da un precipizio.
Pensavi di volare, giusto?

Io pensavo che l'amore fosse per tutti. Magari continuerò a pensare che sia così. A volte hai bisogno di pugni che ti stendano, per darti un momento di riflessione. Un istante fuori dalla bolla del mondo, per dare alle nuvole le forme più disparate, destini astratti.
Le nuvole sono sempre state così?

Ho un mezzo sorriso, la schiena a terra e uno sparo sul collo, per niente fresco, ma la lettura scorre in maniera fluente. I libri che leggiamo sono quelli di cui abbiamo bisogno e io ho giusto bisogno di questo. Ho scritto un libro senza rendermene conto. Ora lo sto leggendo e mi sono fatto sparare. Mi sono fermato a pochi centimetri da questo burrone, ho guardato il cielo e mi sono lasciato cadere. È tutto così assurdo. Alla fine dei conti il fatto che non stiamo più insieme non ha realmente importanza.

Ho perso il sonno per due notti, non mi era mai capitato. Sono amico di tutti, anche il sonno lo sa e mi porta a discutere già dopo cinque minuti che sono a casa sua. La musica acustica dei Foo Fighters ci accompagna.

Ho detto che ho perso il sonno per due notti consecutivamente, ripensando agli ultimi mesi con lei:
Ogni singolo messaggio,
ogni singola espressione,
e tutte le volte che mi sono sentito un peso nello stomaco.

Ho perso il sonno, ma è venuto a farmi compagnia immediatamente dopo aver risolto l'equazione matematica dell'amore.

L'ho detto che sono sempre stato bravo a risolvere la complessità dei numeri?

Alla fine, l'amore non è altro che un'equazione. Un'equazione un po' complicata.

Siamo destinati ad influenzarci anche senza starci accanto, non importa la distanza che ci divide. Siamo stati amanti, anime gemelle, amici, per poi convertirci in un'equazione nella quale bisogna aggiungere un meno a ciò che siamo stati. Siamo stati l'amore di Paul Dirac: un paradosso matematico.

Le sensazioni sono già mezze verità a cui dare ascolto alla fine. Non ho voluto darmi ascolto fino in fondo, o forse volevo solo continuare a leggere oltre l'abisso. La sfida alla fine è stata accolta, ma non ci sono né vincitori né vinti.

Ci sono solo io, che al posto del tè della domenica ho parole che mi calmano
come lo Xanax. La finestra è aperta e piove come se lei volesse parlarmi
attraverso il cielo, l'ha sempre fatto. Siamo tutti collegati in un modo o
nell'altro. Persino tu, per assurdo, potresti essere collegato a questo testo.
È così tanto assurdo?

«Piccola, ti amo, ma non possiamo stare insieme, sai?»

SIAMO STATI UN PARADOSSO E LO CONTINUEREMO AD ESSERE.
NON SO FINO A QUANDO PERÒ. SO SOLO CHE ORA MI STO
RACCOGLIENDO, DA SOLO, OLTRE QUESTA GOLA.

La sua voce risuona in vivavoce nella mia minuscola stanza immersa nel buio.
I muri si allargano per contenere tutto il suo dolore, che fatica a stare dentro
a queste pareti mentre le mie lacrime faticano a sgorgare. Per l'ultimo addio
voglio mostrarmi più forte di quello che sono sempre stato. Ti voglio salvare,
ma sto cadendo nel vuoto e sto sanguinando dal collo. Non so nemmeno io se
riuscirò a salvarmi, questa volta.

ESSERE VULNERABILE E AMMETTERLO È L'INIZIO DI UNA NUOVA
RELAZIONE, QUELLA CON SÉ STESSI.
SCRIVO E MI RACCONTO POCO,
PAROLE DI XANAX E UN AMICO SOLO.

Non voglio cercare colpe, perché troppo spesso quando le disegni addosso agli
altri consegni loro anche il potere sulla tua felicità.
La colpa è mia, il potere sulla felicità, pure.
L'amore è mio, il destino del romanzo, pure.
L'abisso è davanti a me,
Scrivo al volo.

Errori, imperfezioni della perfezione

A CHE ETÀ BISOGNA SMETTERE DI FARE ERRORI?
A CHE ETÀ BISOGNA DISFARLI?

Non lo so. So solo che continuo a sbagliare senza sosta cercando di capirmi lentamente, senza pause. Ho guardato un documentario, due notti fa, in cui Stephen Hawking affermava che l'universo si fosse formato da un'imperfezione. Non voglio crearmi un alibi stellare, ma alla fine che differenza fa un errore in più?

Sbaglio e la cosa non mi spaventa affatto; mi spaventerò realmente solo quando saprò che la paura sarà cessata di esistere. A quel punto sarò morto sul serio e nulla avrà più senso. Le lunghe camminate saranno solo i picchi di un elettrocardiogramma incapaci di sollevarsi e farsi notare, incapacità di nuotare. Sarà tutto piatto. Io non voglio i battiti di un mare calmo, non mi appartengono, perché spesso è solo apparenza. È sotto la pelle del mare che accadono le cose vere. Per quanto riguarda l'amore, è la stessa dinamica, la traiettoria è simile. Ho scoperto che non ho mai voluto un amore dall'elettrocardiogramma piatto.

MI SONO SEMPRE SBAGLIATO SUL VERO COLORE DELL'AMORE.
L'AMORE NON È PIATTO, E NEMMENO CALMO.
L'AMORE È LA POTENZA DI UN CICLONE IN UN CANTO.

Mi sono sempre sbagliato su cosa volessi realmente da una persona, su cosa cercassi per mantenermi vivo. Alla fine, forse, nemmeno a 31 anni mi rendo conto di cosa voglia dire realmente la parola "amare". Ho sempre amato la persona con cui stavo. Continuo ad amare e per questo perdo pezzi di me durante il cammino. Ogni passo è uno strato di squame di cui mi libero per divenire più vulnerabile. L'amore, quello vero, ti spoglia, ti accarezza delicatamente per scioglierti il destino in una marea che non sai dove ti porterà.

IO VOGLIO ANDARE OVUNQUE CON TE.
TI VA DI SURFARE?

L'amore è il fato che surfa sopra ogni cosa, voglio seguirne le orme e aprirmi al mare aperto. Voglio cavalcare il cardiogramma dell'immensità e saperne apprezzare ogni ondata che non riesco catturare. Alti e bassi; una danza che può tenerci in vita.

Hai mai visto qualcuno camminare senza un battito dentro?

Io, no. L'amore non è lineare, e nemmeno piatto. L'ho capito ora, quando tutto sembrava andare alla deriva, quando il castello sembrava sgretolarsi fino a mescolarsi alla sabbia asciutta. L'amore non appartiene a nessuno. L'amore è il vento e io desideravo custodirlo in una bottiglia da portarmi in giro. Ho aperto la bottiglia e ho liberato l'amore. L'ho lasciata.

L'ho chiamata nel cuore della notte con l'ego al mio fianco:

«Senti, non credo che ci apparteniamo. Non ci siamo mai appartenuti. Magari ti appartenevo, ma non voglio più che sia così...»

Stavo d'incanto, ma d'incanto si muore, trascurando tutto il resto. Non sono morto durante la fine, sono morto nel percorso per arrivare alla fine. Ho trascurato tutto quello che avevo, persino me stesso.

Mi voglio ancora con me?

Le risposte sincere passano per le sfumature dell'iride, per poi riflettersi nella scia di uno sguardo. Tutto ciò che c'è di vero scivola dalla serratura degli occhi, per liberarsi solo quando si conclude il viaggio, quando scompare la paura che tutto possa concludersi prima del suo tempo. Non abbiamo più nulla da perdere, nulla da condividere.

«Torniamo ad essere sconosciuti e diamoci la possibilità di raccontarci tutto ciò che non abbiamo avuto il coraggio di dirci.»

«Dovremmo avere più coraggio!» affermavo ripetutamente un anno fa, ma ho davvero il coraggio di accettare ciò che non ci siamo mai raccontati? So solo che le verità uccidono. Ti danno la possibilità di morire una volta per tutte o di rinascere. Non chiedetemi la differenza, perché non la conosco neanch'io. Io sono solo il risultato di un universo imperfetto.

L'imperfezione è capace di creare qualcosa di perfetto?
Sarebbe un paradosso, non credete?
Eppure, è così.

Le verità e gli errori hanno qualcosa in comune: condividono la stessa stanza. Un po' come il mio coinquilino ed io. Dormono in letti separati, ma condividono lo stesso armadio. Qualcuno decide, magari inconsapevolmente, di realizzare un errore e l'altra persona deve accettarne la verità. Sono capace di accettare i miei errori, le mie verità, ma gli errori degli altri?

La verità è il silenzio del vento. Avete notato che il vento non si racconta mai? Soffia delicatamente parole silenziose, ma spazza intere città quando decide che è giunta l'ora di cambiare, quando la destinazione è già qui. Quella sera ti ho lasciata e tu sei stata capace di spazzare la mia città, con confessioni dal sapore d'uragano. Sei stata capace di forarmi l'anima più di quanto non lo fosse già. Uno sguardo, due parole e un'infinità di squarci. In realtà, non è che mi importi come vadano le cose. Alla fine, vorrei soltanto chiederti un'ultima cosa: «Ti va di surfare con me, per un'ultima volta?»

Il mare aperto è una terapia riflessiva. Una riflessione terapeutica con la quale le onde fanno da tappeto alle lunghe domande con sé stessi, ma insieme. Ho scoperto che alla fine non sono morto, nonostante l'anima fosse forata, ho scoperto che posso respirare normalmente.

Ci credete?
Io fatico ancora a crederci, che cammino da morto.

Quando si muore da vivi o si vive da morti, l'unica cosa che può tenerti "qui" sono i battiti alternati di un cardiogramma. L'amore non dovrebbe mai essere piatto. Dovrebbe farti battere e sperimentare l'avventura nelle giornate quotidiane. L'amore normale non tiene uniti, spegne solamente. Ho scoperto che più volevo qualcosa di "normale", più perdevo la mia ragione di esistenza. Si vive nello straordinario non nella mediocrità.

L'amore non dovrebbe mai essere noioso.
L'amore non dovrebbe mai essere "normale".
L'amore non dovrebbe mai essere monotono.
L'amore non dovrebbe mai farti morire, ma, al contrario, farti emozionare.

A Parigi nessuno rimane fedele

Sono a Parigi. È stata una scelta fatta all'ultimo momento, una tappa non proprio programmata. Ho un conto in sospeso con questa città che, dopo la mezzanotte, sembra sul punto di decollare. Dovreste camminare per la città, senza piani, quando le luci soffuse decidono di camminare sulla Senna. Dovreste lasciarvi guidare dal vento, mentre la luna sbircia da dietro quelle nuvole, che sembrano un disegno così reale. In realtà non so bene cosa io ci faccia qui, so solo che mesi fa ho fatto un sogno così vero che sembra abbia preso in affitto una stanza nella mia mente, senza pagare l'importo dovuto: «A Parigi nessuno rimane fedele. Prima o poi tutti finiscono per tradire i propri ideali». Non so cosa voglia dire. Non ho tradito nessuno in questa città, ma sono dovuto tornare qui, perché sembra che io abbia un sogno, così surreale, ancora in sospeso. Parigi è una città in decollo. Voglio che ve lo ricordiate mentre camminate vicino alla Senna, dopo la mezzanotte.

Ho girato la città a piedi, mentre il jazz nelle cuffie suggeriva conversazioni silenziose. Fuori piove a tratti e le foglie tagliano la strada alle persone. Le foglie svolazzano e si fidano ciecamente del vento. Io mi fido ciecamente delle parole suggerite dall'universo. Dovremmo tutti fidarci, avere fiducia in qualcosa, no? Io ho fiducia in tutto ciò che le stelle mi suggeriscono, in tutte le intuizioni avvertite. Vorrei dire che non conosco bene la ragione per cui sono capitato qui, ma la verità è che i sogni, a volte, sono mezze verità a cui non volevi credere. Dovremmo credere alle nostre intuizioni, sono già mezze verità. Sei stato tradito?

La pioggia a tratti aumenta la sua potenza, per farsi ascoltare un po' di più. La pioggia aumenta e io la ascolto, cercando di catturarne le lettere tra le frasi bagnate. È tutto così magico. La vetrina di questo bar, "La Chambre aux Oiseaux", mi concede la bellezza dell'autunno, senza dovermi preoccupare del freddo. Sono al mio secondo caffè e scrivo portando i miei progetti dove i miei sogni lo richiedono. Le ragazze fuori da questo vetro si fanno accarezzare dal vento e io mi distraggo. Non credevo che mi sarei fatto distrarre così facilmente.

L'amore vero ti distrae dalla vita e le ragazze di Parigi ti distraggono dal tuo vero amore. È davvero così?
Sono ancora innamorato?
La domanda perde senso nel momento in cui te la poni.
Sono ancora innamorato?

PER ORA MI STO INNAMORANDO DELL'AUTUNNO E DEI PASSI DELLE PERSONE.

Amo vedere le persone leggere: sono grammi di felicità leggere. Parole che sorridono passeggere.
Amo il fatto che le persone si perdano in un'altra dimensione e amo ancora di più il fatto che siano liberi di orbitare in un'altra realtà. Quante realtà ci sono nella stessa realtà?
Le domande perdono senso nel momento in cui te le poni.
Sono ancora innamorato?

Sono seduto e il caffè mi fa compagnia. Lo sorseggio come se fosse una bevanda azteca mentre mi guardo intorno. Le persone che leggono hanno un dono meraviglioso, un qualcosa di straordinario e mistico. Le persone che leggono hanno vissuto un centinaio di vite che vorrebbero raccontare. Le ragazze più interessanti che io abbia conosciuto sono quelle che leggono, quelle che si perdono fra le righe di un libro letto e che potresti ritrovarti davanti, con le domande giuste, capaci di scombussolarti la realtà. Le ragazze che leggono sono dee greche tra noi. Staresti mai con una dea greca?
Le domande perdono senso nel momento in cui te le poni.
Sono ancora innamorato?

Vorrei che vi soffermaste, almeno una volta, a prendere un caffè e leggere distrattamente le espressioni di una persona che legge veramente. Vorrei che vi perdiate negli occhi di una persona che si scorda delle leggi del tempo, per immergersi a nuotare insieme all'immaginario.

Scoprireste che le parole si sollevano in aria, assaporando l'aroma del caffè, per poi tornare nell'inesistibile realtà. Tornano nell'inesistenza, una volta chiuso il libro.

CI SONO MONDI CHE ESISTONO SOLAMENTE NEI LIBRI APERTI,
NELLE PAROLE LETTE, NEI TEMPI CREATI.

Mi piace soffermarmi sull'idea che un giorno qualcuno avrà fra le mani il mio libro e che se ne starà lì, chiuso nel suo mondo a leggere il mio mondo. Una collisione di due mondi in comunicazione; due mondi che si uniscono tramite parole pronunciate da due creatori diversi: colui che crea scrivendo e colui che crea dando vita alle parole. È un processo su cui non mi ero mai soffermato a pensare, a dir la verità. Le parole, diversamente da noi, vengono create più di due volte. È il lettore finale ad essere il vero creatore, perché alimenta le parole dando loro vita. Il lettore anima un intero ecosistema, fatto di parole mute, che altrimenti sarebbe prigioniero di un libro che mai nessuno leggerà.

Tutti gli scrittori dovrebbero essere grati di avere dei lettori, di avere molteplici "dei" capaci di dare forma finale a ciò che le loro menti hanno partorito. Scrivo, ma è come se scrivessi per i molti "me" rinchiusi nei miei lettori. Ho un "io" in ogni lettore che assorbe i miei pensieri, tirandoli fuori da questo libro. Scrivo e sono grato che le mie parole trovino persone meravigliose da cui farsi leggere. Scrivo sorseggiando un caffè dietro l'altro, aspettando che un dio, come te, possa dare vita ad una frase dopo l'altra.

Senza rendertene conto, potresti essere tu stesso la persona che gli altri ammirano soffermandosi, la persona alla quale gli altri si ispirano, perché stai creando un mondo iniziato tutto da una stanza mentale:
una stanza universale.

Tè & Zu 74

A chi abbiamo consegnato i nostri sogni?

Voglio che guardiate il palmo della vostra mano prima che continuiate a leggere questo testo. È un favore che vorrei che mi faceste. Vorrei che guardiate con lentezza il palmo della vostra mano, mentre la chiudete lentamente a pugno. Voglio che vi rendiate conto che siete voi a dare i comandi al vostro corpo, ai vostri gesti, alla vostra vita. È un gesto banale e totalmente semplice, lo so, ma di una potenza immensa. A volte diamo tutto per scontato, ci perdiamo nella quotidianità e la nostra mente si spegne, continuando ad andare per inerzia. Smettiamo di stupirci e di farci domande che abbiamo bisogno di porci, continuamente.

Ho preso in considerazione la mano, perché è la parte del corpo che utilizzo maggiormente. È affascinante come le dita surfino sulla tastiera in maniera spontanea, rispondendo ai comandi dei miei pensieri. Prima di ogni gesto, un intero ecosistema prende forma nella nostra mente. Siamo il risultato dei nostri pensieri che prendono forma. Il nostro corpo racchiude l'universo e a volte ci perdiamo nella quotidianità.

Non me ne sono mai reso conto, fino a questo momento; so esattamente che siamo noi a muovere i nostri muscoli, ma non ne sono mai stato tanto consapevole. È sera, muovo il corpo, mentre l'ebbrezza di questo vento della piazza, in centro a Bologna, suggerisce che sarei capace di qualsiasi cosa. È tutto nella mia mente. Nella tua mente, nella nostra. Alla nostra.

"CHE TU CREDA DI FARCELA O MENO, AVRAI COMUNQUE RAGIONE", AVEVA DETTO QUALCUNO, E QUEL QUALCUNO AVEVA PROPRIO RAGIONE.

Sulla soglia dei 30 anni ci si pone una serie di domande che sembrano arrivare puntuali tutte in una volta. Non so quanti anni tu abbia, ma vorrei che tu sia pronto. Le domande bussano e chiedono se sei dove vorresti essere. Vorrebbero che rispondessi senza nemmeno aprire la porta. Io non ho mai avuto le risposte pronte, quelle già confezionate. Sono uno che ci dorme sopra, per pensarci con calma il giorno dopo, sotto la doccia. L'acqua calda che scivola sulla la mia pelle è l'aperitivo perfetto alle domande di un giorno fa. Rispondo chiaramente, in maniera lucida, ma solo nella mia testa.

Non voglio che ti trovi impreparato per certe domande, stai realizzando i tuoi sogni?

QUESTO LIBRO È IL DESTINO CHE BUSSA ALLA TUA PORTA. DOVRESTI APRIRGLI LENTAMENTE; UNA PAUSA DAL MOMENTO È TUTTO QUELLO DI CUI HAI BISOGNO IN QUESTO ISTANTE. A CHI HAI CONSEGNATO I TUOI SOGNI?

Vedi, sei esattamente dove dovresti essere e hai una chiave per ogni porta che vorresti aprire: il tuo futuro. La proiezione di ciò che la tua mente crea non si è ancora manifestata, per cui il tuo futuro è solo un'illusione. Sì, non può esistere ciò che non è ancora successo, è tutto solamente nella nostra mente, prima di manifestarsi. Nella tua mente. Hai tutto ciò che ti serve per cogliere opportunità che nemmeno ti immagini di avere. Hai solamente bisogno di qualcuno che, inaspettatamente, bussi alla tua porta e ti faccia la domanda giusta.

Quali erano i tuoi sogni?

TUTTO CIÒ CHE CI CIRCONDA METTE UNA DANNATA PRESSIONE, SU TUTTI NOI. SEMBRA UNA CORSA A CHI ARRIVA PRIMA, MA È SOLO UNA CORSA DI TOPI. SEMBRANO TUTTI VOLER TAGLIARE UN TRAGUARDO, PER VEDERE GLI ALTRI CORRERE VERSO QUALCOSA. VERSO COSA CORRIAMO?

Mio padre ha sempre voluto che io corressi nella stessa corsia dei figli dei suoi amici. Lo fanno la maggior parte dei genitori. Tutti vorrebbero che i figli fossero il successo dei loro fallimenti. Vorrebbero realizzare i propri sogni tramite i figli. Una sorta di ricompensa, di rivincita della vita. «Ho sacrificato i miei sogni per realizzare quelli dei miei figli», direi che non c'è affermazione più egoista di questa. È semplicemente un modo per arrendersi, dando le colpe a qualcun altro. Nessuno alla fine vuole prendersi le proprie colpe. Se realizzi o meno i tuoi sogni, è sempre merito tuo. Non c'è scusa che tenga. Cerchiamo di essere onesti con noi stessi. Ogni sogno richiede un grado di sacrifico che non immaginiamo nemmeno e, se devo essere onesto, non è detto che alla fine tutti riusciamo nell'impresa. Ne vale la pena? Certo!

La vita è imprevedibile, e sai cosa? È perfettamente magica così com'è. Chi vorrebbe mai svegliarsi un giorno e trovare una monotonia che ci uccide lentamente? Se sei nel circuito del "lavora fino a sera e ricomincia il giorno dopo", dovresti fermarti un pomeriggio e farti tre domande molto semplici:

«SEI DOVE VORRESTI ESSERE?»
«È QUESTO, QUELLO CHE HAI SEMPRE SOGNATO?»
«... SEI FELICE?»

Per facilitarti le cose, vorrei rispondere io per primo. Non ho mai le risposte a nulla, ma a queste tre domande posso rispondere senza mettermi sotto la doccia, posso rispondere senza prendere tempo. Sono alla "Bottega dei Portici", alle due torri, a prendere un caffè e scrivere. Non posso che essere grato di questo istante: sto scegliendo la vita che ho sempre sognato. Il fatto che sia davanti alla Feltrinelli mi conforta e mi strappa un sorriso. «Un giorno un mio libro sarà in questa libreria e tutto avrà senso».

La vera felicità non sta nel tagliare il traguardo, ma nel godersi il viaggio. La vera felicità sta nella semplicità e nel vivere il presente. Perdiamo la serenità, quando annulliamo l'istante corrente per concentrarci su qualcosa di già passato, che ci continua a tormentare. La vera felicità sta nel cammino, nel processo che avviene prima di raggiungere ciò che si desidera. La vera felicità è uno stato d'animo, impostiamo la frequenza necessaria.

Non siamo né il nostro lavoro né il nostro conto in banca. Non so voi, ma io sarei fregato se fosse così, dico sul serio. Sono senza un lavoro fisso e senza nemmeno un euro sul conto. Scherzo, i soldi del caffè li ho sempre, almeno quelli. Ho solamente una visione che non lascerò andare facilmente, nonostante la meta sembri una lontana illusione.

Non ho nulla che possa assicurarmi un domani stabile, ma sono felice così, dannatamente felice. La sicurezza non è mai stata il mio forte. Sto inseguendo qualcosa, ma nel frattempo mi sto godendo il processo della creazione: l'essenza della vita non è la destinazione finale, ma il cammino di tutti i giorni. Abbiamo le scarpe adatte?

Ho tolto gli abiti scomodi una sera di molti anni fa. Ero stanco di conformarmi, centimetro dopo centimetro, ad una società che mi voleva annullare, che CI vuole annullare. Vi confesso che, a volte, sono geloso delle persone che riescono a chiudersi in una posizione senza farsi delle domande. Si chiudono e spengono la propria mente. Sarebbe più facile per me, perché a quel punto dovrei solo vivere seguendo i piani di qualcun altro.

Non vorrei mai una vita del genere, perché un giorno, a notte fonda, nel cuore dei miei sessant'anni, mi sveglierei chiedendomi dove io abbia trascorso la mia vita. Avrei addosso una camicia perfettamente stirata e una macchina che mi porta al lavoro e non mi porrei alcuna domanda. Sarei felice a quel punto?

LA FELICITÀ PER MOLTI SEMBRA UN FATTO SCONTATO, NESSUNO SI FERMA A CHIEDERTI SE SEI FELICE. È COME SE QUESTO STATO D'ANIMO FOSSE INCORPORATO NEL TUO LAVORO O NELLA TUA QUOTIDIANITÀ. SEI FELICE?

Non voglio una risposta subito, tranquillo. Voglio solamente lasciarti questa domanda e la possibilità di trovare il tempo necessario per risponderti con calma, un pomeriggio della tua settimana. Vorrei che, mentre ti poni questa domanda, tu ti possa godere un caffè.
Sono felice?

Nessuno può regalarti quest'emozione se non te stesso. Sei l'artefice della tua vita. Io ho una visione che dipingerò sulla mia strada; siamo tutti i creatori di questo universo, nessuno escluso. Dovresti rendertene conto. Tu sei il creatore della tua realtà. Non dovremmo lasciare che la nostra attuale situazione influenzi ciò che vorremmo raggiungere.

«Se questo ti conforta, posso assicurarti che un giorno sarai esattamente dove vorresti essere. Questo è un messaggio che qualcuno ti sta scrivendo tramite me».

I sogni richiedono più tempo di quanto ci siamo dati, più di quanto abbiamo dato. Per questo molti si rifugiano in tutto ciò che è stabile, in ciò che li mantiene al sicuro.
Vuoi stabilirti nel porto della mediocrità?

Lavoro stabile - Stipendio stabile - Vita stabile

Lo straordinario sta nel rischio, nello sperimentare nuove soluzioni alla propria realtà. Il poter dire di aver fallito è una benedizione, perché solo chi non tenta può dire di non aver avuto sfide nel proprio cammino. Più velocemente passiamo da un fallimento all'altro, più riusciremo a vedere chiaramente tutto ciò che avremmo voluto: la nostra visione.

Non c'è un'età giusta o sbagliata per cominciare.
Non c'è un momento perfetto o uno sbagliato.
Non ci sono limiti.
Ci sei solo tu e una domanda che vorrei ricordarti:
«A chi hai consegnato i tuoi sogni?»

Tè & Zu 75

Perché ci spaventa così tanto scegliere?

Siamo equilibristi su un mondo che, in qualche modo, sta in equilibrio. A volte stento a crederci. Le leggi che governano il tutto sono chiare, ma nonostante ciò, fatico ad assorbire il concetto che siamo solamente sabbia complessa che fluttua nell'universo. Siamo sabbia, anime e DNA, dentro un mondo in viaggio. La chiave di lettura del cosmo è facile da comprendere, dicono. Ho letto molte teorie sull'universo, ma, per me, continua a rimanere un mistero affascinante, così assurdo, che mi capita di pensare che sia tutto un sogno. Un sogno meraviglioso da cui non vorrei svegliarmi. Altri cinque minuti per favore.

Posticipo le scelte di altri minuti; vorrei poter decidere, sì, ma non ora. Ho un acquario, dentro la testa, che si sta riempendo d'acqua piovana. Le scelte si accumulano fino a strabordare, goccia dopo goccia, pensiero dopo pensiero. Tutto si muove velocemente e sulla porta delle scelte, rimango ad osservare questo ritmo che si avvicina a me, consegnandomi le responsabilità in note. Una nota, due note... ora scegli! Tutti noi cerchiamo il modo di non scegliere.

Vogliamo osservare le scelte mentre si scelgono da sole. Ho chiesto alla luna una notte in più, ma non è stata abbastanza. L'immensità di questo cielo copre le stelle di una sera fa. Pretende il suo spazio. Il ritmo della natura è puntuale come ogni mattina, ma non è d'aiuto a chi è in bilico fra due scelte. Le scelte sembrano giuste, chi può definirlo?

Io posso dire cosa convenga fare, ma si tratta di essere nel giusto? Il cuore ti porta da una parte e la mente da un'altra. Quale strada vuoi percorrere questa volta?

Dicono che dovremmo chiudere gli occhi per un istante, calmare i pensieri e visualizzare la situazione da entrambe le prospettive. L'ho fatto e mi trovo ancora a supplicare il tempo, mi trovo a conversare con lui e a chiedergli se riuscirà a guarirmi, se dovessi chiedermi cosa ci sia dall'altra parte. Mi trovo a zittire ogni voce, a cogliere ogni singolo segnale che l'universo cerca di mandarmi. Ogni soffio di segnale è essenziale per quelle scelte capaci di cambiarti dentro. Quale scelta ti porterà ad essere una persona migliore?

Sei fuggito da molte scelte, ma questa volta sei con le spalle al muro.

«Perché ci spaventa così tanto scegliere?»

Forse perché sappiamo esattamente che non siamo destinati a tornare indietro.

Il tempo scivola in avanti e sarebbe impossibile invertire il senso delle lancette. La sabbia cade sempre verso il basso, anche rovesciando la clessidra.

Certe decisioni ti rimangono addosso per l'eternità, finché la mente è in grado di pescare i pensieri e analizzarli, senza permetterti di partecipare alla conversazione. Alla fine, se ci pensi, non è la scelta di per sé che ci spaventa, ma il chiedersi come sarebbero state le cose se avessimo scelto diversamente.

«Come sarebbe stata la mia vita se in quel momento avessi preso una decisione diversa?»

«Nessuno può garantirci certi scenari.»

Le domande digitano numeri al telefono. Vorrebbero chiamare risposte dall'altra parte del mondo, ma a rispondere sono solo altre domande. Una chiamata improvvisata nella propria mente. Siete mai arrivati al punto di vedere due specchi con la propria domanda al centro?

Io sì. Stare al centro di uno specchio, in compagnia di una domanda, è come passeggiare all'infinito con un dilemma. Solo domande in riflessione, specchi in ripetizione. Dilemmi irrisolvibili.

«Rispondi tu o rompiamo questo ciclo infinito?»

Inizio a capire che alcune scelte ti influenzano per la vita. Certe scelte cambieranno il grado della tua realtà e non sarà più possibile tornare a ciò che si era. Tutto avrà un sapore diverso, ma non è detto che sia una cosa negativa. Da certe scelte non puoi tirarti semplicemente indietro. Non importa che tu faccia la scelta giusta o meno, bisogna capire che certi ponti uniranno il passato con il tuo presente, per l'eternità.

Quanto durerà?

Certe volte solo il tempo di una canzone, 2:54 minuti. Le risposte, in certi momenti, le possiamo trovare in una canzone che non parla di null'altro, se non di prendere una decisione e di farlo subito. Non possiamo delegare il nostro destino, giusto? Charlie Cunningham è un amico che non ho mai visto. Canta bene e ci siamo conosciuti tramite Spotify, un paio di giorni fa. Stamattina, in aeroporto, si è ricordato di me e mi suggerisce tutto ciò che di vero abbia ascoltato in queste notti:

«You did it yourself
To feel the things you never felt,
You need to keep that part of you safe
I'd say...

...It's a choice, at least you've got yourself a voice
That's more than I can say»

Tutto quello che può dirmi, è di prendere una decisione, tutto qui. Vorrei riscrivere la canzone, aggiungendo che le scelte sono personali. Le scelte non sono mai degli altri, lo sai vero?

«Senti Charlie, potresti aggiungere questa parte nella tua canzone? Sento veramente che manca qualcosa in quel testo. Mi dici che dovremmo scegliere, ma che allo stesso tempo non avremo mai le risposte a tutto, in una sola volta. Sono estremamente d'accordo con te, ma vorrei solamente che tu aggiungessi questa parte alla tua canzone:

> *«...Listen to your mind and the heart.*
> *Listen to others but decide for yourself dear.*
> *No one else will marry that choice.*
> *You should be aware of it.*
> *Are you aware of this?»*

Possiamo illuderci almeno di aver avuto una scelta, no? Io ne ho due, per questo la mia situazione è ancora più complicata. Se Dio non avesse scelto, noi cosa saremmo?

Forse Dio non ha mai scelto e noi siamo solamente ologrammi dei suoi pensieri. Anche quando non si sceglie, qualcuno sceglie per noi. Non è vero che certe scelte rimangono in sospeso. Nulla rimane a fluttuare nel vuoto. Il tempo è un'ombra che vuole assicurarsi che tutto possa procedere.
A te come procede?

Tutti procedono. Sulla giostra del mondo tutto si proietta in avanti.

Io procedo
Tu procedi
Egli procede
Noi procediamo
Voi procedete
Essi procedono

Il presente del presente è lo stesso presente del futuro, con una decisione presa e il tempo a farle compagnia. La scelta, a volte, è un ponte che collega due realtà, due mondi. Voglio viaggiare nella scelta di questo presente e proiettarmi nel futuro insieme a lei. Voglio un tempo insieme, un tempo nuovo. Il futuro è presente, un futuro presente.

… … … … … Tè & Zu 76 … … … … …

Musa

Il primo incontro, il primo sguardo e parole infinite ispirate da ogni sua luce. Alcune persone entrano nella tua vita delicatamente, come stagioni. Autunno a settembre. Ci sono persone che scivolano come foglie sul vento e accarezzano la tua essenza. Certe persone sono semplicemente raggi che ti scaldano l'anima. Non arrivano mai per caso. Tutto accade per una ragione.

Alcuni incontri sono sogni già fatti, vite già incrociate, momenti pesati: vite che riprendono a scorrere più fluide, più a colori. Il mondo assume un grado di significato in più, una ragione per cui vivere. Alcune persone sono destinate a riempirti la penna d'inchiostro dorato. Tu non puoi fare altro che lasciarti guidare e dipingere interi libri. Il flusso è ciò che l'ispirazione aspettava. Tutto capita puntualmente. Non credere alle coincidenze però, il fato succede e basta, non farti troppe domande, perché la magia non si può spiegare.

Musa. Abbiamo tutti bisogno di una persona che possa essere la chiave di un mondo surreale e che possa farci credere nell'impossibile, spalancando l'immensità oltre l'orizzonte. Cosa c'è oltre? Un milione di parole nuove, mai sentite. Potenzialità mai raggiunte. Siamo destinati ad arrivarci?

Non si dimentica mai il punto di partenza. L'arrivo è solo un viaggio destinato a non finire. Una maratona senza chilometri, un'ispirazione senza fine. Il suo sguardo non è stato l'inizio di tutto, è stato solo un secondo incontro. L'inizio è il sogno di agosto.

«Non ti seguo, mi stai dicendo che hai sognato qualcuno prima di incontrarlo?»

«No, non ho sognato qualcuno, ho sognato la mia musa. La persona che ha dato origine a tutto ciò che ho scritto nell'ultimo anno. Senza quel dettaglio, credo che avrei scritto comunque, ma non roba così forte da investire il guscio dell'anima di chi mi ha ascoltato. È solo un piccolo dettaglio però, non ti disturbare. Ci sono sogni talmente vivi che la realtà si curva per darti la possibilità di sconvolgere il tuo destino. Sei pronto a correre questo rischio? Ci sono sogni che non riesci più a distinguere dalla realtà. Pensieri che diventano reali e sogni che si manifestano. È credibile?»

«Forse. Ti seguo, ma fatico a starti dietro. Vorrei che tu mi raccontassi un po' di più di tutto questo. È una storia intrigante. Potresti scriverci un libro, lo sai vero?»

«Indovina perché ci sto mettendo una vita a scrivere il mio primo romanzo. Non è semplicemente un libro, è la vita tatuata a parole su fogli bianchi. È tutto così assurdo che vivo due realtà unite in una singola dimensione. Ho cominciato scrivendo questo libro, ma ora è questo libro che sta scrivendo me. Il libro è riuscito ad avere la sua voce, e io, noi, siamo solamente i suoi personaggi. Il libro si sta scrivendo da solo. Io lo sfoglio solamente, ogni giorno, per vedere a che punto è la storia. Ogni giorno è una sorpresa. Ogni giorno capisco che non ho nemmeno più bisogno di sfogliarlo, perché il libro vive attraverso me. Ti vorrei raccontare di più, ma non so né come continuare né se la storia ti interessa.»

«Certo che mi interessa, vorrei che mi dicessi cosa hai sognato quella notte, ad agosto sotto la luna piena.»
«Mi fa sorridere che tu abbia citato la luna piena. Il fatto che tu lo sappia mi fa pensare che tu mi sia vicino più di quanto io possa immaginare.»

Quella notte la luna splendeva sopra le due torri, sembrava di vivere dentro "1Q84" di Murakami. Era una notte tranquilla, come ogni sera da quando sono a Bologna. Il mattino seguente, appena sveglio, intorno alle 7:00, ricordo che blateravo le parole: «Mi manchi già.» Chiusi gli occhi, volevo tornare a sognare quella ragazza. Non sapevo che sarebbe diventata la mia musa, la mia ossessione. Ricordo ogni particolare di lei. Bionda, senza colpe e con l'iride dell'infinito nello sguardo. Si lasciava stringere tra le mie braccia, perché lì si sentiva protetta. Sentiva che quel mondo annullava le sue incertezze. Ricordo perfettamente una giacca di jeans, come potrei dimenticare quella giacca. È la chiave di tutto.

Come accennavo prima, ci sono sogni che sono più di sogni. La verità è che te ne accorgi quando un sogno è così reale, da voler balzare fuori dalla tua mente. Devi solo essere abbastanza folle da ricordare ogni singolo particolare. Solo così puoi seguire una persona che non hai ancora incontrato. Ho rincorso un messaggio che mi ha portato a Perugia, pensavo che avrei trovato lì la ragazza con la giacca di jeans. In realtà l'avevo trovata, ma non era quella destinatami. Dovremmo fare più attenzione all'invisibile, alle sensazioni che percepiamo.

LE NUVOLE HANNO FORME STRANE QUANDO TUTTO SI STA INCASTRANDO, QUANDO I SOGNI STANNO PRENDENDO VITA. FATECI CASO.

La mia mente rimase assente per l'intera durata del viaggio. A Perugia non ero più io. Si era trattato solamente di tre ore, ma era stato come se avessi varcato una porta oltre questo cielo. Prima di partire ero una persona. All'arrivo, ero diventato il personaggio di un libro.

Mi hanno sempre dipinto come una persona senza emozioni e mi sto rendendo conto che per certi versi hanno ragione. Hanno perfettamente ragione a pensare che manchi qualcosa in ciò che condivido con gli altri. Le emozioni sono chiuse in una cassaforte dentro di me, non so nemmeno come siano finite lì dentro. Non so chi ce le abbia chiuse, né se un giorno usciranno del tutto. Non possiamo avere la certezza di nulla se non che un giorno saremo polvere, nuovamente.

A Bologna il vento scriveva il destino sul tempo. Mi ricordo che la vidi camminare sull'asfalto con un'amica e non resistetti ad invitarla ad uscire. Mi aspettavo davvero che uscisse con me? Forse, certe situazioni le scopri solo vivendo, no?

Tre giorni dopo avevo vissuto un intero pomeriggio insieme a lei, come se fossimo stati dentro una clessidra, lontano da tutti. Il tè con lei è stato una conversazione con Dio, una conversazione con l'immensità. Certe persone ti ricordano cosa c'è oltre tutto questo. Oltre l'orologio, oltre la quotidianità, oltre il confine. Il tè è stato una terapia per ricompormi e divenire un qualcosa che non ero mai stato. La cassaforte alla fine non aveva bisogno di nessuna chiave. Aveva solo bisogno di parole dallo spirito sereno, di parole autentiche. I suoi occhi erano un intero paese, racchiuso in minuscola città, il Cile a Bologna; un'iride che sfocia nella vita. Il tuo spirito che sfocia nel mio, un fiume limpido.

Dovremmo avere più coraggio. Noi ne abbiamo avuto, standoci accanto per tutto il tempo del viaggio. Le persone che ti hanno cambiato sono destinate a cambiarti anche quando sono distanti. Ci separano più di 1000 chilometri, ma lei è capace di ispirarmi ugualmente, portandomi a scrivere senza sosta, a scrivere fino a notte fonda. Le dita scorrono sui tasti, facendomi sorridere, mentre guardo oltre questo finestrino, oltre questo cielo dipinto.

Fermatevi un secondo a osservare il cielo sopra di voi, non è magico sapere che oltre c'è l'infinito? Riprendo i miei pensieri e mi ricordo che la vita è altrettanto magica, perché ogni piccolo passo ci porta a scoprire nuove possibilità, nuovi percorsi e nuove persone che non ci mancavano, ma di cui abbiamo bisogno.

Ognuno di noi dovrebbe avere la sua musa, il suo spirito guida che possa sbloccare mondi immaginari di cui non conosceva l'esistenza. Ogni singolo individuo dovrebbe avere una persona in grado di mostrargli il lato positivo delle cose, il lato che possa dare una ragione all'esistenza, un motivo per cui alzarsi ogni giorno. Dovremmo avere qualcosa di più profondo di uno stipendio, di più intenso di un bacio e più forte di un fulmine, perché altrimenti saremmo solo una carcassa che cammina e non corpo, spirito e cuore che batte. Avevo smesso di svegliarmi con la voglia di vivere, ma lei è riuscita a illuminare il mattino, a farmi esprimere la mia creatività e farmi capire che oltre il presente c'è anche l'assente; non tutto l'essenziale è visibile. Oltre a lei, ora c'è il cielo e due cuori che battono.

Tè & Zu 77

Mi sto regalando agli sconosciuti. Tu a chi ti stai regalando?

A notte fonda i pensieri escono allo scoperto. A luce spenta splendono e ti mostrano i conti del tempo: ombre matematiche. Ho lasciato stare il mondo dei numeri, ma sembra che abbiano un conto in sospeso con me. Forse è la professoressa di matematica che me li manda, perché ho deluso le sue aspettative quando si aspettava il massimo da me. Non so come abbia avuto il mio indirizzo, perché non vivo più a casa mia da poco più di un anno. Sono uscito a prendere le sigarette che non ho mai fumato, per rifugiarmi in una città in cui non ho mai vissuto. Realtà mai vissuta realmente, età mai goduta fino in fondo.

La mia età, in questa notte così fredda, fa baccano. Tutto è così calmo, in compagnia del caffè che sorseggio lentamente. Il silenzio a quest'ora amplifica tutto ciò che mi sfugge durante il giorno. Ho 31 anni e ultimamente cerco di dimenticarlo.

«Piacere mi chiamo Zouhair»
«Piacere, quanti anni hai?»
«Secondo te?»

È un vecchio trucco di chi, come me, vuole nascondere la propria età. Non lo faccio per mostrarmi più giovane, assolutamente. Lo faccio perché mi sembra un'età strana, troppo complicata. A 31 anni sembrano tutti avere la sicurezza nelle proprie mani, sembrano incastrati felicemente nel proprio lavoro. Non che voglia esserlo anch'io, ma sembra che ad un certo punto tu debba presentare un resoconto a qualcuno.

Come se da un momento all'altro qualcuno si presentasse alla tua porta per chiederti cosa ne hai fatto del tempo trascorso.

«Hai avuto abbastanza tempo, quali sono i tuoi piani ora?»

DICONO CHE IL TEMPO SIA SOLAMENTE UN'ILLUSIONE, MA LO SPECCHIO PARLA CHIARAMENTE. DOV'È QUEST'ILLUSIONE?

Se qualcuno suonasse alla mia porta, in questo preciso istante silente, non chiederei nemmeno «chi è?» Saprei con assoluta certezza che è uno dei numeri della mia professoressa di matematica. Aprirei mostrando l'espressione di chi non è sorpreso. Non mi sorprende più la quotidianità. La vita è oltre la pelle della realtà. L'ha detto qualcuno, vero?

In realtà ti stavo aspettando, accomodati. Puoi prendere una tazza di caffè, è lì sul tavolo. L'ho appena preparato, è ancora caldo. Spero che non ti dispiaccia che ci abbia messo una zolletta di zucchero. Senti, non ho molto da dirti, vorrei solo avere la tua comprensione. A 31 anni bisognerebbe smettere di promettere e cominciare a mostrare, lo so. Ho fatto promesse che poi ho lasciato perdere, non perché non sia un uomo di parola, ma perché semplicemente le promesse hanno un valore in una data situazione.

Con il passare del tempo tutto cambia, noi, il tempo e le promesse, che si fanno più chiare. Si dissolvono lentamente come foschia all'alba di un mattino di primavera. Il tempo è il sole che mostra il vero volto della natura. Sulla soglia dei 31 anni ho compreso cosa voglio fare della mia vita, a cosa voglio dedicarmi completamente fino a regalarmi. Non è presto, me ne rendo conto, ma non è nemmeno tardi. Non è mai troppo tardi.

LE ESPRESSIONI PIÙ SORRIDENTI E SERENE SONO QUELLE CHE ARRIVANO DRITTE AL CUORE, A METÀ DELL'ANIMA, AL CENTRO DELLO SPIRITO. LE RISPOSTE VERE SONO QUELLE CHE SI ASSORBONO PIÙ DOLCEMENTE: ZUCCHERO NEL CAFFÈ.

UN'ALTRA ZOLLETTA?

Vorrei che il disordine della mia stanza fosse una giustificazione abbastanza adulta per i miei sogni. Mi sto regalando agli sconosciuti con le opere più intense alle quali io abbia mai lavorato. Scrivo, bevo caffè e viaggio, per catturare i momenti più veri che io possa vivere. Ho sempre abbandonato i miei progetti, ad un certo punto.

Alla fine del primo tempo scoprivo che la partita non era adatta a me.

Tutto mi annoia facilmente.
Non mi sono mai capito fino in fondo.
Fino a notte fonda.

Ad un certo punto capisco che i progetti a cui mi dedico sono una distrazione da quello che voglio fare realmente. Sono un Bernard Moitessier che abbandona continuamente la competizione per qualcosa di più profondo, di più vero. Siamo destinati alla grande rotta? A 31 anni sto costruendo la mia Joshua perché non sono mai stato sicuro di qualcosa come lo sono ora. Non sono mai stato più lucido di questo istante.

«... SONO FELICE NEL MARE DELLA SCRITTURA E FORSE, ANCHE DI SALVARMI L'ANIMA...»

Scrivo continuamente. Più lo faccio, più capisco che è ciò che io voglio fare per il resto dei miei giorni. Scopro che non è la scrittura di per sé che mi cattura, bensì la persona che divento mentre sono immerso nella contemporaneità dell'istante. Tutti sono diversi nell'istante in cui seguono la loro voce interiore. Tutti sono un'altra persona quando sono immersi nel mare di ciò che hanno dentro.

Abbiamo tutti una Joshua che aspetta di essere costruita, portata nell'oceano e lasciata a navigarci. Abbiamo tutti un potenziale che rimane inespresso, un'energia così intensa che fatica a stare dentro il nostro corpo e acquisisce voce fino a divenire coscienza. Abbiamo paura di seguire quella voce, perché non è un porto sicuro, ma l'ignoto dell'avventura. Abbiamo paura della destinazione, perché potrebbe essere il posto dove vogliamo essere. L'abbiamo aspettato per tutta la vita, un'eternità.

«Siamo sulla riva a guardare le maree da lontano. Pensieri che si susseguono e ci invitano ad una danza tribale tutta nuova. Solo un assaggio e potremmo sconvolgere la nostra esistenza.»

Il ritmo sui tasti diventa un suono che mi trasporta. Mi dimentico di tutto quello che ho intorno. Il mio disordine è fatto solo di parole che hanno preso spazio al fianco del mio spazio. Mi fanno compagnia e mi invitano a navigare sempre più in profondità, dentro di me, in un mondo inesplorato. Pesco parole, mostri di questo mare e verità da portare in superficie. Mi regalo a chi non conosco ancora. Sei tu il prossimo?

Scrivo di getto e il flusso mi trasporta fino a creare quadri, da cui fatico a staccarmi. Cento è il numero perfetto, il numero dove tutto finisce e dove inizia il prossimo capitolo. Questo libro contiene cento riflessioni. L'ultima parte è il punto in cui muoio per poi nascere nuovamente. Lo stesso vale per le mie polaroid poetiche.

«Non siamo mai le stesse persone che hanno fatto il primo passo, mai i primi raggi di sole di una foschia a primavera. Siamo luce a mezzogiorno».

«Hai mai cominciato qualcosa che ti facesse pensare di esserti regalato a qualcuno?»

«Come fai a dare pezzi della tua vita a persone che a malapena conosci?»

La risposta è una sola: fede. Tutti noi dovremmo avere fede in ciò che facciamo. Fede nell'universo e fede nelle scelte quotidiane. Ne abbiamo abbastanza?

Raccolgo momenti vissuti, in polaroid da poter narrare e donare a chi accoglie l'essenza delle parole, a chi riesce ad assorbire oltre la razionalità. Scatto,

scrivo e lascio che l'opera trovi il suo proprietario. L'ha sempre fatto per conto suo. Cento è un numero perfetto per me. È il corso del tempo che trova la fine del suo cerchio.
Tutto si completa alla fine.

Certi progetti ti avvolgono così intensamente, che misticità e chiarezza si uniscono per un fine comune. Il superfluo trova da solo la porta da cui uscire. Non serve nemmeno più che gli indichi la strada. Certi progetti hanno il potere di illuminarti la via e darti una ragion d'essere. Tutti noi ne abbiamo bisogno.

Bernard Moitessier, navigatore e scrittore francese, abbandonò una gara in cui aveva la vittoria in pugno. Soldi, cronaca e titolo avevano perso importanza. Scoprì che, in fin dei conti, il premio non gli interessava nemmeno più.
L'eroicità dell'impresa era più forte della sua competitività.

Siamo tutti navigatori alla ricerca della nostra isola, della nostra pace.
Siamo vento sopra il mare,
parole sopra le righe,
stelle sopra il cielo.

Siamo tutti navigatori alla ricerca di una fede.
Siamo battiti dentro un cuore,
siamo linfa dentro un albero,
vita dentro il tempo.

Siamo tutti navigatori.
Semi sottoterra,
emozioni sottopelle,
destinazioni nuove sotto le stelle.

Tè & Zu 78

Aspettiamoci, ma prima stiamo bene

Tè per cena, aperitivo per questa serata d'autunno. In compagnia della notte il tempo scorre gelido, sulle gocce di questa pioggia. Il tempo bussa alla finestra, per poi scendere dolcemente sul vetro, osservandomi scrivere. Il rumore sacro di questa fotografia mi spinge ad una profonda introspezione. Mi porta a dare importanza al valore delle parole, ad ogni singolo respiro.

Vorrei rinchiudermi per tutto l'autunno e tutto l'inverno, per poi fiorire a primavera: un nuovo me. Le stagioni mi hanno sempre affascinato, mi hanno sempre trasmesso la sensazione, fragile, di non avere paura del tempo.

«Ma tu non hai paura del tempo, vero?»

Non è che mi spaventi, a dir la verità. Vorrei solamente trovare altre parole per chiamarlo, perché le ciglia della vita hanno battiti veloci. Non provocano uragani dall'altra parte del mondo, ma dentro sé, sicuramente. La parola "tempo", ultimamente, mi mette in agitazione. Non saprei nemmeno dire quando sia cominciata questa sensazione. La parola di per sé non ha nulla che mi preoccupi, però la sua conseguenza è un fulmine dentro lo spirito, che accende la voglia di portare a termine le cose lasciate in sospeso.

Cos'è rimasto in sospeso?

Un sacco di lettere,
parole rimaste nel baratro del vuoto.
Un sacco di conversazioni lasciate a metà,
sessioni terapeutiche da affrontare.

Un sacco di nodi da sciogliere,
vita che ha bisogno di scorrere.

Tutto ciò che rimane in sospeso dovrebbe navigare verso il porto a cui è destinato, la destinazione a cui portarsi. Ciò che rimane inespresso si trasforma in un'ancora difficile da tirare su, difficile da persuadere. Nessuno vorrebbe finire sotto le parole che non ha avuto modo di smuovere. Ho bisogno di una pausa per dedicarmi al mio d'Io. Mi trovo a pronunciare la frase più vulnerabile che abbia mai pronunciato:

«Ti va di aspettarci?»
«Sì, ti va di avere più coraggio?»

Il coraggio, a volte, vale più del credere.
Il coraggio è la fede verso sé stessi,
fede verso d'Io.

Tè & Zu 79

Non sogniamo (abbastanza) in grande

Sto leggendo un libro nuovo. L'ho scoperto in Turchia, in una bottega dell'usato: "Antik art". Il ragazzo del negozio mi ha chiesto lo stesso prezzo di copertina. Ero tentato di prenderlo, ma, al tempo, lasciai perdere.

«Perché dovrei comprare qualcosa di usato, allo stesso prezzo del nuovo?»

Avevo provato a contrattare, perché lo volevo a tutti i costi, ma nulla. Il titolo mi aveva incuriosito: Happiness and How It Happens. «Chissà se contiene le risposte che sto cercando in questo momento», mi ero chiesto. La felicità è un argomento che mi accompagna da un po'. L'anno scorso, sempre dallo stesso posto, ho preso un libro che parla della stessa sostanza. Quel libro mi è rimasto dentro, perché aveva quasi sciolto tutti i miei nodi interiori. Forse li aveva sciolti tutti, in qualche modo, ma durante il tragitto per arrivare a dove sono ora, si sono annodati nuovamente.

LA FELICITÀ È UN PAIO DI AURICOLARI DENTRO LE TASCHE,
SUONA PERFETTAMENTE ANCHE CIRCONDATA DA NODI.

Oggi, a quattro mesi da quel viaggio in Turchia, sto leggendo quel libro. L'ho comprato un paio di giorni fa, su Amazon, dopo averlo visto nei suggerimenti. Appare tutto nel momento opportuno. Ve ne siete mai resi conto?

Appare tutto quando siamo disposti a ricevere un segno, quando siamo disposti ad accettare i consigli che la vita ci concede. Alla fine, è una questione di sfide da accettare. Ogni nuova pagina di questo libro è un assaggio memorabile al mio dessert preferito. Ogni nuovo capitolo è una cucchiaiata di tiramisù dopo cena. Assaporare il momento e farlo proprio è una sfida che dovrei cogliere più spesso. Dovremmo tutti accettarne più spesso.

Più spesso dovrei anche ricordarmi del foglio scritto nel Tè & Zu numero 17, la bozza che ho macchiato con le mie impronte di caffè e non ho mai più riletto. Mi ero scordato di avere sogni così grandi dentro questo portafoglio. Mi scordo spesso che dovrei leggerlo ogni giorno. Ogni giorno dovremmo ricordarci ciò per cui vale la pena vivere e i sogni da annaffiare.

TUTTO RICHIEDE PIÙ TEMPO DI QUELLO PROMESSO, MA NON PREOCCUPIAMOCI. NE ABBIAMO ABBASTANZA.

Il tempo ora spaventa e le promesse sono mezzi ponti dentro un portafoglio.
Possiamo arrivare dall'altra parte?

Sicuramente.
Abbiamo solo bisogno di ricordarcelo più spesso.
Abbiamo bisogno di nuovi riti al mattino e di
nuovi stimoli prima di dormire.

Dormo senza avere paura e questo è ciò che mi fa più paura. Non ho l'asticella calibrata abbastanza in alto, non sogno abbastanza in grande. Forse è questo il mio errore, il mio limite. Qual è il tuo? Viviamo una vita senza uscire dai fotogrammi di una fotografia scattataci senza permesso. Abbiamo dentro la potenza di una cascata e ci accontentiamo di sogni non abbastanza grandi. Quando falliamo dovremmo alzare di qualche centimetro l'asticella e non abbassarla, assolutamente.

RISCHIEREMMO DI NON SALTARE ABBASTANZA IN ALTO, GIUSTO?
IO DICO CHE RISCHIEREMMO DI NON PROVARCI MAI ABBASTANZA.

Ogni fallimento, ogni salto non riuscito, è solo un esercizio per manifestare il foglio dentro il portafoglio. Dovrei riscriverlo, perché i sogni, quelli veri, non dovrebbero stare qui dentro. Se dicessi che voglio cambiare il mondo, sarebbe banale, ma è ciò che voglio. Non dobbiamo mai limitare i nostri pensieri, ma solo scriverli senza giudicare, senza domandare. Dovremmo osservare il nostro creato, senza nemmeno cercare soluzioni. Un giorno tutto avrà senso. Chiudere gli occhi e sognare in grande, perché i sogni autentici sono destinati a salire verso l'alto portandoci con loro.

«Ci siamo nutriti dei tuoi fallimenti, uno dopo l'altro, prima di arrivare quassù. Ogni sera, abbiamo dimenticato che ci avevi provato. L'asta non era troppo in alto, ma solo calibrata alla nostra altezza. Ti abbiamo voluto dare tempo e spazio. Le lezioni si imparano cadendo. Tutto arriva a suo tempo, per chi non sa arrendersi, per chi sa sorridere durante il viaggio. Siamo arrivati e vogliamo che tu sia alla guida. La macchina non è nuova, ma ci ha portato fino a qui.

Prego, guida tu...»

I nodi delle domande rimaste sospese si sciolgono da soli davanti ad altre domande:

«Perché non dovrei comprare qualcosa di usato allo stesso prezzo del nuovo?»

«Perché non dovrei guidare qualcosa di usato, invece di qualcosa di nuovo se la destinazione sono i sogni?»

«Grazie per le chiavi, è tempo di mettermi alla guida.
Venite con me?»

Tè & Zu 80

Soldi

«... Ma Zu, il tempo è denaro.»

«Sì, è quello che dicono per comprarti, Luca.»

Al bar "Sartoria", in piazza Aldrovandi, mi trovo a parlare di soldi, senza rendermi conto del tempo che vola. L'orologio prende in prestito il nostro tempo, senza farci sapere, però, se un giorno ce lo restituirà oppure lo consumerà solamente, portando con sé dei pezzi di noi. Il bar è un posto doppiamente magico; può essere un custode o un ladro senza cuore. Senza empatia, senza valori.

Esattamente cinque giorni dopo, mi ritrovo a prendere un cappuccino a Stoccarda, in Germania. Sono passati diversi giorni, ma non riesco a scacciare dalla mente quella conversazione sui soldi. Ho di fronte un cappuccino di cui non conosco il prezzo, non ho controllato sul menù e non ho nemmeno chiesto.

Mi sono seduto perché la vista panoramica sulla città mi ha attirato. Lo so che di solito il centro è il posto più costoso dove prendere da mangiare o anche solo un caffè. Questa volta però me ne sono infischiato. Sembra che io ce la metta tutta per finire gli ultimi spiccioli che ho sul conto, per capire cosa si prova a rimanere senza nulla, per capire chi io sia realmente, senza soldi.

Chi siamo senza soldi e come ci vedono gli altri?
Sei quello che hai o sei qualcun altro?

In centro a Stoccarda le luci di Natale sono già accese e mi distraggono per una manciata di sorsi da questo cappuccino. È delizioso, ma non è nulla paragonato a quello italiano. Lo sorseggio nella libertà più immensa che io possa provare, con due spicci sul conto. Ho sempre avuto un rapporto di odio e amore con i soldi, per questo ultimamente sto tornando a farci pace. Non vorrei associare a loro qualcosa che non sono, qualcosa capace di distruggermi. I soldi alla fine sono solo un mezzo, non sono noi. Non siamo i mille o duemila euro dello stipendio. Siamo più di semplici numeri. Immaginate se avessimo il nostro stipendio tatuato addosso; 1631 euro. Andremmo in giro a sbirciare il tatuaggio degli altri. «Quante cifre avrà quello?» Cercheremmo di capire se valiamo di più o di meno delle persone che ci passano accanto.

Noi non dipendiamo da nessuno, né da un numero né da un conto. Io sono libero, tu sei libero. Mi ripeto che arriverò a guadagnare un milione, solo per dimostrarmi che i soldi non comprano le felicità. I soldi non ti cambiano, ti espongono solamente.

Jim Carrey voleva che tutti diventassero ricchi e famosi in modo tale da capire che, alla fine, quella non è la risposta. Per ora sembra che abbia ragione, perché voglio raggiungere la felicità senza nulla, però questo è un ragionamento destinato a cadere nel momento in cui lo formulo.

Se avessi fisicamente un milione, sarei vicino a lei, sarei in viaggio e forse cambierei un po' di cose. Vedere il rosso sul proprio conto non è proprio un tramonto romantico. «I soldi non fanno la felicità», mi ripeto per sorridere di più. La verità è che, per certi versi, la felicità viene comprata anche dai soldi, ma non è un passaggio diretto; il denaro è un intermediario.

«I soldi non comprano la felicità» è il ritornello sul disco rotto di chi arriva senza stampelle a fine mese. È davvero frustrante non avere la libertà di scegliere il desiderato, di dormire a pancia vuota e di portarsi la calcolatrice come compagna al supermercato.

«Sembra che tutto giri intorno ai soldi, che qualsiasi scelta ci porti a pensare al denaro…»

Prova a chiedere ad una persona, cosa farebbe se avesse un milione di euro, così all'improvviso, o magari immagina di trovarti per qualche strana ragione del fato con un milione sul conto.

Lasceresti il tuo lavoro?
Lavoreresti ancora?
Cambieresti macchina?
Inizieresti finalmente a fare quello che hai sempre sognato di fare?
Staresti con la persona è al tuo fianco in questo momento?

Dipendiamo così tanto dai soldi, che siamo capaci di lasciar sfumare una vita intera in un attimo. Ma sì, dobbiamo lavorare, sono pienamente d'accordo. Lo so, ma se invece inseguissimo i nostri sogni, puntandoci tutto? È da sciocchi e imprudenti, ma se, e dico se... se funzionasse?
Non sarebbe come se avessimo trovato un milione?

Mi sono posto le stesse domande per tutto il tempo di questi ultimi caffè e ho capito che continuerei a fare ciò che faccio, assolutamente: continuerei a scrivere. Cambierei solamente posto. Continuerei a scrivere di ogni cosa, di ogni crudeltà e lo farei per gli altri, per me e per l'intero universo. Persino per un alieno, se me lo trovassi davanti, ma l'unico alieno che ho visto nella mia vita, è quello davanti allo specchio. Fuori luogo persino nei pensieri.

Se in questo momento avessi un milione, continuerei a scrivere, assolutamente. Non smetterei mai, per nessuna ragione al mondo. Scriverei persino per Dio, per la vita e la gioia che appare tra i fili di questo sole.

«Il tempo è denaro.» Sì, certo. È quello che continuano a raccontarci per comprarci più facilmente. «Il tempo è denaro» è una frase inculcata a livello cerebrale; ne siamo prigionieri. Se fosse così, questo cappuccino lo pagherei due volte; in denaro e con il tempo impiegato a godermelo. È un paradosso, no?

Quanto vale la tua ora, 20 euro? Perfetto, chi l'ha deciso? Tu o qualcun altro? Perché una tua ora non può valere 100 euro o di più? Non dico che tu debba quotarti in borsa, non sei un titolo, dico solamente che dovresti porti certe domande. Quando cerchiamo di riposare o di impegnare il nostro tempo, non abbiamo forse la sensazione che lo stiamo sprecando? A volte ho la sensazione di sprecare il mio tempo leggendo un libro per rilassarmi. Certe volte mi trovo a fare pensieri capitalisti: «Il tempo che io spendo leggendo, il mio amico lo utilizza per guadagnare 11 euro all'ora. Dovrei cercare un lavoro che possa calzarmi come il suo?»

NON È MAI TEMPO SPRECATO, QUELLO IN CUI CI DIMENTICHIAMO DENTRO UNA BOLLA SENZA SUONI, SENZA PAROLE NÉ MUSICA, SE NON UNA VOCE DENTRO DI NOI.

Non è mai tempo sprecato, quello in cui ci sembra che tutto assuma senso, che tutto combaci perfettamente, rendendo quell'istante irripetibile. Non è mai tempo perso.

Amo poter gestire il mio tempo e potermi godere le mie passioni; dovremmo poterlo fare tutti. Cosa ci impedisce di farlo? Dovremmo solamente spostare il nostro baricentro verso ciò che ci fa stare bene. Se lo facessimo per soldi, tutto inizierebbe a crollare quando la libertà smetterebbe di essere redditizia. Tutti iniziano ispirati da qualcosa, per poi voltarsi a sventolare sotto il vento dei soldi. Sembra che il vento, ad un certo punto, si porti via tutto ciò che abbiamo, lasciandoci le briciole con cui abbiamo cominciato. Punti di partenza all'infinito. Ne vale la pena?

(Sembra che la vita si metta a correre dietro note di banco.
Do Si La)

Non ho mai lavorato realmente per qualcuno. Ho sempre fatto lavori in cui potevo gestire il mio tempo. Non riesco a prendere ordini. Magari sono nato sbagliato, o magari no.

Il freddo suona, mentre sorseggio i miei pensieri, mescolati a domande che dovrei dimenticare. Come ci si sente a non avere nulla? Libertà accompagnata da un senso di brivido. I soldi comprano la felicità? Non credo, ma ti fanno vivere con serenità. Vuoi dirmi che sei sereno in questo momento? Assolutamente no, ma ne sono consapevole.

Guardo, dall'esterno, due pensieri in contrasto tra loro, come guardavo mio fratello maggiore litigare con mio padre. In testa ho un pensiero maggiore e suo padre. Vuoi dirmi che hai questo senso di libertà, nonostante tu non abbia pagato l'affitto? Non ci avevo pensato. In realtà stavo pensando al prezzo del cappuccino (saranno 2 euro o 5?) e tu mi tiri fuori l'affitto?

A dirla tutta, mi sono sempre sentito libero. Ho questa consapevolezza che anche questa volta riuscirò a farcela. Per un pelo riuscirò a saltare dall'altra parte. Non so ancora come, ma so che c'è sempre una mano che agisce dall'alto. L'universo è dalla parte dei sognatori, di chi ha lo sguardo verso l'alto.

Dalla tua.

Come ci si sente a non avere nulla? Libertà. Voglio bere questi ultimi sorsi assaporando la sensazione del salto nel vuoto. La prossima settimana sarà un'altra storia, l'anno prossimo un'altra leggenda. Ora voglio solo lasciarmi ondeggiare in bilico su questa magia. Voglio sentirmi completo anche senza soldi. Alla fine, siamo il sole nel corpo di un accendino. Ci viviamo talmente dentro che ci dimentichiamo cosa siamo realmente. Ho scritto una polaroid poetica, una poesia, su una banconota vera, impregnata di caffè. Ci ho speso tempo e materiali, per poi mettere tutto in vendita a 49 euro:

Rinchiusi, filigrane dentro prigioni di carta,
muri invisibili dentro banconote.
Versiamoci sopra del caffè.

Ordiniamoci:
Nuovo ordine.
Mondo nel palmo di una mano,

non la nostra. Non la nostra,
non la nostra.

Siamo il prezzo del tempo che
vendiamo?

No, siamo il tempo vivo che ci brucia dentro,
carta in fiamme. Passione in fiamme.
Sole nel corpo di un accendino.

Solo chi è attento ai dettagli può cogliere che una banconota non ha mai lo stesso valore per tutte le persone. Non tutti hanno impiegato la stessa energia o lo stesso tempo per guadagnarsi una banconota da 50 euro. Il fatto che metta in vendita quell'opera a meno del suo valore svaluta il mio tempo?

No, assolutamente; valorizza l'opera e dona, a chi la possiede, una nuova percezione. Hai comprato una banconota ad un euro in meno del suo valore. Non è così che succede nella nostra società? Ci comprano pagandoci un euro in meno, ogni ora. Io ho perso un euro solo una volta, ma c'è gente a cui succede in continuazione. Ogni giorno, ogni ora, ogni minuto. Una vita intera senza gli euro meritati. Quanto vali?

Il mio modo di sentirmi libero è provare sulla mia pelle l'essenza del momento, che poi è quello che mi porta a scrivere di continuo. Voglio sempre arrivare a vivere sul filo di una lama fatta da un lato di esperienza e dall'altro di immaginazione. Avrei potuto tranquillamente scrivere di questo, quando ci hanno staccato la luce anni fa. Sarebbe stato un brivido elettrico. La vita è un meraviglioso viaggio interiore che ci porta a scoprire il mondo. Qualcuno ha affermato che la vita è nostra. Io dico di sì, con qualche euro in più però.

Il cappuccino si è lasciato consumare e il suo sapore è stato un viaggio veloce di due giorni. All'aeroporto di Stoccarda, sul tavolo, ho un caffè di cui non potrei mai fare a meno e 2,60 euro come resto. L'unico resto, tutto quello che ho, ora. Sul tavolo tre cartoline, una per me e altre due per amici, mi fissano e mi suggeriscono di lasciarle sul tavolo. Ho dimenticato di spedirle e loro hanno trovato un'alternativa clandestina per andare dove dovrebbero. Non sono sicuro che ce la faranno, senza l'aiuto di un buon cuore. Mi auguro che nel momento del loro arrivo, io le possa accogliere con qualche euro in più sul conto, il milione per ora può aspettare.

Potremmo romanticizzare l'idea che i soldi non rendono felici, che basti un cuore per superare il tutto. La verità è che senza nulla rischieremmo di essere nulla. Me ne rendo conto guardando gli unici soldi che ho: 2,60 euro. Domani sarà un altro giorno, il caffè avrà un sapore senza contorno, forse il caffè più vero mai assaggiato. Un caffè crudo, un caffè libero.

Mi mando una cartolina, da me, per me.
Mi voglio ricordare che voglio un milione,
voglio una casa tutta mia,
voglio sentirmi libero:
una vita da surfista.

La fiducia nell'essere umano, in una cartolina

Ci sono persone a cui siamo destinati e poi ci sono oggetti di cui non riusciremo mai a liberarci. Non potremmo mai sottrarci alle decisioni del caos, il suo ordine è diverso da ciò che siamo abituati a chiamare ordine. Il caos non è una cosa a caso, anche se, anagrammando la parola, potrebbe sembrare così. Non siamo mai noi a scegliere le cose, l'avevo accennato qualche tè fa. Ricordi?

Il fatto che la metafora prenda vita in questa giornata e si materializzi in una cassetta postale, mi conforta e mi ridà quel senso di tranquillità che ultimamente avevo perso. Questa mattina il postino ha suonato, chiedendomi il tiro. È buffo come ogni città abbia il suo modo di parlare, di usare le parole in maniera diversa.

«Ciao, sono il postino, mi potresti dare il tiro?»
«Certo, ti apro subito.»

In questi ultimi mesi, tutte le mattine sono state di una monotonia unica. Una maratona di cui vorrei liberarmi. Le mattine hanno preso la piega di un'abitudine che ti uccide lentamente. Lentamente muoio e lentamente i secondi scandiscono la vita che passa inesorabile. Siamo già ai titoli di coda?

Per le scale il postino imbuca qualcosa. Qualcosa che continua a produrre dei rumori all'interno della cassetta postale, anche dopo che il postino se ne è andato. «Cosa può essere? Non sapevo che le lettere facessero rumore. Non sapevo che parlassero, perché sono proprio voci, queste che sento. Cosa distingue le voci dentro la testa da quelle fuori? Non sono ancora pazzo, o almeno non mi sembro pazzo; non ancora. Il mio nome viene ripetuto, come se in fondo alle scale ci fosse un'entità che mi conosce molto bene. Nessuno mi hai mai chiamato Zu senza conoscermi bene...» Scendo lentamente con le chiavi in pugno. Davanti alla cassetta imito una foglia in equilibrio su un albero a fine estate e rimango immobile, perché la risposta arriva senza aver ancora aperto la buchetta delle lettere. «Non sapevo che ti avrei rivisto. Ti ho lasciato in quell'aeroporto insieme alla tazza di caffè vuota, ma non avrei mai pensato che potessi raggiungermi così in fretta. Non avevo idea che avessi il potere di prendere un volo e raggiungermi fino a qui.»

«Non ce l'ho fatta a vederti demotivato in quel modo, in quel momento. Non sopportavo l'idea che ti stessi arrendendo per così poco, per una sciocchezza del genere. I soldi, amico mio, non fanno la felicità. Sono qui a ricordartelo perché, a volte, sembra che tu ti faccia convincere da questi quattro buffoni. Mi hai lasciato lì una decina di giorni fa, giusto? Quanti soldi hai ora?»

«In realtà non li ho contati. Aspetta... 200 euro esatti e un euro per il caffè di questo pomeriggio. Mi sono pagato il biglietto andata e ritorno per la Germania e ho pagato persino l'affitto del mese scorso, sai?»

«Sei felice ora?»

«In realtà non so cosa sono, non so come mi sento.

Sono perso. Ho gli occhi scavati e un buco nell'anima difficile da colmare, difficile da riempire. I soldi si trasformano in ossigeno, ti danno una boccata per arrivare al mese successivo, ma, pur trattandosi di aria, non possono riempire uno spazio fisico. Non sono triste, di questo sono assolutamente convinto. Non parliamo di me però, parliamo del fatto che ti ho lasciato a Stoccarda e ora sei qui a Bologna. Come sono andate le cose?»

«Ho chiesto aiuto a Christian, lavora in aeroporto e mi ha visto insieme alle altre due cartoline. È rumeno e ama l'Italia. Mi ha confidato che vorrebbe viaggiare di più, ma ha voluto la sicurezza del lavoro. I soldi in questa vita parlano chiaro, i conti si presentano sempre. Mi ha sorriso, con gli occhi mezzi spenti e mezzi lucidi. Ogni giorno vede partire centinaia di voli e vorrebbe essere altrove. Vorrebbe prendere un biglietto e sparire oltre il cielo, senza nemmeno sapere dove andrà. Per lui non ha importanza la destinazione, ma il tentare nuove cose. Si è seduto, ha preso un caffè macchiato e incuriosito, ha iniziato a leggerci. Ha sorriso un sacco leggendo ciò che hai scritto a te stesso:

«Zu, cosa vuoi alla fine?
Cosa ti tiene acceso?
Cosa ti fa sorridere?
Cosa ti fa splendere?
Cosa ti fa dimenticare di tutto ciò che ti circonda fino a divenire unico con il cosmo?
Sono grato di tutto ciò che ho, per l'amico che ho e per Bologna.
Sono felice, Sorridi...»

«Non gli hai detto che è una cartolina indirizzata a me stesso vero?
Non gli hai detto che sei una cartolina scritta per me, da me?»

«Mmm, in realtà non c'è stato bisogno di specificarlo. Lo sapeva già, non chiedermi come. Ha sorriso, perché è un rito che sicuramente fa anche lui. Quella sera ha preso la penna, quella a cui tiene molto, e ha aggiunto due righe.
Le hai lette?»

"Ciao sono Christian, lavoro in aeroporto. Ho visto le cartoline sul tavolo e le ho volute spedire.
Sono un ragazzo rumeno che ama l'Italia."

«È stato un bel gesto da parte sua. Ti ho scritto per me, volendo dimostrare che le persone dall'animo buono esistono. Avrei fatto lo stesso, le cartoline vanno sempre imbucate. Quelle che non arrivano semplicemente hanno deciso di prendere strade diverse, come quando le persone abbandonano i propri piani perché la strada che hanno sognato ha iniziato a brillare di meno. È stato un bell'esperimento, mi ha sorpreso. Non pensavo che qualcuno vi potesse prendere e spedire. Mi sono sempre mandato cartoline, perché in viaggio non sono la persona che si fa uccidere dalla quotidianità. In viaggio sono di più, sono ciò che ho sempre voluto essere. Possiedo una tonalità di sorriso in più rispetto a quello forzato che indosso ultimamente. In viaggio mi ricordo che avrei voluto essere così da piccolo, senza pensieri e senza pesi neri. Nel viaggio scopriamo che possiamo essere capaci di tutto, persino di dimenticarci. Il tramonto a volte osservandoci vorrebbe sparire nei nostri larghi orizzonti: nelle visioni.

Il tramonto invidia la persona che siamo in viaggio...
Per questo mando un pezzo di me al resto del mio io quotidiano. Vorrei parlarmi in diversi tempi, in umori diversi, con parole diverse.»

«... E arrivando fino a qui cosa ti ho ricordato, amico mio?»

«Mi hai ricordato del viaggio in bici che vorrei tanto fare. Vorrei fermarmi in ogni posto respirando l'ebbrezza della fatica. Farmi accompagnare dalla libertà, quella pura che ti annulla. I soldi non faranno la mia felicità, l'idea di non avere nulla da perdere, sì.

Alla fine, non siamo altro che i nostri sogni, il resto è polvere della quotidianità...

Vorrei avere più coraggio, per accettare le conseguenze delle scelte, persino quelle che suonano come un terremoto capace di scuotere la propria stabilità, il proprio equilibrio.»

«Sono felice che ti abbia fatto questo effetto, nonostante sia stato tu stesso a scrivermi. Lo farai, quel viaggio?»
«Sì, ne sono convinto.
Dovremmo avere tutti più coraggio.»

Tè & Zu 82

Sono nessuno

Non so tenere in piedi una relazione, non ci sono mai riuscito. Non mi so tenere in piedi. Come si fa?

Ogni volta è la stessa storia, non sono il tipo con cui stare perché ho ancora dei mostri dentro. Escono quando hanno voglia di proteggermi, quando sentono che sono in pericolo, da cosa poi? Non me lo vogliono dire.

NESSUNO DOVREBBE STARE CON UN'ALTRA PERSONA QUANDO I DEMONI BUSSANO PER USCIRE ALLA LUCE DELLA NOTTE O AL BUIO DEL GIORNO. NESSUNO DOVREBBE INSEGUIRE QUALCUNO QUANDO DALLA SERRATURA DELL'ANIMA I MOSTRI SBIRCIANO SUL MONDO ESTERNO: SPIE SILENZIOSE DELLO SPIRITO.

Il loro bussare è un suono molto lieve che non si fa udire quando la vita scorre armoniosa. L'intensità aumenta gradualmente man mano che si scoprono i difetti e gli errori degli altri. Non è assolutamente sbagliato avere dei difetti, tutti noi ne abbiamo. Chi è rotto dovrebbe ripararsi in solitudine, perché altrimenti rischia di far stare i propri mostri con i mostri dell'altra persona. Ci si guarda farsi del male e basta. Ci siamo fatti del male. Non voglio più fartene. Basta.

Quando ci facciamo del male, ce ne rendiamo conto?

Non credo, perché non è poi così ovvio. Ci si può fare male anche stando bene. Sembra che la vita sia un grosso puzzle. Un grosso paradosso da risolvere.

Componiamo i pezzi e i mostri distruggono le parti finite. Dovremmo metterci a conversare con loro e capire cosa vogliono da noi. Dovremmo affrontarli senza timore, perché si nutrono delle nostre paure. Ho scoperto che più si ha paura, più acquisiscono potere sulla nostra vita. È così che funzionano le cose, è così che funzionano le relazioni. L'irreale si materializza sempre più, ogni volta che ci concentriamo su ciò che non vogliamo: lo stesso principio vale per i mostri.

La notte è lunga per chi non riesce a spegnere la testa e farla riposare, dura almeno tre libri di conversazioni.
La notte è lunga per chi aspetta risposte e per chi vuole ricomporsi.
La notte è lunga per tutto ciò a cui il giorno non riesce a trovare risposte.
La notte è lunga per chi cerca di guarire le proprie ferite causate dagli altri.
La notte è lunga per chi non si concede il tempo di aggiustarsi.

La notte è lunga per me, ultimamente. Il tè è un ottimo compagno per conversare con questi demoni al mio fianco. Mi osservano e leggono ogni mio pensiero correggendomi:

«Vedi, non è proprio così che sono andate le cose.»
«E come sono andate? Spiegatemelo voi, perché a me sembra che tutto sia un sogno.»

«Ti ha tradito, e noi siamo usciti fuori a equilibrare il mondo. Ha infranto il cristallo della fiducia e abbiamo voluto ricomporre i pezzi. L'unico modo che abbiamo trovato è stato uscire allo scoperto, osservare ed eliminare un grado di luce dal tuo mondo. Non puoi farci nulla, siamo stati rinchiusi, ma siamo qui per proteggerti. Siamo stati al tuo fianco in tutti i momenti, persino quelli in cui pensavi che non esistessimo. Non tutto ciò che non si vede non esiste. Noi esistiamo. Smettiamo di farlo solo quando le paure smettono di apparire. Avevi paura che ti potesse tradire. Con sguardo perso, le hai dato una pistola. Pensavi davvero che non ti avrebbe sparato? Pensavi davvero che avrebbe avuto pietà della tua povera anima?»

«In realtà sì. Prima di conoscerla ero perso. Sapevo che mi avrebbe salvato e per riconoscenza le ho consegnato una pistola. Ero perso e lei è stata l'unica persona che mi ha capito al primo sguardo. Non avevo più bisogno di dare spiegazioni a questi sbalzi d'umore, a questo bipolarismo. Per lei era tutto così chiaro, così evidente. Le ho dato una pistola, perché era la mia salvezza. Non mi sono mai esposto così tanto. Non avevo paura che lei mi sparasse, ma di essere io a chiederle di spararmi. In silenzio. Senza parole.»

«E adesso come ti senti?»

«Come volete che mi senta dopo che ho scaricato un intero arsenale sulla sua povera anima? Dopo che ho tradito la poca fiducia che aveva nel genere umano? Dopo cosa poi? Un bacio? Pensate che fosse quello il mio obiettivo? Mi sento una merda, perché mi avete fatto credere che l'unico modo per sentirsi bene, sia ripagare le persone con la stessa moneta. Io sono andato oltre, molto oltre. Siete stati dei bugiardi. Ripagare gli altri con la stessa moneta è una grossissima fregatura, una colossale bugia. Mi avete promesso che mi sarei sentito molto meglio.»

«Eri consapevole di tutto questo, dovevi solamente reggere il gioco, perché lei non si è accorta di nulla. Assolutamente no, era innamorata e lo è tutt'ora. L'unico cretino sei tu che sei corso ad urlare la verità. Guardati intorno. Li vedi tutti questi sorrisi? Pensi che nessuno abbia tradito il proprio compagno? Pensi che tutti loro abbiano una vita rose e fiori? Se lo pensi davvero, non hai capito nulla. Dovevi solamente far buon viso a cattivo gioco e andare avanti. Del resto, l'amavi no? Quindi una bugia detta a fin di bene avrebbe salvato tutto, persino te da te stesso.»

«Ho immaginato la mia intera vita con lei. Ho immaginato tutti i momenti più belli trascorsi al suo fianco. Portarmi questo peso fino al giorno del mio addio sarebbe una condanna. Mi sono immaginato sul letto di morte che confesso ciò che ho fatto. Chiamare le cose con il loro nome può dare alle persone una libera scelta: se stare con noi, nonostante tutto, o abbandonare la nave dei rapporti. Se qualcuno mi confessasse i suoi segreti solo dopo anni, non so come reagirei.

È la mia più grande paura, forse persino una fobia. Come fanno le persone a continuare a guardarsi negli occhi dopo che hanno tradito qualcuno? Per me non è stato tradire qualcuno, ma tradire me stesso. Vorrei ancora vivere con me stesso? Per ora vedo solo voi mostri al mio fianco al posto di quello che chiamavo me. Dove mi avete nascosto? Perché così non mi sto più trovando.

Non ho mai voluto farle del male. Era l'unica cosa che non volevo dalla mia esistenza.

Ho messo la mia vita in pausa, in stand-by, e mi sono concentrato su di lei, fino a perdermi nuovamente. Non è una novità che io mi perda di tanto in tanto. Perdersi quando il mare è agitato vuol dire perdere la spiaggia più vicina; si rischia di navigare in solitudine in mezzo a tutto questo oceano. Non voglio navigare da solo, per questo voglio una spiaggia. Voglio riposarmi all'ombra di una palma. Mi manca casa mia. Mi manca il senso di beatitudine. Come posso liberarmi da voi, da questa costante sensazione di essermi perso?»

«Ti troverai quando saprai perdonarti. Quando saprai vedere oltre ciò che non esiste ancora. Ti troverai quando ti darai più meriti, quando non avrai più paura di esporti, di parlare di più, di dire ad alta voce chi sei.

Sei te stesso, vero?
Allora urlalo, perché solo così possiamo lasciarti al tuo destino.»
Lo sai chi sei.
Devi solamente urlarlo.

…. SONO NESSUNO ….

Tè & Zu 83

Il punto d'equilibrio

C'è un punto in cui tutto si allinea meravigliosamente, in un equilibrio alchemico. C'è una fase dell'esistenza in cui il tempo perde il suo fascino e l'universo ci concede le chiavi delle possibilità che avremmo voluto che si aprissero. È un lasso di tempo magico che può durare un minuto come un'eternità. Non so quanto duri per gli altri, ma il mio è iniziato da un preciso istante che continua ad esistere. Nel punto d'equilibrio ci accorgiamo che non abbiamo più bisogno di nulla, tutto è accaduto per noi. Tutto è lì: il paradiso terreste. In quella frazione della vita, tutto sembra essere misurato chirurgicamente per noi. È tutto così surreale che non ti chiedi neanche se tu sia felice.

«Le domande servono solo come conferme, non ne abbiamo bisogno...»
«Sei innamorato? Non hai bisogno di chiedertelo se lo sei veramente.»

Il punto d'equilibrio non è una destinazione. Non bisogna provare a raggiungerlo; è una cosa impossibile. Io non ci ho mai provato e non dovresti provarci neppure tu. Tutto arriva in maniera inaspettata e improvvisa. Dovremmo solamente essere pronti come persone, stare in pace con noi stessi, nulla di più. Il punto d'equilibrio è una meteora invisibile che cade delicatamente tra i nostri incontri, tra i nostri segni. Avevo detto che ho smesso di usare la parola coincidenze, giusto? Ho imparato che tutto accade per una ragione, persino quando tutto sembra cadere verso l'abisso degli errori. Dovremmo essere consapevoli di quando arriva il nostro momento, perché state pur sicuri che arriva per tutti. Nessuno escluso. Rendiamocene conto quando siamo in quel flusso, perché chiedere di più può mandare tutto in fumo, tutto può trasformarsi in un ricordo scivolato verso l'alto. Solo nuvole passeggere sul nostro passeggiare.

«QUANDO CHIEDI DI PIÙ DI QUELLO CHE HAI, IL BELLO SCIVOLA VIA
E TE NE RENDI CONTO QUANDO È TROPPO TARDI.»

Vedo questa frase di Eleonora nuotarmi davanti. Danza in questa tazza di tè fino a rimbalzare fuori per farmi compagnia, in questa sera di dicembre. Gli appuntamenti improvvisi, quelli incastrati all'ultimo momento, sono quelli più meravigliosi. Quegli incontri possono trasformare un pomeriggio soleggiato in Piazza Maggiore, a Bologna, in un cosmo fuori dalla clessidra del tempo. Mi sarei appeso volentieri un cartello al collo per chiedere di non disturbare: «Sono dentro l'essenza della vita, torno quando ne ho voglia.»

Ogni volta che penso a lei, sorrido, perché quel pomeriggio è stato un momento magico, un momento tra i momenti da ricordare. Quante volte puoi dire di aver avuto una conversazione che puoi ricordare per il resto dei tuoi giorni? Pensa alla conversazione più vera che tu abbia avuto nell'ultimo periodo, chi ti viene in mente? Sarà sicuramente una persona speciale. Nessun'incontro avviene per caso, tutte le persone che fanno parte della tua vita sono lì per una ragione. Tutto accade per noi, dovremmo esserne grati. Ogni volta che ci penso sono infinitamente grato per ogni incontro e ogni conversazione vera con chiunque abbia incontrato durante il mio cammino.

IL NOSTRO CAMMINO DOVREBBE ESSERE UNA PASSEGGIATA DI
CONVERSAZIONI LEGGERE, MAGICHE E VERE...

«Ci credi ai miracoli?»
«Perché questa domanda?»
«Perché, semplicemente, il punto d'equilibrio è un miracolo.»

LA COSA SORPRENDENTE DEI MIRACOLI È CHE CAPITANO QUANDO
INIZI A CREDERCI, QUANDO HAI FEDE, OLTRE A CIÒ CHE NON VEDI.

"È molto semplice: non si vede bene che col cuore. L'essenziale è invisibile
agli occhi..."
– Il Piccolo principe.

Quando credi a qualcosa al di sopra di tutto, consegni le chiavi al creato, ad
un'intelligenza superiore. Tu non devi fare altro che avere fede, nulla di più.
Quando capisci che tutto è connesso, in qualche modo tutto inizia ad avere
più senso. Non bisogna però sforzarsi di conoscere i meccanismi della natura.
A volte, cercare di vedere oltre il palcoscenico è un tormento, una ricerca
ossessiva che ci porta solamente a farci domande autodistruttive.
L'essenza della vita sta nella leggerezza, voliamo verso quel posto.
«Eleonora, sei abbastanza. Non ti serve nulla di più, sei perfetta così come sei.
Non dimenticarlo.»

Dall'altra parte del telefono riesco a percepire il suo sorriso. Le voci non
possono nascondere le emozioni. Certe persone sono nate per aiutarti a capirti
di più, a porti le domande giuste e darti le risposte che hai faticato a trovare.
Nessuno ce la può fare da solo e l'universo lo sa; dovremmo avere più fiducia.
Accade tutto per noi. Non so perché faccia certe cose o dica certe frasi. Non
so nemmeno perché io abbia deciso di chiamarla quella mattina di novembre,
da via Rizzoli a Bologna. So solo che ci sono voci all'interno di noi stessi,
che vanno ascoltate. Non bisogna capirle, ma solo assecondarle. Se scrivessi
al me stesso di tra qualche anno, vorrei ricordarmi che sono abbastanza, lo
siamo tutti. Non ci manca nulla per essere perfetti, non facciamoci fregare.
Siamo tutti completi, anche prima di conoscere qualcuno, prima degli ostacoli,
prima di abbattere quel muro. Cerchiamo di tenercelo stretto nella mente che
la perfezione è un punto immaginario, inesistente. Quando cerchiamo il passo
in più, cerchiamo di fare in modo di non superare il punto d'equilibrio, perché
oltre quel punto esiste solo un precipizio.

Siamo già tutto, tutti.
Siamo tutti connessi,
libri condivisi,
già letti.

Tè & Zu 84

Smettiamo di pagare l'affitto con l'arte

L'AMORE È LA FORMA D'ARTE PIÙ PURA CHE ESISTA. TI SOLLEVA E TI TRASPORTA IN MONDI PARALLELI DOVE TUTTO SEMBRA POSSIBILE; DOVE TUTTO È POSSIBILE. L'AMORE È DAPPERTUTTO. L'AMORE È LÌ, LO È SEMPRE STATO. È INVISIBILE, MA LO SENTI.

Vorrei che tutti si possano rendere conto che siamo una poesia a cielo aperto, canzoni dentro questa stanza universale. Vorrei girare con un microfono e catturare parole di persone che non conosco ancora. Ultimamente cammino, ascolto le voci attorno a me e sorrido. Non indosso nemmeno più le cuffie da quando ho scoperto che le canzoni più vere non sono ancora state scritte. Lo sapete che i testi più vissuti sono liberi e compongono il vento nelle strade di qualunque città?

Sì, è proprio così. I cantanti dovrebbero girare a piedi e parlare con l'eco dei testi sospesi come i caffè. Dovrebbero conversare con il vento come farebbero con il loro barista.

«Buongiorno, c'è qualche testo sospeso oggi?»
«Sì, c'è una canzone appena scritta da una storia d'amore paradossale. L'hanno lasciata sospesa perché non stanno più insieme. Dovresti ascoltarla, sai...»
«La prendo, ma prima vorrei leggerla. Posso?»
«Certo, la trovi vicino al tuo solito caffè.»

...Morirò tre giorni dopo di te.
Demoni d'amore nelle sfumature dei tuoi capelli, ti descrivo, ma
è come dipingerti tra lettere che lasciano vernice sulle mie dita.

Rosso stanchezza,
rosso porpora.
Non smetto di descriverti da tre giorni,
morirò con questo colore addosso…

«Mi ha convinto. La prendo, il resto lo leggo a casa. È roba troppo forte per essere letta sul ciglio di quest'istante, vorrei prendermi il mio tempo. Sai per caso chi l'ha lasciata?»

«Sì, una coppia innamorata. Non ho capito perché abbiano deciso di lasciarsi. Credo che si tratti di un amore paradossale. Ne esistono, sai? Ho visto solamente lei tremare alla fine della relazione e lui con lo sguardo perso. Il testo l'ha lasciato lui oggi, non ho voluto chiedere per quale motivo avessero deciso di rompere questa relazione.»

«L'amore, a volte, è solo un perdersi di vista per poi ritrovarsi dopo. L'amore segue il suo flusso. Chi pensa che non sia giusto, dovrebbe innamorarsi una volta in più; chi pensa che sia sempre rose e fiori, dovrebbe perdersi una volta in più.»

L'amore è la forma d'arte più elevata che esista, la forma più nobile della passione. Ne sono convinto e dovreste esserlo anche voi. L'amore non ha concorrenti né rivali. L'amore è lì e mostra con orgoglio la sua presenza. Sta ai coraggiosi accettare la sfida.

L'amore, quello limpido, non chiede e non ha bisogno di domandare. Arriva quando se la sente e se ne va quando ha bisogno di lasciare una traccia evidente.

L'amore è un foglio tagliente su cui scrivere il tuo prossimo viaggio, il destino da completare.

L'amore non si paga né si compra, non puoi venderlo per pagarci l'affitto; esattamente come l'arte.

L'amore e l'arte sono separati da un filo delicato, molto sottile. Si può dire che siano due bolle di sapone abbracciate. Basterebbe una carezza per unire i due universi. Quando prendi la bolla d'arte e la usi per comprare qualcosa di materiale si crea qualcosa di distorto, me ne sono accorto solo nelle ultime lune. Sto pagando l'affitto con l'arte da un bel po' e sembra così fuori luogo, così fuori contesto.

Sto pensando di fare un passo indietro, per vedere tutta l'opera intorno a me, tutta la visione creata. Quello che sto vivendo da un anno è un sogno ad occhi aperti. Chi l'avrebbe mai detto che avrei potuto vivere solo di arte?

Se mi avessero spoilerato, anni fa, che sarei riuscito a guadagnare con la scrittura, mi sarei messo a ridere. Eppure, eccomi qui, dopo un anno che porto avanti un sogno così vero, che stento a crederci. È un sogno così reale che vorrei fare un passo indietro. Non posso pagare l'affitto con l'arte, non è giusto nei confronti né dell'arte né dell'amore. Mi suona come una nota sbagliata.
Pagheresti mai l'affitto con ciò che ti rende libero?

È un paradosso, ultimamente sembra che tutto lo sia.

Ami quella passione,
la desideri talmente tanto che
vorresti si trasformasse nel tuo lavoro.
Una volta raggiunto quel sogno puoi permetterti di
viverci. Il processo è meraviglioso.

La tua passione è il tuo lavoro.
Dicono che quando raggiungi questo equilibrio è
come non lavorare nemmeno un giorno.
Sì, esattamente.

La fregatura è che la sfumatura raggiunge poi il confine,
quand'è passione e quand'è lavoro?

Le opere più iconiche sono quelle create senza pressione, se non quella del voler creare qualcosa di geniale, qualcosa che possa essere indimenticabile. Bisogna sempre fare un passo indietro e guardarsi dall'esterno di quello che si è. Bisogna sempre porsi una domanda molto semplice:
Lo sto facendo per soldi?

Non c'è nemmeno bisogno di rispondere perché è la stessa arte che lo fa per noi. Fare un passo indietro non è sinonimo di retrocedere, ma di capire che amiamo talmente ciò ci fa sentire vivi, che vogliamo che la sensazione possa rimanere per mille eternità.

Non dovremmo mai conformarci.
Non dovremmo, anzi non vogliamo, accettare le briciole dei compromessi.
Se scrivessimo solo per avere un conto in banca a sei zeri, rischieremmo di macchiare il nostro talento e di vedere svanire lentamente la sfumatura di quell'inchiostro.

Non abbiamo bisogno di una dimostrazione o di chissà quale premio. Il vero genio sa di esserlo, o magari non lo sa nemmeno. Si conserva solamente, non svendendosi per l'interesse momentaneo.

La riflessione mi è nata in maniera spontanea, parlando con chi voleva raggiungere la propria libertà.

Cos'è la vera libertà?
Tutti ne parlano, ma sono pochi quelli che posso dire di averla vista.

Quando la passione è la nostra stessa fonte di guadagno, possiamo dire di essere liberi. La libertà è amare incondizionatamente ciò che si fa. La passione è libertà quando possiamo permetterci di seguirla, anche senza pensare alla parte economica. Scrivere giusto per il gusto di scrivere e dipingere giusto per il gusto di dipingere.

Il fatto che la passione sia anche la stessa nostra fonte di guadagno è meraviglioso, ma può renderci anche schiavi dalla nostra stessa passione. Nessuno vuole essere schiavo dell'amore o dell'arte. Il filo che distingue la libertà da schiavitù è sottile, così sottile che dovremmo fare un passo indietro quando quel filo inizia a perdere la sua elasticità.

LA PASSIONE PUÒ FARCI VOLARE COME UN GABBIANO OPPURE CHIUDERCI IN UNA GABBIA, NO?

È una questione di spazi. Nessuno vuole rischiare di essere rinchiuso dalla sua stessa passione. Dovremmo capire quando è necessario avere un'entrata sicura oltre a ciò che amiamo. Altrimenti ciò che si ama prima o poi può trasformarsi in una fonte di stress, perdendo così la scintilla che ci porta a creare l'infinito dentro le nostre opere. Si potrebbe scrivere un intero libro su questo argomento e su come non capitalizzare il proprio talento. Tutti noi dovremmo conservare ciò che è nostro.

La passione è una forma di distrazione piacevole. È una camera sigillata fuori da questo tempo, dove entrare senza portarsi il proprio mondo, altrimenti tutto rischia di frantumarsi.

LA PASSIONE È UNA SOSPENSIONE DEL TEMPO.

Sì, posso dire di aver trovato l'esatta descrizione.

La passione è quando quella dimensione si trasforma nella tua isola pacifica: niente soldi, niente distrazioni e niente compromessi.

Sei solo tu e ciò che ti fa sentire libero.
L'arte ci fa sentire liberi, esattamente come l'amore.

Tè & Zu 85

Le grandi città sono una lavatrice gigante

È il 16 gennaio 2020, un anno e mezzo dopo aver abbandonato il mio piccolo paese di provincia: Salvaterra. Sono tornato qui ieri, per sentire meno l'odore delle grandi città e farmi assorbire dal ritmo lento della quotidianità. Le grandi città sono una vita in apnea, una vita troppo veloce. Einstein ci avrebbe impiegato meno tempo a teorizzare la relatività se avesse studiato il ritmo della vita nelle città moderne. È tutto così veloce che non mi sono reso conto che sono passati già due anni da quando ho preso quella decisione.

«Senti Zu, non ho più voglia di vivere a Reggio Emilia. Voglio andare a Bologna.»

«Man, andiamo insieme.»

STENTO A CREDERE COME IL TEMPO SIA UN COMPAGNO CHE CI PRENDE PER MANO, E CI PORTA NELLA SUA CORSIA A SCORRIMENTO RAPIDO.

Da piccolo ho imparato a camminare velocemente copiando i passi di mio zio. Per tenere il suo passo, alternavo la corsa alla camminata veloce. Se ci penso ora, trovo quell'immagine estremamente buffa e divertente. Ero un puffo divertente. Ora tutti mi rimproverano quel mio modo di giostrarmi velocemente tra le vie ricoperte di asfalto. Dicono che quello che si assorbe da piccoli rimane appiccicato; per questo ho mille abitudini di cui fatico a sbarazzarmi. Ciò che ti scivola sotto la pelle delle abitudini rimane lì, e io ho assorbito quel ritmo di cui non riesco più a fare a meno, nemmeno ad anni di distanza.

Pensavo che camminare a passo svelto mi avrebbe aiutato, ma le grandi città hanno i piedi più lunghi e veloci di mio zio. Le grandi città vogliono farci correre una maratona nella quotidianità, ma senza che ne siamo consapevoli. Siamo dentro ad una maratona a cui non abbiamo scelto di partecipare.

CHI TIENE IL TEMPO? OVVIO, IL TEMPO STESSO. IL TEMPO È UNA LEPRE CHE NON SI ACCONTENTA DI STARTI DAVANTI; VUOLE PORTARTI A CORRERE AL SUO FIANCO.

Potremmo essere tutti delle lepri e far perdere leggermente di vista il sapore della vita a chi rimane un passo indietro.

Ce lo ricordiamo il sapore della lentezza?

Le grandi città sono così. Le immagino come una macchina di grossa cilindrata. La quinta è ingranata e i freni non vanno come dovrebbero. Una volta che attivi la prima perdi il controllo. Sei salito senza orologio e non hai la minima idea delle lancette che scorrono in avanti.

«Congratulazioni, sei a bordo di un'astronave verso la fine del tuo mondo. Ci sono due regole che devi assolutamente seguire:
1) Non controllare l'orologio finché non torni alla tua vera casa.
2) Alza il passo. Quello di tuo zio non ti servirà a nulla in questa dimensione.»

Ho seguito le regole e sto controllando l'ora solo adesso che sono nella mia vecchia dimensione. Non mi hanno accennato al fatto che la relatività è un fattore così denso, così materiale. Com'è possibile che un anno in una grande città equivalga a un quarto in un piccolo paesino? Questa cosa non me la riesco a spiegare. Persino questo tè alla menta, dal sapore delle mie origini, ha una lentezza tutta sua. Mi verso un primo bicchiere, cercando con attenzione di emulare la tradizione dei berberi. Nel riflesso della schiuma intravedo il deserto e i cammelli che mi invitano a prendermi un momento di riflessione tutto mio.

«Ti vediamo più vissuto di quello che dovresti.»

«Sì, lo sono in realtà.
È stato un anno e mezzo così intenso:
un frammento d'orologio compresso.
Sono stato una moka con dieci dosi di caffè dentro,
un uragano dentro una poesia.»
«Siediti di fianco a noi e raccontati. Stai bene sotto queste stelle?»
«Sì, sto bene. Sono esausto, ma grato. Le stelle mi stanno accarezzando dandomi il benvenuto nella dimensione reale. Ho abbandonato la macchina e sono in folle, sono un folle in questa notte. La sensazione di camminare danzando sulla sabbia è una beatitudine, un soffio fresco d'estate sul mio viso sudato.»
Le grandi città sono un'illusione fantastica. Entri e ti perdi nei labirinti dei momenti.

Puoi accettare inviti di continuo, fino a perdere di vista l'essenziale, oppure riempirti tra casa e lavoro. Lo potete capire da voi che in entrambi i casi è una partita persa. Non si può vivere senza uno scopo, ma nemmeno solo per il lavoro. Le grandi città sono un bellissimo vortice da cui lasciarsi assorbire, per poi uscirne quando hai raccolto tutto ciò che può insegnarti.

Le grandi città sono una vita imparata in fretta. Aggiungete anche un amore così intenso e potete dire di aver sperimentato la macchina del tempo.
Se Einstein fosse ancora vivo, l'avrei sicuramente invitato a prendere un tè. L'avrei fatto sedere a questo tavolo chiacchierando del tempo che ci sfugge, un violino sarebbe stato il sottofondo perfetto.

Avrebbe sicuramente esclamato:
«Di cos'altro necessita l'uomo per essere felice?»
e io gli avrei risposto:
«Di nulla professore, di nulla. L'uomo non ha bisogno di nient'altro, per essere felice, se non di leggerezza nel quotidiano. Mi perdoni, ma a volte me lo scordo

pure io. A volte mi scordo di molte cose.
Come del fatto che tra poche ore avrei un treno da prendere.»

«E dove vai?»

«Torno alla macchina senza freni, alla realtà senza tempo. Ho un progetto da finire. Tornerò presto e mi dimenticherò del passo di mio zio.»

«Non perderti di vista. Sii curioso come gli occhi di un bambino, non aspettarti di essere felice sempre, tutto è relativo.»

Lunedì

Tutto andrà bene, te lo prometto.
Fidati.

Sto scrivendo di lunedì senza sapere in quale giorno tu stia leggendo questa riflessione. In realtà non ha davvero importanza. Un altro lunedì arriverà comunque e porterà via i ricordi di quello precedente. Sto scrivendo, sì. Il lunedì è il giorno da dedicare a ciò che si ama, a ciò che cattura e stuzzica il nostro flusso. Accanto a me c'è una teiera piena di tè nero, tutta per me. Ogni sorso è un lunedì che sbuca, portandoci i vecchi rituali. Le abitudini tornano e si trascinano dietro nuovi dettagli. Ci abbiamo mai fatto caso? Ci sono mancate? A me sì, un sacco.

Stasera assaporo in solitudine ogni aroma di questo presente. Il sapore di questo tè è come una vecchia lettura che mi fa compagnia.

STARE DA SOLI NON È AFFATTO MALE.
DOVREMMO CONSACRARE LA NOSTRA SOLITUDINE.
DOVREMMO CAMBIARE PUNTO DI VISTA SULL'ESSERE DA SOLI E GODERCI LA NOSTRA PRESENZA.

Dovremmo stare d'incanto in nostra compagnia.
Ci siamo portati a cena fuori ultimamente?
Ci siamo coccolati come meritiamo?
Ci stiamo amando abbastanza?

Il lunedì dovrebbe essere una pausa meditativa e non un frenetico schianto contro il muro della settimana. Respiriamo a pieni polmoni, sciacquiamo via tutte le preoccupazioni accumulate e dedichiamoci le giuste attenzioni. Il lunedì è un giorno in cui dovremmo essere grati. Sì, più degli altri giorni. La data di scadenza di questo cuore che batte non è scritta da nessuna parte. Ce lo ricordiamo ancora, che oltre questo corpo c'è un cuore che non si è mai preso una pausa? Sì, il fatto che lui continui ad affermare la sua presenza non dovrebbe essere mai dato per scontato. Tutto può succedere e tutto può non accadere.

Bob Marley mi ripete che non dovrei preoccuparmi delle cose, tutte le piccole cose andranno bene. Ne sono convinto Bob, tutto andrà bene. Il lunedì è un promemoria per ricordarci che alla fine arriverà il giorno in cui non arriveremo al lunedì successivo. Non è affatto triste come pensiero, dovremmo solamente appendere questo pensiero dentro la testa per realizzare al più presto i nostri progetti. Li stiamo portando avanti?

La morte non dovrebbe spaventarci, anzi. Dovrebbe essere uno stimolo, un motivo per creare, inseguire e portare avanti la propria ragion d'essere. Ce l'abbiamo uno scopo, vero?

Chi si metterebbe mai a realizzare i propri sogni se non avesse un conto alla rovescia? Nessuno. Solo chi si dimentica della morte vive il lunedì come fosse un trauma da cui fuggire. Il lunedì è un giorno magnifico, è il fatto di continuare a fare ciò che ci uccide che lo rende un tormento. Il film In time aveva spiegato il concetto del tempo chiaramente. Tutti noi abbiamo al polso un timer, che segnala il nostro arrivederci, solo che è invisibile.

Il lunedì è un amico che torna, si ferma a chiacchierare con noi per chiederci come procedono i nostri piani.

«Questa settimana sei tornato prima del solito. Negli ultimi anni non ti assenti più di tanto, lo sai?»

«Ti sei dimenticato che hai superato l'iperbole del tempo?»

«No, hai perfettamente ragione, però a volte così è troppo. In più, questa gigantesca lavatrice in cui mi sono intrufolato è così imprevedibile.»

«È solo la percezione che cambia. Stai procedendo verso la tua meta?»

«Sì, non posso dire di essere minimamente vicino a quello che voglio, ma le parole di Gary Vaynerchuk mi inondano infinitamente, dandomi un motivo che mi tenga acceso: *You're gonna die*.»

«Un giorno, persino io cesserò di esistere. Non sarò più un promemoria. Cambierò vita e nome, ma la mia essenza sarà sempre la stessa: un ciclo infinito. Un ciclo perpetuo che torna a ricordare dell'esistenza del tempo.»

«Questo lunedì ti vedo con una lettera nuova. È qualcosa per me?»

«Sì, è una lettera scritta da te. Ti ho promesso che te l'avrei consegnata quando ti saresti scordato di me. Sono tornato un lunedì qualunque, per lasciarti parole scritte da te, un lunedì passato. Quando avevi smesso con il tè.
Quando non avevi ancora trovato l'amore vero.
Quando avevi un diario che riempivi ogni giorno.
I riti tornano e si portano dietro i dettagli scordati.
Hai ripreso ogni rito e come dettaglio ti lascio la tua lettera.»

Il lunedì è un giorno figo, ne sono convinto. Ogni lunedì è l'occasione perfetta per ricominciare da capo e scuoterci di dosso tutte le preoccupazioni, per assaporare un tè e goderci un momento per concentrarci su ciò che vogliamo realmente.

Ogni lunedì è l'alba della nostra rinascita. Le cose non potranno mai andare bene come vogliamo, finché non lo decidiamo. Finché non mettiamo le carte in tavola, buttando su un foglio di carta tutto ciò che ci impedisce di essere migliori; migliori di noi stessi. Vedere le nostre preoccupazioni scritte su un foglio le rende reali, ma allo stesso tempo piccole. Se non siamo convinti che lo siano, possiamo farle a pezzettini finché non le vedremo svanire: fumo di niente.

Ogni lunedì è l'occasione perfetta per ricominciare. Svegliarci e scrivere nel nostro diario i nostri obiettivi e i sogni che stiamo tenendo nel cassetto da troppo tempo. La verità è che il cassetto è pieno e i sogni spingono per venire fuori. Una volta fuori si stancano e si mettono comodi con noi sul divano, con il telecomando in mano. Succede perché non abbiamo dato loro la giusta importanza, la giusta energia che dedichiamo ad altro.

Nessuno se la sta passando bene. Forse un paio di persone che conosco sì. Ma non importa, ciò che importa è avere la stessa energia, ogni lunedì. Aprire la finestra e fare un grosso respiro, essere grati di poterlo fare e capire ciò che si vuole. Nei miei momenti negativi, sono grato di avere delle persone al mio fianco che non provano a tirarmi su il morale, ma mi fanno dimenticare il mondo e mi spronano a guardare verso il cielo: l'immensità. A volte basta solo questo: guardare verso l'alto.

Oggi il cielo è limpido e i miei pensieri sono cristallini. Un tè caldo al bar, mentre scrivo ciò che vorrei realizzare. Ho notato che da quando ho quest'agenda nera, tutto ciò che scrivo diventa reale: prende forma. Se non l'avete, vi consiglio assolutamente di prendere un'agenda o un quaderno e di iniziare a scrivere tutto ciò che vi preoccupa, vedrete che più scrivete più le cose, più queste si fanno piccole. Ogni preoccupazione si polverizza con un'azione o dei piccoli compiti da portare a termine.

Ogni momento è unico...

Tè & Zu 87

Tutto avrà senso, ma non facciamoci caso

Non c'è il minimo dubbio che l'universo sia dalla nostra parte; prendiamo a squarcia-petto tutta l'esistenza che ci attraversa. Sì, non riempiamoci di domande futili o risposte realiste. Tutto avrà senso un giorno; tutto. L'universo non è capace di darci risposte immediate, non è stato abituato ai nostri ritmi o, forse, siamo noi che non siamo abituati ai suoi. Del resto, l'universo è in questa esistenza da prima di noi, dovrebbe capire meglio come stanno le cose, giusto?

ANCHE SENZA FEDE DOVREMMO CREDERE NELL'UNIVERSO. LA GENTE PREGA UN DIO E IL DIO CONSEGNA I NOSTRI MESSAGGI ALL'UNIVERSO. SE PREGHIAMO L'UNIVERSO ELIMINIAMO UN PASSAGGIO. CONSEGNE VELOCI DI UN MESSAGGIO. MESSAGGERO...

L'universo è un genitore, più degli altri due. Sì, conosce cosa è meglio per il nostro avvenire più di quanto possano mai un padre e una madre. Sa quando darci una lezione o quando metterci in azione. Da qualche parte dovrebbe avere persino un armadio con tutti i ricordi che dobbiamo ancora vivere, scegliere e addirittura scattare. Se prendessimo tutto con la negatività del momento, saremmo imprigionati in un loop di continue prove, continue lezioni che non ci avranno insegnato un bel niente, nulla di nulla. Continueremo a farci presentare continue sfide travestite, senza riconoscere lo stesso circolo che torna sotto un'altra forma.

«Ciao Zouhair, come stai? Io sono una bellissima esperienza da vivere.»
«Ti riconosco. Puoi anche levarti quella maschera e prendere il prossimo treno.»

Ho già imparato quella lezione. Gli occhi non mentono mai, ti ho già visto più volte e mi sono fatto presentare una copia di te dopo l'altra, prima di imparare la lezione. Questa volta no, grazie. So già cosa voglio. So già cosa non voglio.»

Le lezioni saranno sempre sulla stessa materia, ma in un altro stato: acqua, ghiaccio e vapore. Dovremmo riconoscere l'odore del vissuto ed essere capaci di dire no ad un viso familiare da cui siamo fuggiti. Quel no ci potrebbe salvare da esperienze già vissute che tornano per metterci alla prova. Non cadiamo nella trappola. Ho un'amica che continua a dire di sì allo stesso tipo di uomo. Sa già come andrà a finire, ma continua ad accettare l'idea che questa volta sarà diverso. L'intuito, forse, è la cosa più vera che possediamo.

«No, mi dispiace. Sarà sempre un finale già previsto. L'universo ti sta mettendo alla prova, e tu, come ogni volta, risulti non idonea a prendere la vita attraverso decisioni tue. Senti amica mia, quell'uomo è un semaforo rosso, lo sai benissimo. È sempre il tuo passato che torna sotto un'altra forma. Quell'uomo è la lezione che avresti dovuto imparare e che vuole assicurarsi che questa volta tu riesca a dire di no. I passi futuri si compongono anche dai sentieri che decidiamo di non percorrere.

La chiave di tutto è già in nostro possesso. Non dobbiamo cercare assolutamente nulla che non sia l'esperienza vissuta, respirare a pieni polmoni ed essere grati di tutti i passi consumati. Non avremmo mai potuto essere noi stessi senza gli errori, i pianti e i dolori. Fanno parte di noi.»

Cambiamo scarpe, ma manteniamo il nostro passo. È prezioso...
Qual è la risposta allora quando tutto sembra non essere sotto il nostro controllo? Qual è la risposta quando sembra tutto andare male?

«Gratitudine.»
«Vuoi dirmi che dovrei essere grato al posto di bestemmiare per ciò che non va?»
«Certo. Dovremmo essere grati per ogni singolo momento. Dovremmo renderci conto che tutto accade per una ragione, anche quando sembra che non ce ne sia

una. È facile pensare che tutto vada a rotoli, ma se tutto si stesse semplicemente allineando? Proviamo a guardare tutto da un'altra prospettiva. Dico sul serio, diamoci una possibilità. La vita non accade a noi, la vita accade per noi. Basta sostituire una predisposizione nella nostra esistenza e tutto può assumere nuovamente un senso.»

«Certo. Dici così perché a te va bene.»

«In realtà le cose migliori che mi sono capitate sono state accompagnate da un imprevisto. Quando siamo concentrati su ciò che non va, il destino ci passa accanto e chiude le porte delle possibilità. Nessuno vuole avere a che fare con un broncio. Te lo dico per te; stai perdendo un mondo che non ti rendi nemmeno conto di vedere».

Il prossimo treno che perdi,
fermati e guardati intorno.
Chiediti se dovevi prenderlo oppure è successo perché
c'è qualcuno che dovrebbe conoscerti,
qualcuno con cui dovresti parlare.
Respira, profondamente e dai una ragione a quell'imprevisto.

Magari non è neanche un imprevisto.
Magari è la porta di un nuovo mondo.
Sorridi e sii grato, perché qualcuno ha voluto regalarti le chiavi
del mondo che ti apparterrà finalmente,
nuove possibilità.

TUTTO SARÀ POSSIBILE SOLAMENTE QUANDO SAREMO GRATI ANCHE PER CIÒ CHE NON SI INCASTRA. TUTTO AVRÀ FINALMENTE SENSO.

Sono grato di essere passato per quella fase dell'esistenza da cui sembrava non esserci una via d'uscita.

Sono grato che la depressione mi abbia visitato, perché ora posso capire facilmente le persone che stanno attraversando la stessa fase e fare del mio meglio per poter tendere loro una mano.

Sono grato di quel giorno in stazione, in cui ho aiutato un ragazzo. Mi ricordo ancora la porta di vetro della stazione chiudermisi in faccia facendomi sanguinare. Nemmeno in quel momento l'ho presa male, perché mi sono fermato ad ammirare un tramonto meraviglioso sul mare di Lisbona e ho conosciuto una bellissima persona. Ho anche scoperto che il giorno seguente avevo un viaggio, che non avevo programmato, verso una nuova città. Ho lasciato i miei amici per poi raggiungerli ventiquattro ore dopo.
«Amici, ci vediamo a Porto tra ventiquattro ore, sento che tutto accade per una ragione».

Sono grato di essere rimasto a piedi in Islanda, con il mio amico Mounir. La macchina aveva deciso di abbandonarci. Sotto la pioggia abbiamo passato mezz'ora a scherzare e a chiedere passaggi. È stato uno dei momenti di gioia più pura di tutta la mia vita. Nemmeno in quell'occasione abbiamo dubitato nell'universo, perché tutto accade per una ragione.

Voglio che tu possa scrivere da qualche parte questa semplice frase: «Tutto accade per una ragione». In quel pomeriggio abbiamo avuto la fortuna di accettare un passaggio per Reykjavík, ammirando posti che non avremmo potuto vedere. L'aurora boreale, quella sera, ne è stata la conferma; un qualcosa di indescrivibile. Spesso, davanti a imprevisti che ci sorprendono, rimaniamo senza parole.

Nulla accade per caso se accetti che l'universo sia il tuo compagno di viaggio. Si diverte a darci segni senza però mostrarsi mai.

Grato?
Grato!

Tè & Zu 88

Le schegge sono il passato di una cicatrice

Tutto quello che ho imparato da mio padre è fuori posto,
la scheggia di una bottiglia rotta sul corpo.

Il vetro a contatto con l'ossigeno non arrugginisce.
Il vetro a contatto con la pelle, però,
ferisce.

È difficile togliere le schegge del passato in questo presente, perché non sono più schegge, ma profondi colpi di vetro. Certo, il vetro non arrugginisce, ma quello che lascia sono segni di cui non ti puoi sbarazzare così facilmente. Vorrei far bastare una microchirurgia, ma devo andare in profondità, scavare più a fondo. Alcune persone sono una bottiglia che si frantuma senza preavviso, spesso senza rendersene conto. Certe persone continuano a sputare schegge ovunque capiti, contro chiunque capiti. Papà, lo sapevi che quello ero io?

Il passato continua a pretendere violentemente il suo spazio nel presente. Non guarda in faccia a nessuno, non riconosce nemmeno un viso familiare quando il suo obiettivo è un capriccio narcisista. Il passato continuerà a influenzare il presente se la scheggia non sarà tolta in tempo... e se le schegge fossero in realtà corpi che crescono insieme a noi?

Le mie schegge sono maturate fino a divenire compagne invisibili, poi visibili con gli anni. Le schegge hanno una personalità tutta loro, lo sapevate? Io l'ho scoperto da poco, da quando ho lasciato ciò che definivo amore. Era amore, ora non so cosa sia. Quello che so è che ho fatto amicizia con la scheggia più narcisista che però non sa di esserlo. Tutto, visto da fuori, è così ovvio. Chi non è dentro il casino della situazione, concede banali consigli: «Avresti dovuto togliere le schegge quando eri ancora in tempo. Ora è troppo tardi.» Sì, un po' lo è. Del resto, chi avrebbe mai pensato che le persone di cui ti fidavi sarebbero state capaci esplodere come bottiglie. Mamma, non mi avevi avvertito che papà era un corpo di vetro.

L'universo ha avuto un ruolo da genitore più di quanto non lo abbiano avuto i due biologici. Ho chiacchierato per serate intere con questo frammento di vetro che ha vomitato verità sul conto del suo creatore: mio padre. Dice che l'ha creata a sua immagine e somiglianza, da una costola del suo carattere. È stato un errore e per errore ora è sulla mia pelle.

«Voglio essere onesto con te, non ti voglio. Non voglio nulla di ciò che è appartenuto al tuo creatore. Voglio solo liberarmi di te prima che sia troppo tardi, per le persone a cui voglio bene. Non voglio essere una bottiglia rotta nella vita di altri. Ho perso un pezzo che ora è un corpo estraneo nel corpo di un amore estraneo.»

Scusami, avrei dovuto ascoltarti più chiaramente, amore. Una volta eravamo amanti prima che io iniziassi a perdere frammenti che non erano nemmeno miei. Le scuse servono a poco, nemmeno cambiare serve, se il troppo tardi è un presente sulla pelle. Mio padre non si è mai scusato, nella sua testa tutto era in ordine. Sposarsi quattro volte avrebbe dovuto essere un chiaro segno che qualcosa non andava.

«Senti scheggia, cosa dovrei fare con te? Non mi appartieni. Averti nel mio corpo è un carattere che non sono. Non sono mai stato te e ora sto perdendo ciò che sono e ciò che non sono.»

«Sai, Zouhair, il confine si è perso da tempo. Sono cresciuta al tuo fianco e che tu lo voglia o meno hai il mio tratto in te.
Sei un piccolo narcisista che non sa di esserlo.»

«Il fatto che lo voglia capire ed essere aiutato mi separa da te, non credi?»

SIAMO TUTTI TRATTI DI UN PASSATO CHE CI È STATO FATTO ESPLODERE ADDOSSO. SOLO L'AMORE PUÒ CURARCI E RENDERCI LIBERI. SOLO L'AMORE, QUELLO COMPRENSIBILE E AUTENTICO, PUÒ GUIDARCI VERSO LA LUCE DEL VERO.

«Ho scoperto cosa sono, cosa ho dentro di me che bussa per uscire.»

Sono dietro le quinte del mio teatro e c'è un personaggio che non voglio far recitare. È bravo solamente a pensare a sé stesso, dimenticandosi del resto. Dentro di me ho un piccolo padre che ha quel sorriso di chi sa più degli altri. Quel sorriso di chi ce l'ha fatta a distrarre le guardie e a infilarsi in ambienti ai quali non appartiene.

«Piccolo papà, non voglio più che tu sia qui.»

La mente è un panorama da rimanere senza fiato. Non abbiamo bisogno di chiuderci in un teatro di finti attori e personaggi che si intrufolano di nascosto tra schegge bruciate. La mente ha bisogno di luce, di splendere e uscire a respirare a pieni polmoni. La mente è in grado di salvarci, per non rimanere intrappolati nel passato. Non vogliamo rimanere lì, giusto? I pensieri, se non controllati, possono trasformarsi in piccoli padri, piccoli minatori che scavano verso il buio. Lì non c'è nulla, se non il rifugio per una vita che non si decide.

A che età abbiamo fatto la nostra prima scelta?
E quelle fatte prima della prima? Sono state poi così azzeccate come scelte?

Non ha più importanza. Quello che conta è togliere ogni scheggia estranea a questo corpo. La sensazione di liberarsi di un frammento di vetro è un respiro d'ossigeno puro. Ebbrezza marina sopra il piacere della sabbia.

Mi sono tagliato accidentalmente in cucina, un paio di volte, a chi non è capitato? Mi sono fatto taglietti piccoli che già un'ora dopo non ricordavo più. Amo cucinare, mi rilassa e mi fa scordare che c'è una lancetta del tempo che avanza. Cucinare è un rito, una magia. Chiunque riuscirebbe a sentire subito la differenza tra un piatto cucinato in fretta e uno cucinato con passione. Non c'è trucco che possa funzionare. Certi dettagli non sono un segreto. Tra vita e cucina c'è una metafora reale che prende forma:

LA GENUINITÀ DELL'AMORE È LA RICETTA PER FIORIRE E SPLENDERE, PER CRESCERE E FAR SPLENDERE.

Voglio splendere, tutti noi lo vogliamo. Per questo dovremmo entrare dietro le quinte, presentarci a tutti i personaggi e capire come hanno ottenuto quel ruolo. Ci sarà sicuramente un attore-scheggia che non appartiene assolutamente a quella scenografia. Che facciamo? Lo mandiamo via?

La curiosità mi ha portato a scoprire che persino gli spettatori sono parte del teatro. Tra il pubblico c'è un cantante, un avvocato, un commesso e una psicologa che da fuori, attendono lo spettacolo.

«Stasera non voglio consumarmi sapendo che c'è qualcuno che non dovrebbe recitare.»

Mi siedo tra il pubblico, tra la commessa e la psicologa, cercando di rilassarmi. Da qui sembra che tutto stia per iniziare. Nessuno si è accorto che c'è un piccolo padre che non dovrebbe recitare.

«Cosa ti ha portato a teatro?»

«In realtà ho sentito recensioni positive in giro. Dicono che chi abbia scritto questa sceneggiatura sia uno scrittore senza regole, fuori dagli schemi. Sono sicura che sarà uno spettacolo tutto nuovo. La novità mi appassiona.»

«Ah, ok, in realtà io dovrei essere lì dietro, ma mi rifiuto di salire perché c'è una scheggia divenuta personaggio. Non voglio che rovini lo spettacolo.»

«Vuoi farmi credere che ci sia una scheggia che si trasforma in un personaggio? Com'è possibile?»

«Non lo so nemmeno io. So solamente che ce l'ho avuta per tutta la mia infanzia e crescendo ho scoperto che è cresciuta fino ad avere un carattere tutto suo. Il problema ora, è che non si vuole staccare da me. Dice che si è affezionata a quello che sono. Mi scusi, che sciocco. Non mi sono presentato. Zouhair, piacere.»

«Per riservatezza vorrei evitare di dire il mio nome, ma sono una psicologa. Cosa ne vorresti fare di questo personaggio ora? Da quello che vedo, non credo che si voglia separare da te. Se ci hai convissuto per tutta la vita, dovresti solamente capire per quale motivo voglia recitare.»

«Credo voglia solamente delle attenzioni. Ma io non sono più disposto a dargliene. Ogni volta che lo faccio, finisce per volerne di più. Credo che si nutra di attenzioni, perché altrimenti non mi spiego come possa aver raggiunto queste dimensioni. Ho paura che finirò col portarmi questo frammento con me, per tutta la vita. È un corpo estraneo. Non dovrei avere questo frammento di vetro addosso; non mi appartiene.»

«Non c'è nessun frammento di vetro, tranquillo. Io vedo solo una cicatrice. È già tutto passato. Stai portando solo le conseguenze di quel frammento. Dovresti capire in quale spettacolo voglia recitare e osservarlo dal pubblico, come stai facendo ora. Non hai una scheggia, ormai è solo cicatrice. Hai una cicatrice sulla pelle, non è più qualcosa che puoi togliere. Vedi, tutti noi abbiamo i segni del passato addosso. Non puoi fare in modo che svaniscano. Però puoi fare pace con quel passato e lasciar scivolare tutto in un presente sereno. Vuoi vivere sereno vero?»
«Certo.»

«Allora coniugami il verbo cicatrice al participio passato.»
«Scheggiato.»

«D'ora in poi osserva il teatro dal pubblico e impara a capire il tuo padre interno. Non te ne puoi staccare, ma puoi evitare di assegnargli un ruolo nel quale possa sentirsi a suo agio.»

Insert coin

Il libro sta consumando i suoi ultimi respiri, sta giungendo alla conclusione della sua esistenza. L'avrà capito che cesserà di essere vita? Avrà capito che per qualcuno è stato un magnifico viaggio? Che lo sappia o no, la sua fine è vicina, inevitabile. I suoi ultimi sorsi sono a pochi passi, a pochi capitoli.

Sarà cenere versata in terra.
Saremo cenere,
amore e guerra.

Il punto finale di ogni cosa non è una destinazione, ma un nuovo orizzonte su cui non adagiarsi. Non facciamo questo errore, non stazioniamoci. Le stazioni possono essere libri a lieto fine o tristi poesie; lasciano intere città in sospeso.

Chissà se siamo destinati ad incontrare nuovamente l'amore.

Le stazioni e gli aeroporti sono i pochi posti in cui le promesse acquisiscono peso, assorbono energia fino a divenire miracoli a cielo aperto. Gli arrivederci possono essere dei meravigliosi incontri o degli addii impressi su una polaroid nostalgica. Chi l'avrebbe mai detto che non ci saremmo più visti. Mi aspetterai? Io sì, lo farò. L'ultima polaroid è una promessa, è un'attesa del nostro ritorno insieme. Aspetterò perché non voglio nessuno che non sia te, nella dimensione in cui abbiamo preso forma. Certe cose non puoi saperle, puoi solo sentirle.

Siamo voci di un libro letto dal vivo. Siamo respiri, riflessioni, pause in cui immergersi e lasciare che tutto continui a mutare forma. L'autentico si lascia sempre corteggiare dal flusso del vento. Giusto?
Non è così che ho cominciato a scrivere?

Non è così che tu hai cominciato a leggere?

Tutto ciò che si manifesta in un inizio, si prende carico anche del prezzo del finale, che lo vogliamo o no.

Tutto ciò che inizia arriva ad una conclusione,
termina e cambia forma.

Quale forma stiamo assumendo ora?

In realtà non lo voglio sapere. Non credo che nessuno voglia sapere come andranno le cose. A noi continua a piacere il mistero dell'ignoto, della sorpresa. L'universo è una dimensione che continua regalare momenti rari per cui essere grati. Tutto quello che importa è sapere che, alla fine, andrà tutto bene.
Posso solo prometterlo, puoi solo fidarti.

Le pagine vengono sfogliate, spogliate dei loro segreti. Le pagine vengono sottolineante. Il cuore delle cose deve essere evidente, deve battere e farsi sentire. La verità fa rumore persino in una lettura silenziosa. Non ci siamo resi conto che nella testa si accumulano mille domande che bussano per uscire? Non ci siamo resi conto che una seconda vita sta rompendo lo schema di queste riflessioni, per sostituire la prima? In testa c'è una pergamena; una lettera diversamente leggera. Un tè accompagna questa discussione vera:

«Non posso più rimanere seduta ad aspettare che un giorno ti svegli, per scoprire che è troppo tardi. Non posso rimanere ad attendere che tutto possa cambiare all'improvviso. Andrà tutto bene, ma devo dirti che hai solo una vita. Hai solo te con te.»

«È tutto un paradosso, te ne sei resa conto? Sono una seconda vita, ma sono solamente la tua estensione. Esisto perché ti sei resa conto che hai solo te, nulla di più. Non ci sono gettoni da inserire o altre vite da vivere. È tutto qui. Non siamo dentro ad un videogioco giapponese o in un film francese. Siamo dentro ad un libro che sta prendendo fuoco e si sta consumando, letteralmente.

Siamo poesie prima da vivere, poi da scrivere.
Siamo vita da imprimere.
Siamo energia da condividere,
Siamo gioia da dividere.

Siamo luce,
raggi di momenti.
Siamo eco per l'universo.
Da quaggiù, ci senti?

Siamo una possibilità tra milioni di fortune,
siamo notti chiare, siamo lune.
siamo molecole complicate di sabbia.
Siamo felicità,
amore e rabbia.

Siamo l'unione,
siamo l'infinito.

Siamo quanti dentro corpi.
Siamo tutto,
dappertutto.

Dentro e fuori.
Siamo esistiti.
Memento mori.»

Tè & Zu 90

Che fine ha fatto il lavoro che desideravi?

«Non ho più voglia di lavorare da McDonald's. Voglio andar via e trovarmi un altro impiego, che sia più stimolante e mi dia più gratificazione.»

Mio fratello minore, in una mattinata serena, mi chiama per sfogarsi. Mi parla dei suoi piani. La sua voce ha un tono molto più basso di quando condividevo le mie mattine con lui; non è più sicuro delle possibilità che può avere. Ad un certo punto, tutti vogliono la sicurezza di un futuro e di una quotidianità più organizzata, quella da cui io sono sempre fuggito. Il mio scappare dalla routine sembra una fuga verso un qualcosa di idealizzato, ma in realtà è la rincorsa di un impiego cucito su misura per la mia vita.

Non sono un folle,
sono semplicemente un ribelle alla ricerca della felicità.

«Zak, sono contento che tu abbia preso questa decisione. Certo, è un azzardo, ma sono convinto che troverai un lavoro che possa darti la felicità e il benessere mentale. Ho sempre saputo che quello non era il lavoro adatto a te. Ho sempre pensato che saresti durato al massimo un anno in quel posto e nonostante tu ci abbia messo qualche mese in più, adesso ho un sorriso che questo telefono non può mostrarti. Ho sempre saputo che mi avresti chiamato per darmi questa notizia. È una telefonata che aspettavo da tempo!»

Avrei voluto aggiungere che gli voglio infinitamente bene e invece mi trovo bloccato. È come se le emozioni fossero incastrate dentro di me, come se faticassero ad uscire da questa pelle. Ti voglio bene; dannatamente bene. Se la prossima volta ti dovessi abbracciare, senza ragione, sarebbe per recuperare tutti i momenti che non ho colto. Ti chiedo scusa in anticipo, perché la prossima volta potrei scoppiare a piangere. È solo che ho capito che non c'è un momento giusto. La vita è sempre al nostro fianco quando vogliamo viverla.

A fine conversazione sorrido come Chuckie Sullivan, quando scopre che il suo migliore amico ha abbandonato la mediocrità per rincorrere il suo amore. Vedete, ciò che non si allinea a ciò che siamo ci consuma lentamente, fino a divorare la parte più passionale e creativa della nostra essenza. Tutti noi sappiamo qual è la nostra strada, eppure non rischiamo nulla per percorrerla.

Urliamo a squarciagola che la colpa è del capitalismo. Sì, può essere, ma aggiungerei anche del conformismo. Tutti hanno paura di mostrarsi diversi. Abbiamo tutti paura di mostrare il nostro vero volto e rimanere esclusi, fuori dal branco della società. Io in realtà ho solo paura di rimanere chiuso fuori da me stesso, giuro. Ci ho messo una vita a trovare la chiave e se la perdessi ora, perderei l'intera partita.

Sono grato che mio fratello stia modellando la chiave che gli permetterà di entrare dentro sé stesso. Spero che tutti possano trovare le chiavi per aprirsi anche al proprio prossimo, nel modo più sereno possibile. Ognuno ha una porta diversa che solo lui sa come aprire. Non verranno a salvarci, nessuno è passato a salvarmi. Nessuno mi ha promesso che andrà tutto bene quando nel 2012 ero rinchiuso in un call center e tutto si stava frantumando: la mia relazione, i miei progetti, i miei sogni e persino il mio essere. Rivedendo le immagini mentali di quell'epoca ho capito una cosa molto delicata del percorso di ritrovarsi:

> QUANDO PENSI CHE TUTTO SI STIA FRANTUMANDO IN REALTÀ SI STA SOLAMENTE ALLINEANDO. SI STA SOLAMENTE ALZANDO LA ZOLLA PER FORMARE LA TUA ROCCIA, LA TUA MONTAGNA.
> SE LA FELICITÀ NON VIENE DA TE, TOCCA A TE ANDARLA A TROVARE.

Nel percorso di mio fratello rivedo il mio passato; una strada che ho percorso anch'io e sulla quale sto viaggiando tutt'ora. Dalla sua voce colgo quanto la sua anima sia giunta a fine corsa, quanto sia esausta. Il suo io si è stancato di un ritmo che non è in sintonia con ciò che è. Mi sono riflesso nella sua essenza perché anch'io avevo intrapreso una scelta molto simile. Ero esausto quando, dopo un anno, ho lasciato il lavoro in quel call center. Ero esausto quando, al termine della mia prima relazione stabile, avevo perso il mio equilibrio. Ero esausto quando il lavoro dei miei sogni sembrava ad un passo, ma comunque sempre appena fuori portata, irraggiungibile. Non importava quanto corressi, la vita che sognavo era sempre un'ombra davanti al mio sguardo. La capacità di vedere con chiarezza i propri sogni è una dote che bisogna allenare.

Ti posso promettere che andrà tutto bene,
avrai il lavoro che hai sempre desiderato,
abbraccerai le persone che ami,
conquisterai la tua libertà.

Canterai la tua canzone,
firmerai quel contratto,
amerai nuovamente e
scriverai il tuo libro:
la tua storia.

Lasciatelo dire nuovamente, andrà tutto bene. Abbi fede. Tutti noi meritiamo un lavoro che ci possa dare sia la sicurezza, che la fiamma capace di accenderci, dimostrandoci che la vita è un dono meraviglioso. La vita è un miracolo in ogni sfumatura della quotidianità, persino quando tutto sembra infrangersi, come onde sugli scogli.

La vita è un respiro a pieni polmoni,
la vita è un vento sui pianti e sul dolore.
La vita è leggerezza,
è saggezza.

Se vogliamo qualcosa, allunghiamo la mano e prendiamocela. Stare a guardare non porterà la vita a fare il primo passo e rivolgerci la parola. Il lavoro che stiamo cercando non si manifesterà continuando ad accettare quello che ci viene offerto. Dire no è l'atto più coraggioso che possiamo fare, me l'ha detto Domenico, di domenica; lo ricordo molto bene. Spesso accettiamo un lavoro nel quale ci troviamo rinchiusi per un'eternità, fino a non avere le energie per cercarne un altro, fino a dimenticare completamente che siamo esseri straordinari, capaci di imprese altrettanto straordinarie.

Il lavoro che non ci piace è un circuito a cui non dovremmo mai abituarci. Tutti noi abbiamo le nostre esigenze, ricordiamoci però che nulla è per sempre. Anche quando finalmente avremo raggiunto l'equilibrio che desideriamo, non è detto che durerà per sempre, a meno che non impariamo l'arte di farci bastare ciò che abbiamo a disposizione. Alcune tempeste sono destinate a sconvolgere gli equilibri, perché è ciò di cui abbiamo bisogno per capire quanto in realtà tutto sia dannatamente fragile.

Ci sarà sempre un momento in grado di metterci in difficoltà, la tempesta perfetta, capace di metterci alla prova. È inutile illudersi del contrario. Quando quella tempesta arriverà, affrontiamola a viso aperto e ripetiamo queste parole: "Non abbiamo paura di ricominciare da capo. Abbiamo ricominciato tante di quelle volte, che l'atto stesso di piazzare la prima pietra, è diventato solo un déjà-vu in un'altra lingua, niente di più, di un'esperienza da applicare".

Il vero nemico da sconfiggere, è la paura del rischio, ma possiamo batterla. Invitiamo i veri amici a combattere al nostro fianco, sconfiggiamo i mostri dentro la nostra testa. Hamadou, il mio primo vero amico, mi confessa che cambiare lavoro non è facile:
«Sono d'accordo con te amico, cosa proponi di fare?»

«Sto pensando di mollare il mio lavoro. Sto già investendo in ciò che voglio fare della mia vita. Cambierò paese e cambierò lavoro, ma non cambierò te come amico. Sai cosa c'è Zu? Arrivo a casa stanco la sera e non ho le energie per dedicarmi a nulla. Lo sai che mi sono sposato vero? Ecco, vorrei qualcosa che mi possa dare degli stimoli, in questa breve esistenza.»

«Cazzo se hai ragione, man. La vera fregatura è arrivare a casa esausto e avere a malapena il tempo di prepararti per il giorno successivo. Questa non è vita amico, ma un'iniezione letale!»

I tè con gli amici danno sempre gli spunti di cui abbiamo bisogno. Parlare e ascoltare senza giudicare è una terapia rilassante in cui immergersi. Il tè è una sorta di dimensione nuova, tutta da scoprire. Lì possiamo scovare molte risposte alle domande che di solito non appaiono nella quotidianità: che vogliamo farne della nostra vita?

«Cosa vuoi fare da grande?»

Ho sempre immaginato il mio futuro con la testa fuori da questo spazio. Voglio essere un pilota, un astronauta, un equilibrista. Ora che sono grande, nessuno mi chiede cosa avrei voluto essere.

NESSUNO CI RICORDA DELLE NOSTRE PASSIONI.
COSA AVREMMO VOLUTO FARE E CHE FINE HA FATTO QUEL LAVORO CHE SOGNAVAMO?

Il lavoro dei nostri sogni ha abbandonato il proprio cassetto, è diventato troppo grande per stare all'interno di uno spazio così stretto. Apro l'armadio e tutto quello che vedo ora, sono fogli che svolazzano dappertutto. Leggo, scrivo e mi catapulto dentro mondi nuovi. Alla fine, posso essere chi voglio; sono esattamente chi voglio. Non ho limiti. Sono un astronauta, un artista, sono energia mista.

CHI CI IMPONE IL NOSTRO LIMITE?
IL NOSTRO IO DA BAMBINO CI GUARDEREBBE CON AMMIRAZIONE O SAREMMO IRRICONOSCIBILI PER LUI?

La risposta alla felicità

QUANDO HAI TUTTO CAPISCI CHE
IL NIENTE ERA GIÀ LA RISPOSTA.

Avevamo già le risposte prima di porci delle domande. La verità è sempre stata davanti a noi, la felicità è sempre stata davanti a noi. Il vuoto, l'abbiamo creato rincorrendo il tempo, cercando di catturare il vento e proiettando l'illusione della felicità nel possesso materiale dei nostri desideri.

È tutto già davanti a noi. La felicità è una scelta. La spensieratezza è una domanda a cui non va data una risposta. Le nuvole hanno le forme che noi diamo loro.

«Guarda amico, quella nuvola sorride!»
Io vedo solamente una persona con il broncio.

Capite? Tutto è il riflesso del nostro essere. Tutto è la proiezione di quello che siamo. Siamo dei e come tali creiamo tutto a nostra immagine e somiglianza.
Ho dovuto comprare una moto per capire che ero felice anche senza. Sì, la felicità era stata accanto a me per tutto il tempo. Non ha voluto domandarmi niente solo per il gusto di vedere quale emozione avrei provato, manifestando i miei desideri.

«Hai finalmente comprato la moto che sogni da una vita. Come ti senti?»
«In realtà come prima. Beh, ammetto che il primo giro è stato adrenalina pura, ma dopo tutto è tornato come prima.»

ALLORA QUANTO DURA LA FELICITÀ?
IL TEMPO DI UNA RISPOSTA.
ALLORA NON PONIAMOCI DOMANDE,
VIVIAMO.

Anche Jim Carrey l'aveva capito solo dopo aver raggiunto la vetta. Da lì ha urlato, come se fosse il messia. L'eco delle sue affermazioni ha raggiunto chi stava cercando di scalare la montagna, compreso me.

«Ragazzi, qui non c'è proprio nulla da vedere, dico sul serio. Vorrei che poteste raggiungere il successo, per capire che quella non è la risposta.»
«Sì, come no. Dice così solo ora che ha tutto. Così è troppo facile.»

Ho dovuto rincorrere la felicità per troppo tempo prima di capire che aveva ragione. Se non lui, chi altri avrebbe potuto dire una cosa del genere? Chi può dirlo meglio di una persona che ha raggiunto tutto, per capire che il "tutto" non è il cemento per riempire il vuoto che sentiamo?

Per quanto sia banale, la felicità non si raggiunge. Ho cercato casa mia dappertutto, ho rincorso persone, ho raggiunto destinazioni, ho speso soldi, ho comprato il superficiale e l'essenziale, ho inseguito le mie passioni, ho scritto la mia vita e ho abbracciato i miei sogni, per capire, alla fine, che era tutto lì. Sul tetto, uno stormo di nuvole ha esattamente la forma di ciò che cercavo da una vita: il distacco dal suolo.

Quand'è l'ultima volta che hai staccato la tua realtà dal suolo? Chiediltelo ora, perché ogni volta che l'ho fatto io, avevo un sorriso così leggero da assumere la forma delle nuvole.

Ogni volta che mi sono staccato da terra ho lasciato che la realtà scivolasse via dalle mie tasche bucate per diventare libertà.

«Ha senso.»
«Cosa ha senso?»

Ha senso il fatto che non abbia mai messo dei soldi da parte. Ho le tasche bucate, è ovvio. Altrimenti come avrei fatto a spiccare ogni volta il volo, per raggiungere la felicità? Quello che ho sempre cercato, alla fine era me stesso, con un sorriso. Mi sono dovuto rincorrere per dirmi che la vera felicità era lì, tutte le volte in cui non mi sono posto domande.

*Vivi senza farti troppe domande, che
quelle sbagliate ti mangiano da dentro.
La ricerca della felicità è un animale che ti logora,
per poi lasciarti sfinito per terra.*

*Cosa c'è poi dopo la felicità?
C'è la consapevolezza di condividere sé stessi con
chi si ha intorno.*

*C'è leggerezza nel lasciarsi trasportare dalla sensazione
dell'unione. Lasciati fermare dalla bellezza che
solo un tramonto sincero può darti.*

*Accetta l'invito a piangere, che ti porge il vento sulla pelle.
Promettiti che partirai anche senza gettone.
Partirai e imprimerai ogni istante su una pellicola di parole che
ti concederai di sviluppare.*

Tè & Zu 92

Scusa nonna

Nel salotto di un mio amico, mi rendo conto che la discussione è distorta. È venerdì, sono in piedi davanti a Riccardo e questo mezzo sconosciuto blatera parole con cui litigo.

«Ha deciso di uscire con me. L'ha deciso lei, mica io, e per coerenza dovrebbe darmela.»

«Scusa. Scusa. Scusa, potresti stare zitto un attimo? Solo perché ha deciso di uscire con te, deve essere coerente e per dimostrartelo dovrebbe finire a letto con te?»

«Beh, una ragazza tempo fa ha deciso di uscire con me e alla fine della serata siamo finiti a letto. Almeno lei è stata coerente!»

«Beh, sicuramente ingenua, se questo è quello che pensi. Le persone dovrebbero avere la libertà di cambiare idea. Le persone in generale. Non sto parlando di uomini o donne, ma semplicemente di persone con un'anima e un cuore.»

Mi rendo conto che, ultimamente, fatico sempre più a digerire questo tipo di conversazioni. Mi stancano, anzi, mi esauriscono, perché provo a spiegare un concetto molto semplice: siamo tutti esseri umani. Non c'è bisogno di fare distinzioni fra uomini e donne. Ho provato pure a non avere un mio punto di vista, per non risultare quello fuori luogo. Ho provato il più possibile a sfumare il mio modo di vedere le cose, per poi capire che, alla fine, siamo in una società maschilista. È chiaro.

«La donna dovrebbe essere proprietà dell'uomo.»

Hanno sempre provato ad inculcarmi questo concetto, ma una briciola di morale fugge sempre, richiamando un esercito di verità per combattere una battaglia femminista. Tranquilli non c'è nessuna guerra qui dentro; si sta cercando solamente di fare ordine. Si sta cercando solamente di spazzare via la polvere di questi concetti, radicati nella mia mente.

Nella cultura da cui provengo, la donna è il motore della famiglia. Dovrebbe stare in cucina ed eseguire i lavori domestici. Tutte le donne della mia famiglia hanno obbedito a questo dogma, solo così il mondo può seguire il suo corso. Vivendo in due culture diverse, ho capito che l'una non è poi così diversa dall'altra. Il ruolo femminile è visto allo stesso modo e chi cerca di uscire da questa ideologia viene considerato un ribelle. Sono caduto in questa trappola anche io, più volte. Ho sbagliato a credere che alcuni ruoli fossero completamente femminili o ancora peggio, completamente maschili.

«Amore, fai la brava stasera!»
Ma che diavolo avevo in testa quando ripetevo frasi di questo tipo? Siamo talmente abituati allo stereotipo della donna fragile, delicata e dolce, che ci sembra assurdo quando una donna mostra il suo coraggio e la sua forza. Ci sembra assurdo che una donna possa essere determinata, che abbia delle opinioni e che sappia esattamente quello che vuole. Mi sembra ancora più assurdo che io stesso possa aver avuto atteggiamenti sessisti, da perfetto cretino. Eppure, mia nonna mi ha insegnato i valori che una persona dovrebbe avere.

Mia nonna era una donna di casa, ma riusciva a trasmettere un'energia e una determinazione che ho visto in poche donne. Sono stato cresciuto da una donna femminista richiusa in una società di maschilisti. È riuscita a tirare su cinque uomini che in seguito hanno avuto matrimoni poligamici. Scusa nonna, ti ho sempre voluto bene. Sei stata la mia prima ispirazione, la mia prima musa. Sei stata la rivoluzione dentro me.

Il mio coinquilino è il mio *parametro di radicamento culturale*.
Mi rendo conto di non aver mai avuto un'ideologia, ma sono sempre pronto ad avere una discussione, una conversazione che possa darmi la possibilità di immedesimarmi nella visione di chi ho davanti.

«Sai, amico mio, se gli uomini hanno il diritto di sposarsi con più donne, anche le donne dovrebbero avere lo stesso diritto. Non credi?»
No, lui non lo crede affatto.

Non c'è bisogno di essere femminista o chissà cos'altro, per comprendere cosa sia giusto. Le etichette, il più delle volte, limitano. Non voglio avere limiti, voglio solo essere un essere umano. Tutto qui.

Non cado nel tranello di darmi un'etichetta, non voglio nemmeno definirmi femminista. Questo non vuol dire che non possa essere d'accordo con l'ideologia femminista. Per quanto riguarda le donne, ammetto di aver sbagliato più di una volta. Ammetto di aver pronunciato frasi fuori luogo e parole inappropriate. Ammetto di essermi comportato da perfetto figlio di un sistema maschilista. Un sistema maschilista può avere figli? Com'è stato ingravidato?
Se questo teatro potesse parlare mi farebbe senz'altro un lungo applauso, seguito da un ringraziamento degno della notte degli oscar.

«Ti voglio fare i miei complimenti Zouhair. Non ho mai avuto la confidenza di chiamarti con il tuo nome, ma vorrei farlo in questo momento. Mi voglio congratulare con te, per aver lasciato gli insegnamenti di tua nonna e aver ceduto al nostro indottrinamento. Tuo padre ti ha influenzato in maniera positiva e la società ha fatto il resto. Vogliamo premiarti perché il tuo passato ha parlato per te.»

«Il mio sguardo ti basta come dito medio?»

Dovremmo avere tutti una parte femminile che possa essere ascoltata. Saremmo uomini migliori. Donna è sinonimo di grazia, forza e coraggio. È strano che me ne sia reso conto stando con una femminista. Certi valori li impari solo convivendoci. Mi sembrava assurdo che si arrabbiasse per delle mie stupide battute maschiliste. Il fatto di essere il suo ragazzo non mi dava il diritto di andare oltre quella linea.

«Amore, stiamo insieme da quasi un anno, sto scherzando!»

Ma che cazzo avevo in testa? Avrei dovuto essere parte della battaglia, contribuire a trovare una soluzione. Invece sono il problema, perché la battaglia si sta prolungando. Stare con una donna non significa possederla e non ti dà il diritto di decidere al suo posto cosa sia meglio per lei.

Chiedo scusa.
Chiedo scusa a tutte le donne,
per tutte le volte che sono stato fuori luogo.

Chiedo scusa
per aver dato voce al mio ego;
non ero io a parlare.
Non è una giustificazione, ma
il mio senso di colpa ammette le sue colpe.

Chiedo scusa a te nonna,
per aver dimenticato i tuoi gesti e
aver messo da parte i tuoi insegnamenti.

Chiedo scusa, nonna,
per tutte le volte che
sono stato dalla parte del torto.

Chiedo scusa, mamma, se
non ti ho ascoltata abbastanza.
Scusa, anche ora che
siamo chiusi nella distanza.

Chiedo scusa a te Suś,
per non aver capito che un no fosse già
una frase completa.

Chiedo scusa a te Fine,
per non aver capito i tuoi punti di vista
per non averti ascoltata come meritavi
per averti persa di vista.

Il fatto di chiedere scusa non rende una persona meno forte. Tutti sbagliamo.
Vorrei che più uomini si alzassero e chiedessero scusa, per tutte le volte che si sono resi conto di aver fatto del male. Il fatto di essere fragile non rende un uomo meno uomo.
Che poi, concretamente, cosa diavolo vuol dire?
Cosa vuol dire essere uomo in una società come questa?

«Non mostrarti fragile o sarai etichettato come femminuccia.
Non baciare la tua donna o sarai etichettato come romantico.»

Sai cosa? Fanculo a tutti i limiti e le maschere. Sì, fanculo a tutti i movimenti. Non voglio appartenere a nessuna ideologia. Posso assorbire il giusto da ogni cosa, ma non voglio conformarmi nemmeno alla parola anticonformismo. Mi sono sentito più uomo indossando le mie lacrime, che recitando la parte del prepotente.

Ognuno ha le sue debolezze.
Ogni persona si può rendere conto di quanto le sue credenze siano completamente fondate su miti.
Un uomo non dovrebbe mai piangere, ma io
quella notte non ero un uomo,
ero solamente un essere umano.

Ero un comune mortale quando, quella sera con la luna piena, sono crollato.
Ero perfetto, appoggiato ad una quercia in mezzo al parco, a notte fonda,

quando i muri consolidatisi dentro di me d'un tratto crollarono. Non mi era mai stato chiaro come in quel momento, il senso delle parole di Ed Sheeran e di Fine, che mi volevano più umano. Mi volevano con più sentimenti e più emozioni. Allora è vero che si può essere uomini, continuando ad avere dei sentimenti.

Noi uomini dovremmo parlare più spesso di questo, se non vogliamo finire da uno psicologo a raccontarci.

«Ci sei mai andato da uno psicologo?»
«Ne parliamo la prossima volta, altrimenti rischiamo di andare fuori tema. Promesso. Ne parleremo al prossimo Tè & Zu.»

Se vogliamo cambiare il mondo, dobbiamo iniziare ad aprirci di più. Abbiamo assunto, senza averlo chiesto, ruoli che ci stanno larghi, o forse stretti, dipende dal punto di vista. Il femminismo non è una battaglia che riguarda solamente le donne; è una battaglia di tutti noi.

Non possiamo più continuare a prendere decisioni al posto loro, lasciandole fuori dal cerchio e non possiamo neanche continuare ad ascoltare, senza prendere mai una posizione. Se non fai parte della soluzione fai parte del problema. Io voglio appartenere alla soluzione, tu?

Tè & Zu 93

Mental Health

Fase di burnout. Non so a quanti sia capitato, ma sicuramente capita più spesso di quanto si dica. Depressione e malattie mentali sono argomenti ancora da sdoganare. Ne parlo raramente anche io, come se aspettassi che qualcuno mi desse un segno, una scintilla, per poi passare una notte intera con queste stelle a farmi da sfondo. Siamo tutti animali solitari in cerca di affetto e compagnia. Siamo tutti una notte buia in cerca di stelle.

Drake aveva detto che gli ultimi versi sono sempre un intervento chirurgico. «Cazzo se hai ragione, Drake.»

Le ultime riflessioni sono una terapia e questo tè di mezzanotte è il mio psicologo. Stanotte si è vestito di nero, con un tocco di timo. Ha un buon profumo e un buon sapore. Da dietro questo vetro che ci divide, posso vedere il suo colore. Lui, però, non può vedere il mio. Devo sorseggiare parole per raccontarmi. Ho sempre odiato farlo; ho sempre fatto fatica ad aprimi. Questa notte è diversa, non ci sono filtri. Questa notte voglio dissezionarmi.

A chi pensate quando vi perdete?
A chi chiedete aiuto?

Quando mi perdo, io penso a me. Strano vero? È confortante sapere che mi penso e mi parlo. È confortante sapere di essere ancora con me, nonostante tutto quello che è successo. La mia fragilità mi porta a pormi un sacco di domande che mi fanno stare bene. Mi abbraccio e mi do risposte rassicuranti. A volte, però, finisco per credere a tutte quelle voci dentro la mia testa. Ci ho messo una vita ad arrivare fino a qui, ma sembra che a loro non interessi. Distruggono la mia autostima, incrinando le fragili tegole su cui è costruita: i pensieri positivi. È facile cadere in questa trappola, quando tutto intorno a noi sta cadendo a pezzi, quando tutto è compromesso. È una sfida continua, una continua ricerca del giusto equilibrio da mantenere, per non andare in burnout.

«Dottoressa, ho bisogno del suo aiuto. La realtà mi sta scivolando dalle mani!»
«Prego, compili questo questionario. Serve a valutare la sua condizione mentale».

Dovremmo chiedere aiuto.
Dovremmo dedicarci le giuste attenzioni,
le giuste pause per stare bene.

Dovremmo ascoltarci,
sentire il nostro ritmo.
Dovremmo esplorare la nostra anima ed
entrare in empatia con essa.

Dovremmo amarci e
non smettere mai di volerci bene.

Dovremmo complimentarci spesso con noi stessi,
perdonarci e capire che
alcune voci dentro la nostra testa
sono bugie a cui non dare ascolto.

Dentro le nostre menti ci sono labirinti caotici, avvenimenti non ancora accaduti che ci stressano. Dentro le nostre menti c'è un casino totale di fili di lana ingarbugliati.

«Nonna, aiutami a cucire una maglia di lana per abbracciarmi più delicatamente».

Dentro le nostre menti i pensieri prendono forma, le paure prendono forza. Tutto si trasforma. Nella mente c'è un mondo che proietta all'esterno le nostre convinzioni L'esterno è il riflesso di ciò che abbiamo in testa.
«Dottoressa, mi aiuti a fare ordine. Questo tè aspetta che io mi ponga le domande giuste. Che ne so io delle domande giuste? Conosco solo quelle che potrebbero farmi stare bene, ma non so se siano quelle giuste da pormi.»

Non ho mai avuto bisogno di uno psicologo. In realtà nessuno crede di averne bisogno.
«Non siamo mica così pazzi da chiedere aiuto ad un tè!»
È una frase comune che ci ripetiamo, o meglio, che mi ripeto, come scusa per non esplorarmi e sciogliere i nodi.
«Io da uno psicologo? Pff, mai!»

Ogni crollo emotivo è un peso che cerchiamo di sostenere, ogni trauma è una cicatrice profonda che non si rimargina. Tutto cresce e si ingigantisce fino a schiacciarci.

Tranquilli, siamo nello stesso mare,
imbarcazioni diverse in balia della stessa tempesta.

È da forti saper chiedere aiuto.
È da persone sagge capire che siamo pur sempre mortali.

È da persone coraggiose piangere.
È un atto di maturità decidere di ricomporsi,
di mettere insieme i pezzi.

Va tutto bene.
A volte è giusto dire di no, per stare bene con sé stessi.
È giusto annullare i nostri piani, se ciò ci porta a
dedicarci le giuste attenzioni,
a provare le giuste emozioni.

Non dovremmo sentirci in colpa per aver dato
priorità alla nostra salute mentale.

Se abbiamo bisogno di ritagliarci il nostro spazio, facciamolo!
Tutto quello che ci aiuta a raggiungere la pace mentale non può che essere giusto.

SE IL PREZZO CHE PAGHIAMO È IL BURNOUT,
ALLORA NON CE LO POSSIAMO PERMETTERE,
È UN PREZZO TROPPO ALTO.

Nei momenti di pace tutto si allinea. Non è sbagliato concedersi il tempo di una riflessione. Quand'è stata l'ultima volta che siamo stati davvero bene? Quando è successo che non avessimo dubbi o blocchi esistenziali? Dovremmo capire che i soldi, il lavoro o le relazioni non possono valere quanto la leggerezza di una mente sana. Dovremmo parlarne liberamente, chiamare vecchi amici e aprirci. Aspettiamo sempre che siano gli altri a fare il primo passo. Perché non essere noi il primo passo, allora?

Ho letto da qualche parte che un quarto delle persone soffre di un disturbo mentale. Il dato è alto, ma non mi sorprende più di tanto. Ho fatto parte della percentuale che soffre di depressione e qualche volta, non lo nascondo, capita ancora che torni a trovarmi. Non è più una questione che mi imbarazza, ne parlo tranquillamente ora che ho capito che non sono solo. Non è qualcosa di cui ti puoi liberare da un giorno all'altro; è un lungo cammino. Più che un cammino, forse, è un viaggio: quello più umano, quello più introspettivo. Quando si soffre di depressione è come vivere in una prigione creata dalla mente, una cella arredata da cui non puoi uscire. Non ti rimane che osservare il mondo da dietro le sbarre. Parlare è stato, ed è tutt'ora, la mia salvezza. Le conversazioni più vere mi regalano un senso di libertà, mi riempiono di gioia, mi portano a spasso in questo meraviglioso cosmo. Le conversazioni più vere sono dissezioni e gli amici sono il mio tè da sorseggiare. Dovremmo parlare di ciò che ci spaventa, i mostri si farebbero più piccoli.

Gli amici salvano,
più di quello che crediamo.
Gli amici sono angeli sempre pronti a parlare.

Gli amici, quelli veri,
ritagliano il loro tempo per alleggerirci l'anima.
Gli amici sono maglie di lana da abbracciare.

Il tempo è solo uno spazio, in cui ognuno si ritaglia il proprio mondo, in cui ognuno si compone lentamente per poi incontrarsi e condividere l'essenza vera.

Ci sentiamo persi, ogni volta che ci sentiamo soli. Non siamo soli, ricordiamocelo. Ci sentiamo smarriti ogni volta che crediamo di non avere le chiavi della felicità. Se devo essere sincero, nessuno ha la verità per tutti. Ognuno cerca di riempire il proprio vuoto con una missione che possa distrarlo da un'esistenza caotica. Non ci sono certezze assolute, così come non ci sono verità assolute. Ci capita di dissolverci nel paragone tra la nostra vita e quella degli altri. Di solito accade sui social, dove ognuno mostra il lato migliore di sé. In realtà nessuno è davvero così. Siamo l'insieme del bianco e del nero. Siamo colori misti. Mi ricordo quando il mio colore era totalmente diverso da quello degli altri. La mia introversione mi ha portato sempre alla ricerca del vero, il superficiale era polvere da soffiare via.

«Dalla prossima settimana la scuola metterà a disposizione uno psicologo. Chiunque ne dovesse avere bisogno, potrà frequentare delle sedute gratuite.»

In quinta superiore sono stato il primo ad alzare la mano per chiedere aiuto ad uno psicologo. Se ci penso ora, sento di aver fatto un passo coraggioso. Non avrei mai immaginato che potesse farmi così bene. Non mi sono mai interessato a cosa gli altri pensassero di me. Tutt'ora cerco di avere un'immagine che non sia influenzata dagli altri. Siamo tutti esseri unici, bizzarri a livelli diversi, ma siamo tutti esseri meravigliosi. Non dovremmo assomigliare a nessuno, se non alla visione di noi che ci rende felici.

Era l'ora di disegno tecnico. Il mio banco in prima fila era vuoto. Chissà cos'avranno pensato i miei compagni di classe quando mi sono assentato per un'ora intera, per andare ad una seduta da uno psicologo. Il sorriso sul mio volto, una volta tornato in classe, era impossibile da non notare. È stato in quel momento che ho realizzato, che lo psicologo era un riparatore. Sì, proprio così. Lo psicologo è uno sciogli-nodi mentali. Avevo talmente paura di sentirmi giudicato che non parlavo, per non dire qualcosa che sembrasse fuori luogo. «Zouhair, lo sai che anche se non parli gli altri possono comunque giudicarti?»

CI SONO VERITÀ COSÌ SEMPLICI CHE CI SFUGGONO. LO PSICOLOGO NON HA LE RISPOSTE A TUTTO, È SOLO LÌ PER FARCI PARLARE, PONENDOCI LE DOMANDE GIUSTE. NON È LUI A DARCI LE RISPOSTE, SIAMO NOI A DARLE A NOI STESSI.

È per questo che ha senso parlare con chi ci sta intorno. Ha senso sfogarsi in una notte buia come questa, davanti ad un milione stelle. Ha senso continuare a comunicare, evitando di chiuderci a riccio. Ha senso tutta questa condivisione.

In un milione di conversazioni ci saranno nascoste innumerevoli verità, migliaia di possibili cure e un'infinita magia. Condividere la fragilità è pura connessione. La fragilità è la spaccatura, dalla quale entra la luce che ci permette di collegarci agli altri. Siamo un vaso di Kintsugi e le conversazioni sono i fili d'oro che tengono uniti i nostri frammenti. Ci siamo scomposti per ricomporci più completi. Non c'è bisogno di mostrarsi forti a tutti i costi, anche quando tutto crolla. Abbandoniamo queste barriere, abbandoniamoci alla nostra vulnerabilità.

«Sono qui per ricompormi, dottoressa. Pensavo che ci sarei riuscito da solo, ma a quanto pare c'è bisogno di qualcuno che possa leggermi il passato. Qualcuno di saggio che possa mostrarmi i traumi. Qualcuno che mi possa vedere da fuori e che possa indicarmi a chi chiedere perdono.»

La quiete prima della tempesta è destinata a passare, ma anche la tempesta stessa non durerà per sempre. Nonostante tutto, ricordiamoci che il cielo è sempre blu, sempre ricoperto di stelle. Lanciamo il nostro sguardo verso l'alto, di tanto in tanto. Saliamo sul tetto dei nostri pensieri; lì il vento soffia sulla pelle e si porta via queste preoccupazioni. Il tè si raffredderà prima del solito, ma vuoi mettere la sensazione dei brividi sulla pelle?

Vuoi mettere lo sguardo verso l'infinito e la sensazione di saltare da una stella all'altra? Sul tetto non c'è spazio per la solitudine.

Non siamo mai soli e non lo siamo mai stati. Non complichiamoci la quotidianità con la ricerca di qualcosa che non potremmo mai raggiungere. La felicità è ad un passo da noi, siamo la sua ombra, non tormentiamoci con una vana ricerca. L'ossessione di essere sempre felici, in ogni istante, è una vera illusione. Nessuno è felice, almeno non come cerca di mostrare. L'ossessione della felicità è una malattia e di certo non è un peso sostenibile. Prendiamo tutto ciò che la realtà ci offre e condividiamolo. Non siamo mai soli. Tutto avrà senso.

Quando tutto si rompe, prendiamo un momento per ricomporci da soli. Dobbiamo però anche tenere a mente che non siamo mai soli. Apriamoci, alziamo il telefono e invitiamo un amico a parlare, a condividere un tè.

Non sei solo.
Non sei sola.
Non siamo soli.

Tè & Zu 94

Processo creativo

Ho immaginato tante volte di essere un personaggio di un libro di Murakami, ci ho creduto veramente, lo giuro. Ho pensato tante volte di essere solamente un frutto della sua immaginazione. Un frutto del suo processo creativo che poi ha abbandonato, per lasciare spazio a qualcosa di più semplice da portare a termine.

Quanti libri ha lasciato in sospeso?
E soprattutto, quanti personaggi ha lasciato vagare a sud del confine?

Vorrei poter conoscere ogni personaggio a cui ha dato vita e che poi ha abbandonato. Vorrei stringere con loro una forte amicizia, per poi scioperare tutti insieme in una libreria. Vorrei che ci includa in una sua raccolta, tutti noi, personaggi senza voce. C'è un sindacato che ci tutela?

Vorrei incontrare il mio scrittore preferito, anzi quello che ne è rimasto, per farmi confessare il motivo di questa scelta.

Ho cercato di tenermi tutto dentro, ma ho una penna come arma. Ti spaventa eh? Ti spaventa che io possa batterti al tuo stesso gioco? Giochiamo ad armi pari ora. Stasera ti scrivo, per sfogare questa mia frustrazione di essere intrappolato qui. Che senso ha darmi forma per poi dedicarti alla scrittura di altri libri? Qual è la ragione per cui mi hai fatto innamorare follemente, per poi cambiare la trama del tuo stesso racconto?

Sai cosa? Sono convinto che ti stia prendendo gioco di me. Sì, ho la netta sensazione che tu mi voglia portare vicino alle tue storie, alle tue descrizioni, darmi l'impressione di poter essere incluso in un libro e, alla fine, deludermi. Capisco le tue paure credimi. Capisco che i tuoi personaggi non debbano avere cattive influenze, ma non pensi che questo possa dare un sapore diverso al finale?

Immagina, per una volta, che il finale non sia un segreto da svelare, ma una risposta chiara e fondamentale per la codifica di tutto il resto: di tutto il testo. Nessun mistero, nessun labirinto. Solo una lettura di cui il lettore possa, per una volta, essere contento di essere giunto alla fine. Nessun vuoto, nessuna malinconia, solo un'anima di qualche grammo più leggera.

Ho aspettato il mio turno. Trentuno anni senza alzare la mano. Ho aspettato un'infinità di libri. Avrei giurato che sarei comparso in quel parco, sbirciando verso l'alto per intravedere la seconda luna, ma nulla. Ne continuo a vedere solo una, ogni volta che mi siedo su un'altalena.
Ho cercato il paese delle meraviglie. Ho vagato dentro la fine del mondo, ma non ho trovato traccia di teschi d'unicorno da spolverare. Nessun sogno da svelare.

Ho regalato ad una mia amica l'ultimo tuo libro che ho letto. Me ne sono liberato e credo che mi libererò anche di tutte queste tue opere sdraiate lì, sullo scaffale, a prendersi una pausa. Mi sono ripromesso che non ne comprerò altre, finché il tuo personaggio più autentico non farà la sua comparsa in un libro. Non è per nulla divertente ricevere tutti questi segni così evidenti e poi vedere andare in frantumi queste poche sicurezze, i miei appigli a questa realtà.

Tutto mi scivola dalle mani. Non mi sorprenderebbe se io stesso iniziassi a scivolare, finendo al tuo fianco, ad osservarti scrivere, sperando di essere finalmente incluso da qualche parte. Hai sempre portato a termine i tuoi compiti e sono convinto che, anche ora, tu possa portare a termine ciò che hai cominciato. Per te non è affatto difficile, anzi, è un esercizio atletico. Hai portato a termine tutte le sfide che ti sei posto, tutte le maratone che hai corso. Mi sento un bambino in un asilo nido. La scuola è chiusa e la bidella mi tiene per mano, promettendomi che mio padre arriverà a prendermi. Sì, lo so, però quando? Il mio scrittore verrà a finire questa trama, lo so, però quando?

Si è fatta sera, ma sono sempre in questo limbo, in questo libro che non vedrà mai la luce. Ti ho fatto visita, sai? Ero stanco di aspettare. Dici che la sofferenza è opzionale e credimi, sono d'accordo con te. Ho aspettato trent'anni in questa città, di sera, e non potevo più sopportare di essere solo uno scarto del tuo processo creativo. Ho preso un volo e sono comparso a Kyoto. Ho passato un'intera sera in quel jazz bar, quello che frequenti così tanto. Ho passato l'intera sera ad osservare ogni particolare, ogni singolo dettaglio, ogni persona, ogni cocktail. Mi rilassava l'idea di vederti nelle vesti di un comune mortale. Non so come, ma sono riuscito ad attirare la tua saggia attenzione fino a farti presentare.

«Piacere, mi chiamo Ouzahu Fizora, tu?»
«Murakami. Haruki Murakami. Faccio lo scrittore.»

Come se non lo sapessi. Scrivo da una vita anche io. Sono la copia esatta di qualsiasi tuo personaggio. Sono un Freelancer, ho una vita surreale e relazioni andate a farsi fottere per una ragione o l'altra. È tutto un alternarsi tra assurdità e una tranquilla quotidianità, ma non mi sono mai letto in nessuna tua opera.

«Di cosa scrivi?»
«Scrivo del mondo, della mia visione di esso. Scrivo dell'opposto, dell'ingiusto, degli oppressi. Do voce a chi non ha voce, a chi si infrange contro un muro solido. Non importa quanto il muro abbia ragione e quanto l'uovo abbia torto, io sarò sempre dalla parte dell'uovo. Qualcun altro dovrà decidere ciò che è giusto e ciò che è sbagliato; forse sarà il tempo a farlo, o la storia. Ma se ci fosse un romanziere che, per qualsivoglia ragione, scrivesse stando dalla parte del muro, che valore avrebbero le sue opere?»

Rimango solido e zitto. Sono un piccolo uovo che non vuole frantumarsi su questi punti di vista. Vederlo sorseggiare e sputare lentamente parole, quasi a voler scandire il tempo nel suo tassametro interiore, mi dà l'impressione che sia abituato a stare per conto suo. È riflessivo, non guarda mai nella mia direzione, se non per confermare ciò che ha appena scritto nell'aria.

«E tu di cosa scrivi?»
«Scrivo della quotidianità. Della ricerca della felicità. Di non prendersi troppo sul serio.»

Tra scrittori ci si capisce. La domanda di per sé non ha alcun senso. Di cosa scrivi è una domanda che serve a leggere chi si ha di fronte. È un modo per capire lo scrittore, non gli argomenti di cui scrive. È come chiedere ad un artista cosa dipinga. Un'artista dipinge vita, dipinge momenti, dipinge tristezza e amore. Dipinge emozioni. Il processo creativo non ha un obbiettivo finale, così come non ha un punto d'inizio. È un flusso che prende forma e si aggrappa a qualsiasi superfice che sia senza logica.

Per quanto mi riguarda, non ha importanza cosa dia inizio al mio processo creativo, perché in realtà non smette mai di tenermi compagnia. È tutto intorno a me, è tutto lì per me. Chi sposa l'arte si lega per sempre ad una parte folle della vita. Si lega all'irrazionalità, all'illogico, al magico. Tutto è una fonte d'ispirazione.

«A cosa ti ispiri per dipingere?»
Non è la domanda giusta da fare ad un artista. È fuori contesto.
Tutto porta a dipingere. Tutto e niente.
Piuttosto bisognerebbe chiedergli:
«Cosa ti lascia senza fiato?
Cosa ti porta a dimenticarti?
Cosa ti fa davvero stare bene?»

Il processo creativo è un'onda che aspetta il momento giusto per infrangersi sullo scoglio della realtà.
Il processo creativo è una valanga caotica che scende dalla vetta, fino a diventare una sfera perfetta.
Il processo creativo è un'idea che sporge da quest'immaginazione, fino a reclamare il suo spazio.
Il processo creativo è una nuvola carica di pioggia che aspetta il momento giusto per lasciarsi andare.

Lascio piovere la mia immaginazione su tutto quello che mi circonda. Lascio piovere me stesso e la stagione della scrittura dura per tutto il tempo che deve durare, per tutto il tempo che deve curare. Non ci sono orologi. Ogni volta che ti rendi conto di star aspettando il momento giusto, alzati e vai a cercarlo. Guardati attorno e rompi questi muri di realtà. Crea il tuo mondo. Crea la tua immaginazione e perditi al suo interno. Non esiste giusto o sbagliato. Esiste solamente la tua prospettiva della vita, dell'amore, dell'essenza.

Nulla nasce dal continuo fuggire.
Crea la tua arte,
il tuo suono,
il tuo ruggire.

La perfezione assoluta non esiste. È un continuo imparare. Il processo creativo si evolve e prende forma dai fallimenti, dalle opere lasciate a metà, dai libri che non hanno visto la luce. Picasso diceva che nell'arte le intenzioni non bastano e io sono perfettamente d'accordo. Non basta pensare e lasciare stare. Il processo creativo è un mare in cui immergersi. Non è detto che si sia in grado di nuotarci già al primo tuffo.

«Ascolta, Haruki, hai mai lasciato qualcosa in sospeso?»
«Sì, un sacco di vite, un sacco di amori, un sacco di libri.»

«Hai mai pensato di recuperare qualcosa dal tuo passato, per ridargli vita?»
«Sì, ma non ha senso. Non puoi mescolare due mondi. Non puoi mescolare il tuo passato al tuo presente per farci il futuro. Non è una ricetta che può darti la gioia.»

Le parole di Murakami mi risuonano nella testa, tutt'ora, mentre scrivo. Non puoi mescolare il tuo passato e il tuo presente per farci il futuro. Forse ha ragione, o forse no. Forse non lo saprò mai. Eppure, eccomi qui a rimestare questa sua realtà lasciata in sospeso. Questo personaggio che ha avuto il coraggio di incontrare il suo autore.

Quella è stata l'ultima volta che ci siamo visti. Mi piacerebbe poterlo rivedere, per dirgli che il processo creativo non ha logica. Non ha nulla di tutto ciò che si impara. L'onda del passato può infrangersi sul presente senza preavviso alcuno, dando forma a qualcosa di surreale. Può dare forma a questo testo, che si mescola ad un libro che è la risposta, o la domanda a ciò che si pensava fosse già una risposta.

IL PROCESSO CREATIVO È TUTTO E NIENTE. ARRIVA NEL MOMENTO IN CUI VUOI TRASMETTERE QUALCOSA E SE NE VA QUANDO PENSI DI ESSERTI SVUOTATO. DIETRO LE QUINTE DEL PROCESSO CREATIVO C'È L'INTELLIGENZA DELL'UNIVERSO, LA FORZA DEL COSMO, IL POTERE DI UN RICORDO. TUTTI HANNO UN PUNTO DA CUI INIZIARE. SCELTI IL TUO.

Tè & Zu 95

Noia senza nome

La semplicità tornerà di moda,
sarà la nuova droga.
I poeti saranno i leader dei nostri tempi,
l'arte sarà musica 8D per le nostri menti.

Il successo sarà abbracciarci,
chiederci un sincero come stai.
Il successo sarà celebrare i nostri incontri,
dare peso ai nostri sguardi autentici e forti.

Ci siamo mancati.
Ti va di sederci e raccontarci?
Guarda, c'è uno scalino davanti a noi.

La felicità sarà mettere da parte il superficiale,
avere tutto il tempo di ascoltare una risposta profonda e
mai banale.

Staremo nuovamente insieme,
ci perderemo nei caffè e
nei dettagli che ci sono sfuggiti.

Ora che abbiamo tempo, ciò che sembrava logico si è spento. Si sono spente le luci del cinema e insieme ad esse, tutto ciò a cui avevamo dato un senso.
Avevamo chiesto solo una pausa dalla quotidianità, dal lavoro e da questa frenetica società. Ora è tutto fermo, tutto così lento. Le giornate non hanno una

data, sono tutte fili conduttori della stessa autostrada.

Non abbiamo bisogno di orologi e quelli costosi hanno lo stesso valore di quelli di plastica. Il lunedì ha lo stesso pregio di qualsiasi altro giorno, nessun sabato o domenica da celebrare. Ogni giorno è una finestra speciale.

Chi ha proiettato la propria essenza su un lavoro, ha capito che non siamo mai ciò che produciamo. Chi ha indossato un vestito elegante per tutta la vita, ha capito che possiamo essere noi stessi anche indossando un pigiama. Non siamo mai i gesti che ripetiamo. Non siamo mai le frasi che diciamo, non del tutto. Possiamo convincerci di essere la nostra routine, ma non è mai così. In realtà non siamo nulla di tutto ciò che vediamo.

Una settimana fa ho riscoperto il piacere della lettura. Leggere in maniera pura, per il semplice piacere di farlo. Nessuno scopo. Niente appunti né parole da sottolineare, solo il piacere di mettersi nei panni dei personaggi, con tutti le loro fragilità e i loro drammi. Ho riscoperto il piacere della noia. Sì, il piacere di annoiarsi e non avere un'infinità di cose da portare a termine ad ogni costo. Abbiamo il diritto di annoiarci ogni tanto, no? Abbiamo il diritto di concederci uno spiraglio di pura noia.

Non è così che i bambini iniziano a giocare con l'immaginazione?
Non è così che si impara a stare per conto proprio?

Abbiamo smarrito il piacere della noia e ora sembra che non ci appartenga più. La noia è diventata qualcosa di cui liberarsi il prima possibile, un vecchio vestito passato di moda. L'immaginazione è intima amica della noia. Lo scrivo mentre sorrido, pensando a quanto sia vero. La noia solletica l'immaginazione permettendoci di dare vita ad un modo di nuove idee, nuovi concetti e nuova arte. Il richiamo della moka è un imam che mi invita a pregare, un minareto silenzioso dentro questo rito. Prego nei miei pensieri, appoggiato sulla poltrona nella stanza del mio coinquilino. Sorseggio questo caffè come se fosse una bevanda mistica: ayahuasca.

La noia ti porta a vedere il vero aspetto delle cose. Ora che ho più tempo sfoglio dei vecchi diari, vecchi testi in cui avevo già scritto il mio futuro. Ognuno di noi ha azzeccato il proprio destino, deve essere solo capace di leggerlo. C'è chi si affida alle stelle, quali echi del proprio DNA. Io mi sto affidando al passato, perché ha una calligrafia pulita. Il passato è l'indovino per eccellenza. Ci rivela tutto ciò che ci accingiamo a vivere. Leggi i tuoi vecchi diari, tira fuori le vecchie fotografie e le frasi scritte senza motivo. Se ti soffermi su ogni particolare, ti potresti rendere conto che avevi tutte le carte per leggere il tuo futuro, che avevi tutti i segni, per poter leggere le stelle.

GLI INDOVINI SONO PERSONE NORMALI,
SOLO PIÙ ATTENTI AI PICCOLI NEI CHE ABBIAMO TRASCURATO, AI
GRANELLI DISSEMINATI NEL NOSTRO PASSATO.

Ora che la noia è una compagna quotidiana, usiamola per richiamare l'immaginazione. Vestiamo i panni dei bambini che eravamo e che hanno dimenticato il piacere di essere chiunque. Sì, siamo poeti, musicisti, scrittori e pittori. Siamo artisti di strada chiusi in casa.

Ora che abbiamo qualche ora in più, fermiamoci per dare spazio alla creatività, prima che il meccanismo riprenda il suo corso. Prima di metterci nuovamente sul tapis roulant e dimenticarci della nostra vocazione, del vero percorso. Passerà tutto, andrà tutto bene. Te lo giuro. Torneremo quelli che eravamo prima, ma ora godiamoci questa noia senza nome. Senza nome, perché non abbiamo avuto né scelte né opinioni su tutto questo. In realtà è stato meglio così, perché non avremmo avuto il coraggio di darci tregua. Non avremmo avuto il coraggio di dire basta.

Possiamo prepararci a tutto, ma alla fine non saremo mai pronti a niente. Tutto arriva senza preavviso. Abbiamo avuto solo un'intera esistenza per accumulare esperienze che possiamo mettere in pratica adesso. Non saranno serviti a nulla i corsi di meditazione, di yoga e gli allenamenti intensi, se andiamo in panico nel momento in cui la pratica bussa alla porta. Non serviranno a nulla la saggezza e i consigli dati, se ci chiudiamo in noi stessi per incassare il colpo.

Facciamo un grosso respiro, quello che al mattino ci sveglia più di mille caffè, quello che ci fa riflettere su quanto dovremmo essere grati, quello che ci spalanca le porte della fortuna. Andrà tutto bene, te lo giuro. Siamo stati in grado di camminare contro vento, di nuotare dentro tempeste e superare amori che credevamo potessero durare per sempre. Siamo stati notti spente. Siamo stati infranti, ma non importa, perché andrà tutto bene, fidati. Respira e rallenta i tuoi battiti, tutto tornerà a splendere come prima. Dopo tutto questo casino, ci ricomporremo in primavera; saremo una bellissima sinfonia pastorale.

Respiro e lascio fluttuare questa mia immaginazione, che apre le sue ali e insegue il flusso dell'universo. Insegue l'unica frase che ho scritto dappertutto, prima che cominciasse tutto: andrà tutto bene. L'immaginazione si meraviglia di quanto spesso questa frase venga ripetuta.

«Stanno aspettando tutti il tuo libro o è solamente una meravigliosa coincidenza?»
«In realtà siamo tutto indovini. Te l'avevo detto che il futuro si legge dal passato, è evidente. Siamo pur sempre sabbia dell'universo, anche se abbiamo un DNA complicato.»

Chiuso in casa sorseggio il mio caffè, la droga dalla quale non sono riuscito mai a disintossicarmi. Nel passato ho letto anche questo, perciò accetto questa dolce condanna. Accetto la piacevole dipendenza che mette in ordine questi pensieri, ma non questa stanza. Nel disordine, fogli sparsi:

Andrà tutto bene
te lo prometto
fidati

Tè & Zu 96

Amore a piuma vista

Amavo vederla dormire al mio fianco, mentre guidavo. Crollava ogni volta. Era segno che si fidava di me. Ci conoscevamo da poco, eppure aveva consegnato a me la sua pistola. Ero grato per questo. Il suo respiro era una dolce melodia, una bellissima frequenza che mi portava nel suo mondo. Ogni suo respiro era un chilometro in meno verso la sua dimensione. Certi amori sono macchine del tempo in cui sei pronto a viaggiare.

«Amore, sono pronto. Continuiamo a guidare.»

Il buio accarezzava le note che uscivano da quella radio. Avrei voluto mettere in pausa e vivere quel suo sguardo, che mi illudeva che il mondo fosse fatto solo di cose buone. Avrei voluto rivivere quei secondi in loop e fottermene del prima e del dopo.

«Siamo arrivati?»
«No tesoro, manca un'altra ora. Se vuoi puoi continuare a dormire.»
"So close, no matter how far
Couldn't be much more from the heart…"

Parole di poeti metallici azzeccate per queste strade.
Ogni chilometro è un passo più vicino al cuore,
non importa quanto sia lontano.
Chi ha fiducia se ne frega della distanza.

Quella sera non avevo fretta di arrivare da nessuna parte, ero in buona compagnia. Poi la nostra distanza era nulla, due cuori che viaggiano alla stessa velocità. Cosa si poteva chiedere di più? Forse solamente un tasto da premere per rivivere quell'eternità, quando la magia sarebbe svanita. Si dice che tutto ha una fine, giusto? In quel momento per me esisteva solo la strada e lei, nulla di più. I fari della mia Peugeot bucavano il dopo-tramonto. Bucavano la notte e nuotavano davanti a noi facendoci strada. Non mi ero accorto dei due fagiani sull'asfalto. Non mi avevano avvertito in tempo, così, per la prima volta, ho investito qualcuno. Ho fermato la macchina subito dopo il colpo. Ho aperto lo sportello per dare un'occhiata alla situazione. Era la prima volta che vedevo qualcuno perdere la propria anima.

Lo sportello della macchina aperto. Noi, lontani, dietro i fari che illuminavano il buio. Il rumore del motore ancora acceso. Eravamo soli e senza parole davanti a quel corpo di fagiano che cercava di riprendere a volare; cercava di riprendere a vivere.

«Mi dispiace, non ti ho visto. Però ora non ti muovere. Dammi il permesso di sollevarti e lasciarti sul bordo di queste strade. Tornerai ad essere un'anima su questa terra. Ci credi alla reincarnazione? Rinascerai in un'altra forma, ne sono sicuro!

Piccola. Volevo frenare, ma era troppo tardi. Avrei combinato un disastro. E poi ce n'erano due di fagiani, almeno l'altro si è salvato. Ha aspettato fino all'ultimo momento, prima di scappare. Ha cercato fino all'ultimo di avvertire il suo compagno. Andiamo via piccola, togliamoci di qui.»

Il silenzio della notte, rotto dai versi di un fagiano, che probabilmente richiamava il suo compagno.

«Mi dispiace, si reincarnerà nuovamente.»

"Open mind for a different view
And nothing else matters..."

Dopo l'incidente i fari devono aver prestato molta attenzione, perché quella sera non ho investito nessun altro. La morte sembrava la cosa più naturale in quel bosco sotto la luna piena. Mancavano trenta minuti per arrivare in città, sembrava stessi guidando da ore ormai. Sceglievo sempre di percorrere le strade secondarie per non imboccare l'autostrada. Non mi fidavo della mia macchina. Mi sentivo più al sicuro in questo modo, però non mi sarei aspettato di percorrere una strada in mezzo al bosco, non mi sarei mai aspettato un respiro in meno. Quanti respiri avrà fatto prima di non respirare più?

Il mondo condiviso con lei era una simulazione reale. Lasciarsi andare alla bellezza del tramonto era qualcosa che le parole non possono descrivere. Come puoi descrivere qualcosa che ti solleva l'anima e ti regala immensa gioia?

Come puoi descrivere qualcosa che annulla il peso che ti porti dietro, per lasciarti la leggerezza dell'istante che stai vivendo? Eravamo due piume in un porto, al tramonto.

«Lo sai che sei una dea sotto questi raggi arancioni?»

L'avevo sempre chiamata Dio, dal nostro primo tè insieme. Il suo sguardo andava oltre il mio essere mortale. Aveva molto da dire, ma non lo disse mai. Vivrò con il dubbio di quelle parole sospese: piume prigioniere. Quel giorno siamo andati a trovare mio fratello e solo nel pomeriggio abbiamo deciso di passare il resto della giornata a Comacchio. Amava i porti e io, senza saperlo, l'avevo portata in quello di Comacchio. Mi ha ringraziato con le lacrime agli occhi. Ero io quello che aveva trovato un senso a tutta quest'esistenza. Era troppo presto per dirle che la volevo sposare?

Nella mia testa eravamo due piume sposate. Volavamo verso il bordo dell'universo. Lì non ci sono regole per stare insieme. Bastava tenersi per mano e lasciare che il silenzio parlasse per noi. Lì tutto ha lo stesso peso, o meglio, lì tutto non ha peso. Le tenevo la mano, accarezzandole dolcemente il viso, per essere sicuro che non svanisse da un momento all'altro. Sorrideva. Ridevamo del fatto che mi comportassi come sua nonna.

Il giorno dopo San Valentino eravamo nuovamente nella stessa Peugeot. Guidavo io, questa volta di giorno. Era una spensierata giornata primaverile. Un mese dopo l'incidente del bosco. Le avevo promesso che l'avrei portata a Parma. Ci teneva molto a visitarla. La magia dei primi appuntamenti ti porta dappertutto, ti porta a sperimentare e a viaggiare in posti che non avevi pianificato. Mi piaceva l'idea di salire in macchina e decidere ogni volta una nuova città. Bardolino, Verona, Ferrara, Comacchio e ora Parma. Sentivo che mi stavo lentamente avvicinando a quel mondo in cui la realtà alla quale sei abituato non ti appartiene più. Era tutta una meravigliosa illusione.

«Amore, conosco bene Parma. In centro c'è un parcheggio gratuito.»

Un leggero urto del paraurti anteriore con il marciapiede. Nulla di che, in fin dei conti era solamente una Peugeot 206. Fermai la macchina e scesi, per controllare dove avevo sbattuto. Rimasi incredulo nel vedere spuntare una piuma.

«Vieni a vedere, piccola. Non ci crederai mai.»
Sorridemmo insieme.
«Non preoccuparti, rinascerai in un'altra forma, ne sono sicuro.»

Non riuscivo a staccare gli occhi da quel segno. Una piuma, la mia leggerezza. Rimasi a giocarci tenendola con tre dita. In dieci secondi scoprii due particolari mistici. Il primo era che la piuma sembrava avesse vita propria: bastava sventolarla in aria per sentire quanto fosse viva. Ad ogni movimento sembrava voler tornare sul bordo dell'universo, per incontrare, ancora una volta, l'essere da cui si era staccata. Lì non ci sono regole per stare insieme. Basta tenersi per mano e lasciare che sia il silenzio a parlare. Il secondo particolare mistico che notai era che le due metà della piuma non erano uguali. Non intendo dire che fossero asimmetriche, ma che non sembravano appartenere allo stesso uccello. Strano, vero? Intanto lei era rimasta ad osservarmi, per tutto il tempo, senza dire una parola. Seguiva ogni mio singolo gesto, come fosse un mio rito a cui era abituata ad assistere.

«Prova anche tu, piccola. Tieni. Il segreto è tenere il calamo come se fosse una biro, ma verso l'esterno. Lascia che la tua mano segua la piuma, muovila come se stessi disegnando delle forme in aria.»
Sorrise e io feci lo stesso.
«Visto? Non è magnifico?»

Il sole, l'amore e una piuma come compagna. Testimone di ciò che eravamo: leggerezza. L'amore è una piuma, la sua rachide, il filo rosso giapponese. Certi amori sono destinati al bordo dell'universo. Non importa quanto le vite si separino e prendano strade diverse. Le piume torneranno sempre dove si sono sentite più leggere, più libere. L'amore è una piuma che ti capita all'improvviso, ti rapisce e illumina le tue espressioni.

«Non vedi come sorrido al tuo fianco. Sei la donna più importante della mia vita. L'attesa più importante.»

Una cosa che ho imparato negli ultimi tre anni della mia vita, è che non puoi dare un senso a tutto. Certe coincidenze sono destinate a rimanere un mistero. Puoi solo azzardare un'ipotesi, ma è l'universo l'unico custode dei suoi segreti.

16 aprile 2019. Lei ed io eravamo in giro con la vespa, sui colli bolognesi, per festeggiare i suoi 22 anni. Era il mio regalo per quel giorno importante. Tre giorni prima aveva preso un volo da Dresda fino a Bologna, quella che era diventata ormai la sua città. Vederla apparire sulla soglia mi sorprese a tal punto, che restai letteralmente senza parole. Rimasi a fissare il suo viso e i suoi capelli blu cobalto. Ero appena tornato da Roma. Ero sul letto, al computer e improvvisamente sentii bussare alla porta. In quell'istante pensai ad un glitch del sistema, non poteva essere vero. La guardai senza distrarmi, per essere sicuro che non fosse solamente un sogno.

«Piccola, che ci fai qui?»

Dall'alto, la città di Bologna splendeva e lasciava d'incanto chiunque si prendesse il tempo di rallentare il proprio respiro. Avrei voluto uscire dalla sceneggiatura, di nascosto, per congratularmi con il regista per tutto quello che ci stava offrendo. Eravamo dentro un bellissimo film, uno di quelli che quando li riguardi, ti accorgi di quanto il tempo fosse un dono meraviglioso e l'amore un vento che ti libera dalle pene dell'inferno, anche quando è vissuto per poco. Due piume unite da un filo rosso, come la vespa che stavo guidando. Cosa potevo chiedere di più? Sempre la stessa cosa: un tasto da premere per rivivere quell'eternità, quando la magia sarebbe svanita. Si può avere?

No, non si può, ed è giusto così. Chi si perde dentro la clessidra del presente è fortunato. Chi si perde dentro un amore autentico dovrebbe esserne grato. Ero fortunatamente grato. Il mio presente era una macchina del tempo in cui avevo deciso di immergermi completamente. Su una vespa rossa, insieme alla donna della mia vita, raggiungevo la sua dimensione. Mancavano pochissimi chilometri, lo sentivo. Certe sensazioni non si possono spiegare. Il mondo appariva identico, nessun cambiamento evidente. Nessun sole e nessuna luna in più. Niente che alludesse al fatto di star perdendo il contatto con la realtà.

Davanti a noi, un fagiano che non dava l'impressione di volersi togliere dalla strada, anzi, sembrava volersi togliere la vita. «Piccola, c'è qualcosa davanti a noi. Aspetta che mi fermo.»

Mi fermai a due metri dal fagiano. Ci guardammo e solo dopo un colpo di clacson decise finalmente di abbandonare la carreggiata. Mi accorsi, in un secondo momento, che c'erano delle piume che probabilmente non appartenevano a lui. Proseguimmo, ma avevo l'impressione di aver raggiunto una destinazione che non si poteva vedere. La strada era sempre quella, il sole quello di sempre, il vento sempre quello primaverile, ma dentro di me cresceva la sensazione di aver raggiunto una meta.

«Piccola, siamo arrivati?» Mi guardò perplessa. «Succederà qualcosa oggi, ho una brutta sensazione.»

Non dissi altro e tornai indietro. Il fagiano osservava i nostri movimenti da dietro un cespuglio. Parcheggiai e raccolsi una piuma di quelle sparse per terra.

«Piccola, ti ricordi l'incidente di tre mesi fa?»

Sembrava la stessa scena. Come se dopo quell'incidente ci fossimo catapultati in quel momento. Come se la macchina del tempo, nella quale volevo perdermi, fosse già presente nella mia vita. Che fine avevano fatto gli ultimi tre mesi? Li avevo vissuti appieno, lo giuro. Al mio fianco, sempre lei ad illuminare le mie giornate. Eppure, era come se in un istante i giorni trascorsi si fossero sciolti per portare via un altro respiro dalla mia vita. «Non sono stato io ad investirti questa volta, ma è come se lo avessi fatto».

Non c'era né un corpo né un segno che qualcosa fosse effettivamente successo.
C'erano solamente delle piume sparse sull'asfalto.
«Non preoccuparti, rinascerai in un'altra forma, ne sono sicuro.
Piccola, prendi questa piuma, è tua!»

Non so in quale dimensione fossimo arrivati. Sentivo solo di aver raggiunto qualcosa. Non si può spiegare l'illogico, giusto? No, non si può. L'universo non spiega mai i suoi segreti. Non volevo nemmeno sforzarmi di capire tutte queste coincidenze. Mi bastava sapere che lei fosse con me. Ovunque io fossi arrivato.

Ho due piume che ogni tanto fisso. In qualche modo sono connesse fra loro. Sono due porte verso due mondi diversi. Se il tempo scompare quando la vita è vissuta appieno, allora sono grato che il tempo con lei fosse scomparso. Sopra la scrivania, una luce soffusa illumina il libro che sto scrivendo. Lo scrivo, dopo averlo vissuto. L'amore è un paradosso, uno di quelli che non puoi capire fino in fondo. L'amore è un paradosso, il titolo più azzeccato che abbia mai scelto. Le persone che incrociamo non sono mai un caso. Ogni persona è una piuma a contatto con la nostra vita. C'è chi resta per l'eternità e c'è chi ci rimane per una manciata di istanti. Non è mai solo frutto del caso. L'universo ha il suo ordine delle cose, ma non ti preoccupare. Ci rincontreremo sotto altre forme, ne sono convinto.

L'amore è un paradosso.

Firmiamo il nostro permesso

Per quanto ci possiamo assomigliare, ognuno ha una storia diversa da raccontare. Ognuno ha un'esperienza unica; un qualcosa che l'ha segnato nel profondo e non vede l'ora di condividere, per alleggerirsi. Tranquillo, arriverà la persona giusta a cui raccontare tutto. Arriverà il giorno in cui tutto avrà senso, te lo giuro. Tutto si incastrerà nei minimi dettagli e ti meraviglierai di tutto questo. Le tue cicatrici saranno la tua forza, la tua delicata storia potrà scalfire le paure, fino a farle scomparire. Ci credi di essere arrivato ad un metro dalla felicità? Ora non ti resta che fare l'ultimo passo. Non ti resta che darti il permesso.

MI DO IL PERMESSO DI ESSERE FELICE.
MI DO LA FORZA DI TRASFORMARE QUESTA PROFONDA CICATRICE
IN UNA MERAVIGLIOSA STORIA.

Manda al diavolo l'ancora che ti annega in una situazione in cui non vorresti essere, strappa quel contratto con la persona che ti blocca e liberati dai tuoi mostri. Guarda quel tuo "io" nello specchio e chiediti dov'è l'ultimo tassello per completare la tua libertà. Perché fidati, non ce l'ha nessun altro se non tu.
Sei il creatore della tua stessa gioia.

Siamo realmente noi stessi quando il riflesso nello specchio coincide con l'immagine che abbiamo di noi. Sì, solo quando riusciamo a reggere il nostro stesso sguardo possiamo dire che siamo completi, che non ci manca nulla. Non esiste persona che ci possa completare e non ci sono segreti da nascondere; non più. Quando raccontiamo la verità, togliamo agli altri il potere di decidere per noi. Ho raccontato la verità, quella scomoda. Ho visto interi castelli crollare, ma ne avevo bisogno per raggiungermi. Mi sono avvicinato al guardami nuovamente allo specchio.

«Bentornato amico mio, dove sei stato tutto questo tempo?»

Ogni verità non raccontata è un peso che si attorciglia intorno ai nostri piedi, rallenterà inevitabilmente il nostro cammino. Arriveremo ad inciampare e a vedere il mondo da un'altra prospettiva. Quante verità scomode stiamo custodendo?

Mi è capitato di domandare ad una coppia bellissima, quale fosse il loro segreto per stare insieme da così tanto tempo. «Il nostro segreto è che entrambi abbiamo dei segreti. Non possiamo raccontarci tutto». Nella mia mente sembrava una risposta davvero azzeccata, dev'essere senz'altro così. Ora che ci penso, però, sono convinto che sia una stronzata colossale. Spiegatemi come fate, perché l'ultima volta che ho cercato di nascondere un segreto, ho rischiato di perdermi nella deriva di me stesso. Non ero più io, non riuscivo a riconoscermi.

Poi, cosa intendiamo quando diciamo di non sentirci noi stessi?
Quanti segreti devo custodire per non essere più me stesso?
Accumuliamo bugie, continuamente. Ci identificano con quello che la nostra mente proietta, parole scappate di casa. Possiamo anche essere così sciocchi da crederci. Siamo in grado di reggere il nostro sguardo? Io non reggo nemmeno l'alcool. Ho smesso di bere, per poi ricominciare, ma non mi soddisfa più. Ho smesso quando ho capito che non ha proprio senso essere un'altra persona per un paio di ore e poi tornare ad essere il vecchio me.

Allora quello chi era?
Chi siamo quando beviamo?
Siamo noi stessi o diventiamo un nostro sostituto?

Immaginate una conversazione tra queste due versioni, l'io solito e l'io che ha bevuto un bicchiere di troppo. Immaginate se i due potessero comunicare fra loro: «Stronzo, mi hai lasciato senza identità per tutti questi giorni. Non potevi proprio evitare di bere stasera, vero?»

«Dai, sei sempre me, o meglio, la versione di me che chiamo quando ho voglia di sorridere e stasera voglio solo sorridere un pochino di più. Guarda, stanno tutti bevendo e sembrano divertirsi. Voglio divertirmi anche io insieme a questa folla». «Allora lo vedi, che non sei te stesso? Se devi espressamente chiamarmi in questo club, vuol dire che siamo due persone distinte. Tu sei fatto per la vita quotidiana ed io per quella mondana. Il tuo armadio è una raccolta di personaggi che si adattano ad ogni situazione. Quanti altri te stesso ci sono in quell'armadio?»

Alle superiori, il lunedì era una specie di domenica mattina. Il giorno in cui si raccontava quello che succedeva il sabato sera.

«Vecchio, non puoi capire. Eri ubriaco marcio e hai iniziato a provarci con quella tipa. Sei stato forte sai?»
«Quale tipa, scusa? E poi dimmi una cosa: ci è stata?»

Per me era assurdo che tutti sapessero di più di chi si fosse ubriacato. La loro vita doveva essere raccontata o filmata, perché altrimenti quel sabato sera non era mai esistito. Allora chi l'ha vissuta quella serata? Non sono un vero fan delle serate in cui si dovrebbe bere a tutti i costi, solo per reggere il divertimento che altrimenti non si reggerebbe. Cioè, veramente? Dobbiamo bere solo per comportarci come gli altri? Non siamo specchi.
Assolutamente no.

Abbiamo talmente tanti mostri che liberarcene ora sembra un fuoco che brucia il nostro stesso scheletro. Liberiamoci delle bugie che ci siamo raccontati e che continuiamo a raccontare, per non inseguire ciò che vogliamo essere realmente. Vorrei chiederti cosa vuoi essere, ma immagino tu abbia già una tua risposta. In fondo alla tua anima sai perfettamente chi sei.

Ogni aspettativa che gli altri impongono su di noi è una grata che ci imprigiona silenziosamente. Per una volta, dico, almeno una volta, seguiamo il nostro istinto di evadere dai consigli comodi, dai consigli che gli altri pensano possano essere su misura per noi. Abbracciamo il coraggio di sbagliare da soli, prendiamoci la responsabilità sul nostro destino, perché alla fine dei giorni nessuno si prenderà la responsabilità sui nostri rimpianti. Nella semplicità, ognuno ha una saggezza immensa che nemmeno si rende conto di possedere.

Le aspettative ci fregano, le ossessioni pure. Quando siamo ossessionati dal correre più forte e più veloce per arrivare prima alla meta, perdiamo tutta la gioia della corsa. Se vogliamo prenderla come una gara, facciamolo pure, ma avremo perso il gusto di assaporare l'essenza del momento. Non si medita per arrivare da qualche parte. Non si scrivono canzoni per gli altri. Non si sorride per dimostrare di essere felici. Alan Watts diceva che non si danza per spostarsi da una mattonella all'altra. Tutto sta nell'esperienza stessa. Siamo talmente ossessionati dall'idea di non essere abbastanza, di non trovare la persona giusta, di non essere felici, di non fare il primo passo che alla fine l'ossessione stessa diventa il vero problema. Non è più la ricerca di qualcosa, ma il voler a tutti i costi dimostrare a sé stessi o a qualcun altro che siamo ciò che non siamo realmente.

MI DO IL PERMESSO DI ESSERE CIÒ CHE VOGLIO.
MI CONCEDO LA LIBERTÀ DI IMPRIMERE IL PRIMO PASSO
SU QUESTO BIANCO FOGLIO.

Il giudizio degli altri potrebbe essere una condanna di cui non ci rendiamo conto. Ci succede, o almeno a me succede continuamente, di domandarmi cosa gli altri potrebbero pensare. Mi fermo a pensarci un secondo e mi ripeto il mio perché delle cose. Ogni sfida, ogni passo, ogni nuovo cammino, porta dietro di sé un giustificativo perché. Non deve essere necessariamente per gli altri, ma solamente per noi stessi, ce lo meritiamo. Meritiamo di essere liberi, qualunque cosa significhi. Ognuno dà un significato diverso alle cose. Dai un senso alla parola libertà e trova il tuo perché. Una volta trovato, potresti meravigliarti scoprendo dove saresti capace di arrivare. Potresti abbracciare ciò che cerchi da una vita. Cerchi qualcosa da questa vita, giusto?

Ogni grande impresa inizia non con il primo passo, ma con un respiro profondo e dalla consapevolezza che possiamo fallire.

«Ma, io non voglio fallire, non voglio nemmeno soffrire. Voglio essere subito dove la mia idea di libertà si è proiettata.»
«Lo so, nessuno vuole fallire, nemmeno io. Per scherzo ho urlato a Riccardo che non voglio soffrire, ma è ciò che pensavo realmente. Io non voglio soffrire!»

Nel mio profondo respiro alberga la consapevolezza del rischio. Ho sempre affrontato i miei rischi. Sono andato ALL-IN.

Non sai cosa sto mettendo in gioco, per raggiungere il continente dei sogni, vero?

Non è un viaggio per gli altri,
ma il primo passo verso la conferma,
verso il processo per farcela.
Tutti noi possiamo.

Il costo di questo volo è
la piacevole sensazione di inseguire un sogno,
è abbandonare l'illusione che
il lavoro e il denaro, siano tutto.

I soldi non sono tutto, lo sapete?
Dimentichiamoceli per qualche secondo.
Cosa desideriamo davvero in questo mondo?
Cosa ci appassiona a tal punto da
dimenticare i numeri sul conto?

Puntiamo sull'essenza della felicità,
sul goderci il processo e non la destinazione,
sull'essere sereni come priorità.

Nelle cuffie i *Foo Fighters* si battono per i miei sogni, quelli che hanno un
piano, quelli che hanno barattato l'uniforme,
per un paio di ali.

Brillo di luce, a diecimila metri d'altezza,
una briciola acustica fuori da questa fortezza,
fuori dalla sicurezza.

La fortuna mischia le carte e
il mio intuito, senza guardare,
punta tutto per me.
Vado all-in,
di corsa i sogni inseguo.
Allineato con la natura,
con i numeri,
con l'immenso.

Se facessimo tutti le stesse esperienze, lo stesso errore, lo stesso percorso, di
cosa parleremmo?
Cosa ci racconteremmo, sdraiati sotto un milione di stelle?
Come riempiremmo le nostre conversazioni a cuore aperto?
Dove sarebbe l'incontro della nostra diversità?

Ci sono personaggi nei quali siamo bloccati: avatar in questa situazione.
Sono identità create dagli altri nelle quali ci sentiamo annegare. Il nostro
stesso respiro non penetra completamente in questi polmoni. «Ho voglia di
una boccata fresca di quello che sono veramente. Chi sono? Non voglio più
indossare parole che non sono.»

MI DO IL PERMESSO DI ROMPERE QUESTO CIRCOLO E
GODERMI LA MIA SEMPLICITÀ, LA MIA IMMENSA LIBERTÀ.

Tutti noi ci troviamo davanti a due scelte: un bivio. Continuare a vivere il
nostro presente in maniera passiva ed essere sicuri che il nostro futuro sarà

rimpiangere il nostro passato, o iniziare a fare le scelte che ci portano nella direzione della vita che vorremo vivere, pur accettando ogni rischio. Mi ricordo le sue parole, quando vide che non ero più sicuro di cosa volessi fare: «Se non vuoi essere intrappolato dove sei, dovresti prendere delle decisioni non per la persona che sei, ma per quella che vuoi essere.»
«Grazie tesoro, non ci avevo mai pensato. È veramente così.»

La persona che vorremmo essere ci attende da qualche parte, attende che ci decidiamo a fare finalmente quel respiro profondo. Le scelte ci spaventano a morte, per questo lasciamo che gli altri decidano per noi. In questo modo possiamo avere un colpevole, se qualcosa non si incastra come avremmo voluto. «È stato lui a dirmi di fare così, io l'avrei fatto in un altro modo.»

Non corriamo mai il rischio fino in fondo, perché abbiamo paura che le cose non funzionino al primo colpo, ma sai una cosa? Va bene così, la meta finale non è lo scopo essenziale. No, assolutamente. Concediamoci il diritto di sbagliare, di sperimentare e trovare nuove strade. Guardiamo tutto sotto un'altra prospettiva. Un giorno potremo dire di aver tentato mille strade prima di capire come incastrare quella libertà sul nostro sorriso. Ci sentiamo veramente liberi solamente quando siamo noi stessi, accettando ogni nostra sfumatura e perdonandoci. Siamo pur sempre esseri mortali, possiamo sbagliare. Il rischio più grande che possiamo correre è quello di non rischiare, di lasciare tutto così com'è, senza mai tentare. Fermiamoci un secondo, mettiamo in pausa i nostri programmi.

Perché lo facciamo?
Qual è il nostro perché?

NON DEVI RISPONDERE A NESSUN ALTRO,
SE NON A TE STESSO. MERITI DI ESSERE FELICE.
MERITI DI ESSERE LIBERTÀ.

Arrivati a questo punto posso confessarvi che scrivo per riconquistare la mia libertà, la felicità di vedermi con gli occhi di uno scrittore. Uno di quelli che

si sveglia la mattina e ha un lavoro, il lavoro che ha sempre sognato. Senza scendere a compromessi e senza conformarsi al resto. Chi sono? Non lo so realmente, ma mi piace scrivere. Mi piace essere un vento libero. Potrei essere persino sciocco ad aver creduto di essere felice. In realtà ho nuove avventure da vivere. Un respiro profondo.
Continuo a vivere.
Scrivo.

Diamoci il permesso di essere chiunque vogliamo essere, perché alla fine dei giorni andrà tutto bene, saremo chi vogliamo essere realmente.
Saremo i nostri sogni.

Mi do il permesso di appassionarmi perdutamente alla vita,
a qualcosa d'immenso che mi tolga il respiro.

Mi do il permesso di iniziare piano,
di scrivere le mie idee e
sperimentarle.

Mi do il permesso di riconquistare
la mia libertà,
di costruirmi la mia oasi di serenità.

Mi do il permesso di concedermi nuovi stimoli,
nuove sfide,
nuove avventure.

Mi do il permesso di fare un profondo respiro e
immaginarmi vento.

Sto facendo il primo passo,
firmo.

MI DO IL PERMESSO

Tè & Zu 98

Journaling Therapy

Un caffè e un'agenda nera come terapia. La scrittura è la connessione fra i due elementi. Scrivo ogni singolo pensiero, ogni frammento che mi ronza dentro. In testa, una città incasinata, le strade e le persone sono sempre lì, ma la mia attenzione ha lo sguardo rivolto altrove. Sono più leggero di qualche grammo. Ogni passata d'inchiostro è un pensiero in meno di cui non mi devo preoccupare.

Ho diverse forme di calligrafia per ogni stato d'animo, per ogni giorno, motivi nuovi per cui essere grato. È piacevole la sensazione di prendere una biro e dipingere a parole la propria rabbia, la gioia, la frustrazione, la paura, le emozioni crude che hanno bisogno di uscire. La sensazione di lasciarsi alle confessioni verso sé stessi è qualcosa di estremamente terapeutico. Mi confesso alla super luna che ho dentro.

LE PAROLE NON DETTE NÉ SCRITTE SI DEPOSITANO NEL POZZO DI CIÒ CHE SIAMO, GALLEGGIANO SULLA SUPERFICIE FINO A TRASFORMARSI IN UN PESO CHE CI TRASCINIAMO DIETRO. PRENDIAMOCI IL TEMPO DI CAPIRCI. METTIAMO SU CARTA LE NOSTRE PREOCCUPAZIONI. TENERE AGGIORNATO UN DIARIO È UN BUON ESERCIZIO PER COMPRENDERSI E LIBERARSI DI CIÒ CHE NON VEDIAMO. NON GIUDICHIAMOCI, MA BUTTIAMO FUORI CIÒ CHE SENTIAMO, SENZA RIFLETTERCI PIÙ DI TANTO. VEDIAMO COSA NE VIENE FUORI.

Avete presente quel gioco in cui si lanciano dei sassi sulla superficie di un lago? Lo scopo di quel passatempo è semplicemente quello di far rimbalzare il sasso sopra l'acqua, più volte possibile. È una specie di meditazione. La terapia della scrittura ha più o meno lo stesso scopo. Ogni frase scritta è un sasso lanciato fuori dalla superficie della pelle. Non preoccupiamoci della perfezione, preoccupiamoci piuttosto di quello che vogliamo dirci.

CON LA FRENESIA DEL MONDO MODERNO È DIVENTATO DAVVERO DIFFICILE TROVARE DEL TEMPO DA DEDICARE A SÉ STESSI, DEL TEMPO PER CALMARE I PROPRI PENSIERI E LIBERARSI DAL PESO DEL DISORDINE.

Strappiamo un quarto d'ora dalla nostra quotidianità, per coccolare la nostra mente e riordinare i nostri pensieri. Il periodo giusto è questo, abbiamo un sacco di tempo a disposizione. Se non adesso, quando? Rimandiamo tutto a domani, continuamente. Sarebbe un modo per dimostrare di essere in grado di prendere decisioni immediate. Niente più procrastinazione.

Per persistere in quest'esercizio, consiglio di scegliere con cura la propria agenda. È un passo importante. È come scegliere l'abito per una cerimonia alla quale vogliamo dare un valore. Le biro sono scarpe con le quali imprimere le nostre impronte, facciamo in modo che calzino. Diamo un senso a questo appuntamento. Come per la meditazione o qualsiasi altro esercizio spirituale, non poniamoci delle aspettative. Scriviamo la data e mettiamo bollire l'acqua per il nostro tè.

Trasformiamo questo nostro momento di semplicità in un'abitudine. Niente telefono e niente distrazioni. È il nostro quarto d'ora di terapia meditativa. Cerchiamo di trovare, ogni giorno, qualcosa per cui essere grati e nuovi spunti per la nostra vita. Avete un'idea geniale? Scrivetela. La vita vi ha donato un sorriso? Scrivetelo. Vi è successo qualcosa di positivo? Scrivetelo. Qualcosa vi preoccupa e vi toglie il sonno? Scrivetelo.

SVUOTA LA TUA MENTE E PERDITI NEL PIACERE DI ESSERE IN TUA COMPAGNIA, CON UN TÈ COME CUSTODE DI QUEL SILENZIO. METTI LE CUFFIE E LASCIATI ISPIRARE DA TUTTO CIÒ CHE TI SUGGERISCI.

Ho scritto non so quante pagine, quante poesie, quante frasi e lettere. Ho riempito intere agende di conversazioni con me stesso. È piacevole rileggermi e vedere quanto mi sia profondamento odiato, prima di arrivare a volermi bene, prima di perdonarmi dopo aver lottato contro me stesso. Dovremmo scrivere quanto ci vogliamo bene, per non dimenticarlo. Gli altri potrebbero farlo, ma non fate anche voi lo stesso errore. Non mi sollevo ancora verso il cielo, per quanto io sia leggero, ma è già tanto che non sprofondi dal peso dei miei pensieri. Un giorno prenderò il volo e sarò in compagnia delle manifestazioni impresse su questi fogli scarabocchiati.

Mesi fa ho comprato la mia ultima agenda, quella sulla quale scrivo con la biro, per concedermi un nuovo tentativo e portare finalmente a termine una sfida che non ero riuscito a concludere: allenarmi per 75 giorni di fila, senza nessun giorno di pausa. Ho scritto ogni singolo giorno. Ho documentato il mio peso, la mia gioia, le mie frustrazioni e tutto ciò che accadeva. Ho riportato i miei stati d'animo e il motivo che mi aveva spinto ad iniziare.

Vedete, ogni cosa che iniziamo ha il suo perché. Ogni cosa è la conseguenza di una situazione. Iniziando un percorso, non dovremmo mai perdere di vista cosa ci ha portato a farlo, così da non farci fermare da scuse futili e passeggere. Ogni volta che ho pensato di abbandonare, ho preso una biro e ho scritto le mie sensazioni e cosa mi avesse portato ad intraprendere quella scelta. Il perché è il combustibile della nostra quotidianità, persino questo libro ha il suo perché, altrimenti sarebbero solamente fogli sparsi per casa, senza una ragione.

Ho cominciato a condividere i miei pensieri, le mie riflessioni, per dare sfogo alla mia creatività e alle mie frustrazioni e anche per trovare semplicemente nuovi spunti di conversazioni con gli altri. Ho cominciato per ricordarmi che non sono solo, che non siamo soli. Siamo capaci di imprese meravigliose. A 50 riflessioni ho iniziato a considerare seriamente l'idea di farne una raccolta: 100 riflessioni da condividere in un libro. Uno di quelli che non hanno una trama, ma mostrano frammenti dell'anima di chi scrive, riunendoli in un unico posto. Questo libro è tutto tranne che un libro.

È una poesia,
una confessione,
un diario,
una lettera di perdono,
una libertà,
una chiacchierata con un amico,
un amore iniziato e uno finito,
un viaggio,
un percorso,
una sfida,
un esperimento,
un sogno,
una realtà,
è tutto tranne che un libro.

Ho riportato tutti i miei progressi, tutti i progetti sui quali stavo lavorando. L'ultimo dei 75 giorni è stato un giorno di festa. Alla fine, ho capito che la vera vittoria non stava nel concludere la sfida in sé, ma nel fatto di aver spinto altre persone ad allenarsi. La vera soddisfazione era stata divertirmi con amici e sconosciuti, piangere, sudare, combattere e documentare tutto. Certo, il finale è meraviglioso, ma se avessi iniziato solo per tagliare il traguardo, avrei perso le sfumature della vera vittoria, perdendo di vista il motivo che mi ha portato ad iniziare. Il perché di solito è personale, non dovremmo trovarlo negli altri, ma dentro noi stessi. Alcune volte è un segreto che non vogliamo condividere.

Il progetto che avevo cominciato, ora è terminato. Ne sto raccogliendo i frutti e mi sta rendendo orgoglioso e grato. La sfida è stata completata con successo e sono riuscito addirittura a portare molti dei miei amici ad allenarsi con me. Ho colto le lezioni dei giorni in cui ero un peso per me stesso, ma anche dei giorni in cui riuscivo a dare di più e a godermi la mia compagnia. Anche quando c'erano solo solitudine e freddo a farmi compagnia a tarda notte, era piacevole pensare che mi sarei ricomposto primavera. Ho iniziato la sfida il 31 dicembre del 2019 e l'ho conclusa il 14 marzo del 2020. Ero sempre io, ma più grato e più composto.

Scrivere un diario è miracoloso oltre che terapeutico.
Ogni seduta è una boccata d'aria di cui abbiamo bisogno.
Ogni parola composta è un grammo in meno dentro la testa.

Non so quanti tè e caffè abbia bevuto per arrivare a scrivere così tanto, quanto inchiostro abbia consumato per finire questo libro, ma se posso lasciare qualcosa, voglio che sia il piacere e la terapia dello scrivere. Vorrei che prendessi una biro e iniziassi a documentare le tue sensazioni, le tue passioni e i tuoi stati mentali. Vorrei che dipingessi la tua vita tramite le parole, tramite domande sincere alla persona che sei.

Vorrei che scrivessi quanto ti vuoi bene e che ti dessi il permesso di perdonarti, così da poterti raggiungere.
Andrà tutto bene, te lo giuro.

Se ci dovesse essere una morale, in questo libro, vorrei che fosse l'importanza di porsi un obiettivo e documentarne i progressi. Vorrei che scrivessi i tuoi sogni e ti chiedessi cosa serva per raggiungerli e a cosa serva raggiungerli. Vorrei che ti immaginassi la libertà, trasportando su carta le immagini che quella parola evoca in te. Vorrei che fossi una nuvola leggera e che ti osservassi dall'alto, dentro la chiarezza dei tuoi pensieri.

Vorrei che scrivessi cosa ti faccia così paura e lentamente ridimensionassi questa sensazione, fino a farla scomparire. Scrivere ci aiuta a capire, che la maggior parte dei problemi che ci stressano sono solo il frutto della nostra immaginazione. Vorrei che tu non restassi in attesa di una destinazione, ma che assaporassi ogni istante. La pioggia passerà e tutto assumerà un senso.

Vorrei che prendessi quell'agenda e ci scarabocchiassi sopra, che la vivessi. Vorrei che fosse il libro in cui tutto ha avuto inizio, in cui le tue promesse hanno iniziato a manifestarsi. Vorrei che la prima parola fosse un nuovo capitolo dal quale iniziare il tuo vero viaggio.

Da sempre confesso i miei stati d'animo su fogli sparsi e sul blocco note del telefono e ultimamente ho deciso di farlo quotidianamente. Prendersi il tempo di scrivere la propria visione, ogni giorno, è una canzone con cui perdersi nel momento.

Ho scritto delle mie sensazioni in moto, prima ancora di avere una moto. Ho scritto del colore che avrei scelto e di come sarebbe stata, prima ancora di avere un soldo in tasca.

Ho scritto del mio road trip in Islanda, del senso di libertà e della doccia gelata che avrei fatto una volta lì, prima ancora di aver acquistato il biglietto. Una volta in Islanda, ho impresso i miei ricordi su carta. In compagnia del mio amico, ho preso decine di tè e mi sono fatto accompagnare dalla nostra gratitudine per scrivere intere pagine. Non so se vedranno mai la luce, ma una cosa è certa: a me hanno dato luce.

Ho scritto del mio viaggio in autostop da Copenaghen fino casa, della paura di partire, del dubbio che non fosse la cosa giusta da fare. Nonostante ciò, sono partito lo stesso. Mi sono lasciato andare alla magia di scrivere per strada, negli autogrill e nei tempi di viaggio, incerti, tra una città e quella successiva. Sono state le due settimane più adrenaliniche e folli della mia vita.

Ho scritto di come mi sarei composto in primavera e della persona che voglio essere. Ho ancora molta strada da fare, ma continuo a scrivere per non dimenticarlo.

Ho scritto del viaggio in bici che vorrei fare da Bologna fino a Tangeri, del perché voglia farlo e come ci riuscirò. Non ho ancora una data, ma arriverà il giorno in cui sarò in sella alla bici a sognare e catturare ogni istante. Magari ci sarà un libro o magari un documentario. Per ora mi lascio guidare da questo sogno ad occhi aperti, sul tetto del monolocale nel quale sono in affitto.

Ho scritto della mia nuova casa, di come la comprerò, perché non ho un posto tutto mio. Sarà lo spazio in cui ci saranno le persone più care. Non conta quanti soldi hai, ma l'idea che ha preso in affitto la tua testa. Possiamo essere un alleato della nostra mente o un suo nemico. Sta tutto nel come lasci germogliare i tuoi pensieri. La magia accade quando annaffi i pensieri di energia positiva, liberandoti di ciò che ti appesantisce.

I sogni non sono altro che una realtà alla quale dare credito. Datti più credito e fai il primo passo per ciò che desideri da questa vita. L'obiettivo finale è la felicità, la strada per raggiungere quella destinazione sta nella visione che abbiamo delle cose. Sono felice di aver scritto, per tutti questi anni. Sono felice di aver tenuto un diario in cui stipare pensieri che non mi appartenevano. Riconosco ora tutti i colori, i dolori e le gioie che racchiude ogni sensazione.

Sono grato che tu abbia letto ogni pensiero.
Grato che tu abbia trovato il tempo da dedicare a questo libro.

SCRIVERE È TERAPEUTICO.
SCRIVERE È UN TÈ DI CUI ABBIAMO BISOGNO QUANDO TUTTO SI FERMA. PRENDIAMO LA NOSTRA AGENDA E UNA BIRO CON LA QUALE IMPRIMERE LE NOSTRE PRIME PAROLE: ANDRÀ TUTTO BENE.

Tè & Zu 99

Lettera ad una super luna

Stanotte, sul tetto della città, lascio che la luna sia la mia ghost writer. Consegno a lei questo corpo appoggiato sulla scrivania e mi permetto di assentarmi. Il suo silenzio è un incantesimo, una sensualità accesa che non ha bisogno di far rumore per catturare l'attenzione. La distanza è una sua invenzione, le serve per non appartenere a nessuno, ma allo stesso tempo appartiene a tutti. Si lascia osservare, senza rispondere a tutti questi sguardi addosso. Questa distanza è il suo contraccettivo per non arrossire, per non impazzire. Stanotte non dormirò, nel tentativo di vederla più vicina, più del solito. Mi faccio compagnia tra queste stelle per non prendere sonno.

Chi ha lo sguardo rivolto verso l'alto è un sognatore, un viaggiatore alla perenne ricerca di un qualcosa, alla scoperta di una sagoma che possa riempire quel vuoto che ognuno di noi custodisce. Più leggo, più parlo, più navigo e più scopro che, in fin dei conti, siamo tutti simili, nella nostra diversità. Siamo tutti vulnerabili alla fragilità. C'è chi lo dimostra e chi no, ma, alla fine, ricerchiamo tutti un senso di completezza. Ho fatto il primo passo verso terre straniere, guidato da un forte senso di ricerca di un qualcosa. Ho fatto il primo passo fuori dalla porta, senza sapere in realtà cosa cercassi.

NELL'INGENUITÀ SPESSO SI NASCONDE UN TOCCO DI SAGGEZZA, CHE CI PORTA A SPERIMENTARE E A CHIEDERCI QUALE SIA IL SENSO DELLA VITA. OLTRE IL CONFINE DELLA SICUREZZA, IL MONDO NON APPARE PIÙ COME UNA RISPOSTA, MA COME UN INVITO ALLA CONTINUA RICERCA.

Luna, prima di sentirti mia, ho bisogno che almeno tu mi conosca meglio di chiunque altro. Non ho voglia di sentirmi in colpa dopo che ti avrò conquistato, non voglio essere un bugiardo. Voglio confessarmi e lasciare a te la libertà di scegliere se rimanere al mio fianco o tornare al tuo ciclo eterno. Ti stai avvicinando, più di quanto tu abbia mai fatto. Voglio che, in questi ultimi chilometri, tu mi dia ascolto, prima di assorbire l'immagine di quello che non sono:

Sulla soglia dei 27 anni, per la prima volta, non avevo una ragione di esistere. Non più. Non volevo nemmeno averne una, perché avevo toccato il fondo. Non era successo qualcosa nello specifico, a cui addossare tutte le colpe. Semplicemente, ero vuoto. Ogni tentativo di sentirmi adeguato, felice o spensierato era una lotta che non portava da nessuna parte. Un mese prima dello scoccare dei miei 27 anni, ho pensato per la prima volta in vita mia che non volevo più vivere.

Che senso aveva tutto questo?
Che senso aveva vivere?

Nell'animo umano c'è un senso di ricerca di verità che porta a farsi mille domande, mille riflessioni... o magari solo 99. Dentro ognuno di noi, c'è una voce che vorrebbe essere ascoltata, una voce che dovrebbe essere ascoltata. Una voce che non chiede troppo, solo di seguire l'istinto dell'essere umano: la voglia di libertà. Quella sensazione mi ha portato al primo viaggio vero, a 25 anni. Il primo treno oltre il confine. Non sapevo cosa mi aspettasse. Un biglietto da interrail in mano e una scintilla nello sguardo. Ero dannatamente felice, nonostante un brivido inspiegabile. Ero felice di quella scelta di partire, senza piani. Lunghe passeggiate a Budapest, riflessioni a Berlino, meravigliose pedalate ad Amsterdam e l'arte di improvvisare, a Parigi.

TUTTO È MAGNIFICO QUANDO NON TI PONI ASPETTATIVE.
SI PARTE PER IL GUSTO DI ESPLORARE, SENZA RISPOSTE DA SODDISFARE.

Al mio ritorno ero più leggero e di un grado più felice, tuttavia c'era qualcosa di strano, come se mancasse qualcosa a riempirmi. Nel viaggio non mi ero posto particolari domande, ma avevo vissuto. Per due settimane, il mondo mi era apparso come doveva: esperienza e avventura. In ogni città avevo incontrato qualcuno, con cui avevo condiviso un frammento di esperienza, una piuma di libertà. Sotto la pioggia, mi godevo un caffè tranquillo, guardando fuori dalla vetrata del bar. Sotto il sole, mi rilassavo camminando e scoprendo posti nuovi. A notte fonda, conversavo con chi avevo avuto l'occasione di conoscere. Ogni città mi lasciava un'emozione da pelle d'oca.

Pensavo che la risposta a quel vuoto fosse il viaggio. E non fraintendetemi, la risposta è il viaggio, perché nel movimento ci sono tutti gli elementi che portano ad essere completi. Il viaggio è la risposta, perché ti dona ciò che dovresti ricercare nella quotidianità. Ti apre gli occhi e ti insegna che la vita è una continua scoperta, una condivisione di piccoli piaceri semplici. Così quando potevo, prenotavo un volo e al mio ritorno ero nuovamente al punto di partenza.

Quindi cosa avrei dovuto fare?
Continuare il viaggio per sempre?

Magari sì, o magari avrei semplicemente dovuto capire cosa mi portasse ad essere felice. Cosa mi donasse un senso di completezza e forse c'ero quasi arrivato. Aggiungo quasi, perché non si è mai sicuri di nulla; è una continua scoperta. Amo poter scoprire la vita solo vivendola. Ci sono alcune caratteristiche che accumunano tutte le persone con cui sto parlando nell'ultimo periodo.

Ognuno di loro prova una forte voglia di vivere nuove esperienze, di avere dei rapporti umani, di nuove connessioni, di vivere con leggerezza, di essere felice.

Quando tocchi il fondo, qualunque sia la ragione, vuoi solo essere te stesso e goderti la vita, con tutta la semplicità che ti sta offrendo. Hai voglia del vero, voglia di essere utile e vivere con una missione che abbia senso. Quando tocchi il fondo, l'empatia ti raggiunge per starti accanto e guidarti nelle tue scelte. Qualcuno diceva che la felicità è vera solo quando è condivisa. L'ha dovuto sperimentare sulla propria pelle. Io aggiungerei che bisogna intraprendere un viaggio interiore, prima di capirlo. La pratica non è mai come la teoria, la scuola non è un sistema per tutti.

Forse non lo era per me. Ho dovuto abbassare i miei voti, solo per non essere bullizzato, non da uno, ma da tutta la classe. Se non fai parte della soluzione, sei complice quanto tutti gli altri. Nessuna ha preso le mie difese quando sono stato spinto dalla sedia, di fronte alla classe. Sono rimasti a guardare, come se non fosse compito loro difendere un compagno. Ero anche un compagno, ma prima di tutto ero una persona.

È strano che alcuni preferiscano estraniarsi da una situazione, pur di non prendere una posizione. Si rimane a guardare, lasciando le cose come sono. Ora che ci penso, non ce l'ho con nessuno. Chi arriva a odiare il prossimo, molto probabilmente odia sé stesso. L'ho capito dopo anni che il problema non ero io. Ognuno, per quanto non voglia condividere la propria fragilità, combatte una silenziosa battaglia interna.

Prima di quell'episodio, ricordo che ero in seconda media, arrivavo a scuola sempre quindici minuti prima dell'apertura delle porte. Un mattino, ho visto un mio compagno di classe essere spinto da un ragazzo più grande di lui. Non era un mio amico, ma non sono riuscito a stare guardare senza fare nulla.

«Te la prendi solo con i più piccoli vero?»

Siamo arrivati alle mani, ma poco m'importava. L'ingiustizia non mi è mai piaciuta.

Se non fai parte della soluzione sei complice del problema.

Siate sempre gentili con chi incontrate sul vostro cammino, perché, senza rendervene conto, potreste salvare una vita. Io stesso sono stato salvato dagli amici e da un paio di sconosciuti che non ho mai più rivisto. Mi salvano ogni giorno con uno sguardo e un sorriso marcato che sporge spontaneamente dalle labbra. Mi salvano ogni giorno, con gli occhi pieni di un qualcosa che mai riuscirò a spiegare a parole. Mi salvano e io gliene sono grato. Vorrei salvare qualcuno senza rendermene conto. Voglio poter dire di averlo fatto senza esserne al corrente. Ho salvato qualcuno? Forse!

Fatemi un grosso favore, sorridete di più a chi non conoscete e sedetevi a chiacchierare in giro, qualche volta, anche con chi sembra non averne bisogno. Io sono stato salvato dalle persone più normali che possano esistere. Mi hanno salvato degli angeli travestiti da comuni mortali. Occhi che sembrano fare da cella a queste lacrime che si sporgono senza uscire. Lacrime che si godono la vista di questa città dal balcone delle loro celle. Portaci un altro tè per favore. Vogliamo solo rimanere qui a illuminare gli occhi per un po', finché ci tendono la mano per un giro.

IL SORRISO È UN BOOMERANG CHE TORNA SEMPRE NEL PUNTO DA CUI È PARTITO, NELLA MANO DI CHI L'HA LANCIATO. IL SORRISO TORNA SEMPRE.

Sorrido da questo tetto, godendomi le stelle e l'infinito del tuo cielo. Mi meraviglio ancora dei piccoli piaceri e del caffè che mi tiene compagnia nelle giornate di scrittura e fantasticheria. Le stelle lampeggiano, come per attirare l'attenzione e dire che ci sono anche loro. Io voglio lampeggiare nella vita degli altri e dire che siamo tutti alla ricerca della felicità. Sediamoci e conversiamo, senza confini.

Senza limiti. Ho passato intere giornate seduto per strada a scrivere per sconosciuti, condividendo parole autentiche. Dagli occhi si può leggere l'anima, lo sapevi? Io ci ho scritto intere poesie. Ho condiviso attimi, pianto per la bellezza di una notte così blu da risvegliare una nuova alba dentro di me. Dalle sconfitte si rinasce, dal buio dell'abisso e dalla fine. Pensavo di non voler più vivere, ma sono qui a scrivere. Non importa quante volte ci siamo detti che è la fine, c'è sempre un nuovo inizio che ci aspetta. Abbi fede.

Pensi di esserti perso, ma
sei sulla la strada giusta per tornare a casa,
quella nuova. Andrà tutto bene, te lo giuro.

Apri il cuore e sincronizza l'anima sulla frequenza del vento della tua notte, dell'universo intorno a te. Non hai bisogno di conoscere il segreto, basta essere autentico e continuare a parlare, continuare a scavare dentro te. Gli amici saranno sempre lì, persino quelli che ancora non conosci. Gli occhi di chi vuole rinascere splendono come una luna immensa. Non scoraggiarti quando tutto sembra non andare nella direzione di ciò che pensi sia giusto.

Abbi fede,
sei chi vuoi essere.
Sei chi vuoi credere.

Il primo passo parte da noi.
Come facciamo a chiedere la verità cui
neppure noi ci siamo mai esposti?

Sul punto di vedermi finito, ho ricominciato a vivere. Ci sono scelte che devi essere grato di non aver portato a termine. Nella mia rinuncia ho trovato tutto il mio coraggio. Sii grato e abbi pazienza. La felicità richiede tempo, ma inizia quando ti dai una nuova possibilità, quando inizi ad amarti. Tutto ha senso, ma solo alla fine. Negli istanti vissuti, non importa quali, tutto sembra perdere la propria ragione.

Sono grato che tu mi stia dando ascolto. Mai come ora ho sentito quel brivido, la consapevolezza che tu mi stia realmente ascoltando. Sei un'amica che ha messo via il telefono per ascoltare solo quello che ho da dire. Hai deciso di abbassare lo scudo per avere nuovamente fede.

Tutto sembra il disordine di qualcun altro.
Alla fine, tutto avrà senso.
La fine sarà un nuovo inizio.

Alzo lo sguardo da queste righe per perdermi dentro di te. Fluttui e mi fai impazzire senza chiedere il permesso. Sei così distante, eppure la distanza non ti ha mai impedito di scrivere il destino di un milione di persone. Sei stata il fato onnisciente di tutte queste vite senza che loro se ne rendessero conto. Stai scrivendo il mio destino, la differenza è che voglio intenzionalmente lasciarti scrivere e lasciare il mio spazio. Voglio che la fine di questo libro sia una sonata a quattro mani, un incontro di luce tra soli lontani.

Siamo soli e lontani.

Sono passata, un quarto d'ora dopo che hai baciato il sonno.
Sono sempre con te, insegui la tua libertà, la tua voglia di essere una persona migliore.
Quando ti senti pesante lascia quei pensieri,
non ti appartengono.

Continua a sorridere e a condividerti con chiunque incontri.
Mi hai lasciato una penna sul tavolo, ma
dentro di te sai di aver sempre lasciato il tuo destino nelle mani del vento.

Ogni volta che ti senti perso alza lo sguardo.
Sarò lì a confortarti, abbi fede in ogni tuo passo, in ogni tua scelta.
La tua esperienza è ciò che ti ha spinto alla ricerca della felicità.
Non cercare di afferrarla, cerca di vivere leggero,
di vivere sereno.
L'amore arriverà quando meno te lo aspetti.
Tutto arriva quando meno te lo aspetti.

Ogni volta che pensi di non potercela fare, concediti un tentativo in più.
Trova nuove passioni che possano ardere la tua curiosità.

Continua a meravigliarti del semplice,
di un gusto o
di come le parole arrivino, proprio quando sei in cerca di risposte.

Vorrei rimanere a farti compagnia tutta la notte, ma è il punto più vicino che posso raggiungere.

*Ogni volta che ti senti perso ti basterà alzare lo sguardo.
Sarò lì a farti compagnia.*

*L'inizio, a volte, parte dalla fine. Quando pensi che tutto si stia frantumando
in realtà si sta solamente allineando.
Si sta solamente alzando la zolla, per formare la tua roccia,
la tua montagna.*

*Se la felicità non viene da te,
Tocca a te andarla a trovare.*

*Non importa quello che accade,
quello che ti succede.*

*Alla fine, ricorda che,
andrà tutto bene,
te lo giuro.*

Tè & Zu 100

Tocca a te

Quando ho scritto il primo Tè & Zu, avevo in mente di scrivere cento riflessioni. Arrivato alle ultime pagine ho pensato che il libro sarebbe stato completo, solamente con una tua riflessione, quella finale, per concludere il cerchio.

Ti invito a scegliere un argomento, a prepararti una tazza di tè o di caffè e a lasciarti guidare dal tuo flusso. Sfogati, raccontati e liberati dai pensieri che vorresti esternare, ma che non hai mai avuto la possibilità di esprimere.

Accendi la musica e lasciati ispirare dal processo di scrittura. Alla fine, puoi mandarmi tutto a lifeszu@gmail.com. Sarò molto lieto di leggerti e di rispondere. Ti sono grato per la pazienza, per avermi dedicato il tempo di un libro intero e ora ho voglia di sentire qualcosa di tuo. Voglio creare una connessione tra i nostri due mondi, anche se non ci conosciamo. Se invece ci conosciamo, vorrei che fosse un modo per andare più in profondità.

Non importa quello che scriverai. Che sia una lettera, una poesia, una riflessione o semplicemente una parola, io sarò qui e ti ascolterò.

Zouhair Faouzi

Fine.

(Illustrazioni a inizio e fine libro a cura di ©Leonardo Di Grazia)

Conclusione

Ogni fine di un'avventura segna l'inizio di un altro meraviglioso viaggio verso l'ignoto. Sono passati due anni da quando ho impresso su carta la prima riflessione, schietta e senza filtri. È stato il primo passo verso la stesura della mia lettera ad una super luna. È stato un viaggio assurdo, nel quale mi sono visto mutare. Il mio stile si è evoluto, per tenere testa a quello che stavo diventando. La scrittura ha il potere di renderti partecipe della tua stessa evoluzione, si trasforma nel tuo psicologo e cerca di sciogliere tutti quei nodi rimasti in sospeso. La scrittura è una terapia.

Ho perso il conto di tutte le tazze di tè bevute e di tutte le volte che ho smesso con il caffè, per poi puntualmente ricominciare. L'ultima moka l'ho preparata lentamente, quasi fosse un rituale mistico per celebrare la conclusione di questo libro. In fondo, forse è proprio così che sarebbero dovute andare le cose. In questi due anni ho cambiato città. Bologna mi ha catapultato in un mondo scandito da coincidenze e mi ha permesso di tirare fuori l'universo racchiuso in me. Bologna mi ha ispirato a scrivere ogni giorno qualcosa di magico: pensieri in flusso. Ogni città ha il suo colore. Giusto?

Cosa vuoi fare della tua vita Zouhair? Continuare a scrivere. Sempre. Ovunque. Ho scritto in ogni città che ho visitato. La leggerezza di Salvaterra mi ha donato il potere di scrivere pensieri profondi. L'immensità di Parigi mi ha immerso in un sogno che ha preso vita, le sue caffetterie mi hanno invitato a tenere i piedi per terra. Il suono degli elicotteri a notte fonda mi ha sussurrato intere poesie, interi dialoghi surreali. La città di Dio mi ha convertito in uno scrittore.

Je suis écrivain.

Nei quartieri popolari della Turchia ho permesso alla mia anima di scrivere, le ho lasciato tutto lo spazio di cui avesse bisogno. La vita ha bisogno di essere vissuta prima di essere impressa. Non è così? Ho lasciato che i non piani guidassero le mie giornate, per poi trascrivere le conseguenze dell'esperienze. Il risultato è stato che mi sono sentito a casa, anche se per poco.

Sulle strade libere dell'Islanda ho imitato animali selvaggi. Ho amato quella terra fino a non aver bisogno di ispirazione, solo il fatto di poter camminare nella natura incontaminata era un'esperienza di per sé immensa. Non sarò mai grato abbastanza per quelle strade e quell'aurora boreale, che ha illuminato qualcosa dentro me. Ho continuato a scrivere persino dentro il van, sotto la pioggia. Quanto costa la libertà? Una dormita in macchina, in compagnia di un amico, ridendo di stronzate futili, ecco. Tutto quello di cui ho bisogno, sono lunghe conversazioni con persone autentiche. Non mi farò vendere il sogno di una vita superficiale. L'essenza è sotto la pelle.

In Germania… beh lì ho scritto di un cuore che ha amato tanto. Immensamente tanto. Mai nella mia esistenza ho provato qualcosa di questo livello. L'amore è un posto, dove ti senti a casa, e io lì ero in pace. Nella lontana Dresda ho collegato con le mie mani il filo che mi teneva unito a questa Bologna. Ora, non so dove sia quel filo, ma non credo che appartenga più a questo posto. Ho promesso che avrei abbandonato la città quando avrei smarrito il filo logico. "Bologna, ci sarà un altro momento per viverti appieno come ho fatto in questi due anni, o forse no. Forse la magia non è destinata a ripetersi. In fondo non so con chi viverla…"

A Berlino ho festeggiato la vita; ne compiva 22 nel 2019, e io mi completavo. Un cuore compatto con dentro l'infinito. Ho scritto fino a finire le parole che conosco, ma non per questo smetterò. L'amore è dove ti senti a casa giusto? Io ora sono un senzatetto.

In Marocco mi sono collegato con le mie origini: le mie culture. La scrittura ha annaffiato le radici dentro di me, e mi ha permesso di trovare quella poesia che si nasconde negli occhi del deserto. Le montagne dell'Atlas mi osservavano assorbire l'aria dei miei nonni, che oramai non ci sono più. Una parte di loro sarà sempre con me, ovunque io vada. Ovunque e sempre. Un cuore leggero sa quando è vicino all'ebbrezza di casa.

Nella follia, ho rincorso le parole supplicandole di dare un significato a questa enorme esperienza che sto vivendo, troppo grande, per essere assorbita in un solo sorso. La vita è una bevanda di cui non mi disseterò mai del tutto. È tutto un meraviglioso viaggio che assume un significato solo alla fine. Tutto avrà senso, ma non lo chiederò ora. Ho solo una dannata voglia di vivere e scrivere.

L'amore tornerà e la leggerezza sarà una compagna eterna.

Ringraziamenti

Agli amici veri. All'amore sincero.
All'universo. Alla scrittura.
Alla mia follia e voglia di rinascere.
A miei fratelli. A mia madre.
Alle mie radici.
A Bologna.
A te.

Non avrei cominciato questo libro senza gli amici veri. A loro va la mia immensa gratitudine per avermi sollevato quando la vita ha smesso di avere senso. Mohamed Mounir, Hamadou Diabre, Adama Ndjim e Othmane Kalfaoui.

Non avrei mai scoperto l'amore, quello profondo, capace di catapultarti in altre dimensioni, senza Josefine Marks. L'ho amata più di qualsiasi altra cosa al mondo e continuerò a farlo. Forse persino più di me. È riuscita ad illuminarmi il cammino e a fare del mio passaggio a Bologna, una polaroid satura di ricordi, che mi porterò dietro per sempre.

L'amore è un paradosso: non importa quanto ci si ami, a volte non si è destinati a stare insieme. Voglio mandare al diavolo quel paradosso è provarci una volta in più. L'amore è dove ci si sente a casa e io voglio raggiungere nuovamente quel posto.

Voglio ringraziare Raresh Gheorghiu, per essere una persona genuina e sincera. Per tutti i momenti scattati nel mio progetto su strada: polaroid poetiche.

Ringrazio Faouzi Zakariya, per avermi supportato, incoraggiato la mia voglia di scrivere e letto in anteprima la maggior parte dei miei lavori.

Ringrazio Riccardo Pagagnin, per aver condiviso il mio percorso d'artista di strada a Bologna e per avermi fatto compagnia in tutti quei Week End passati tra una risata e una conversazione dello stesso odore delle strade del mondo.

Ringrazio infinitamente Giancarlo Teot, per aver avuto la pazienza di revisionare il mio primo libro.

Ringrazio Luca D'anile, Sara H, Diego ed Eleonora, per il tempo speso insieme. Da voi ho imparato molto, più di quello che pensate.

Infine, ringrazio Liliana Pham per la magnifica copertina del libro, è apparsa nel mio cammino a fine libro per caso e sono grato per la sua immensa contribuzione a questo mio primo lavoro.

Un ringraziamento speciale voglio porgerlo a Cesare Cremonini, per avermi donato l'ispirazione e avermi fatto compagnia con i suoi testi, in tutti questi ultimi anni. Senza "la Isla" non sarei mai partito in giro per l'Europa in autostop. Grazie per avermi fatto credere nell'amore. Grazie per avermi insegnato a condividerlo e a lasciarmi trasportare dalla sua magia. L'amore torna sempre, vero?

Ringrazio dal profondo la città di Bologna. La stanza del tempo, dove tutto è stato possibile.

A mia madre, riservo un grazie pieno di lacrime.
Infine, grazie anche a te che mi stai leggendo.

Zouhair Faouzi

Scrittore / Poeta / Sognatore

Tutto ciò che possiedo è la fame per la scrittura.

www.lifeszu.com
Instagram: @lifeszu
Email: lifeszu@gmail.com

Il mio prossimo libro è già in fase di scrittura

Copyright 2020 - Faouzi Zouhair

Andrà tutto bene, te lo giuro.

Impaginato a Bologna
al New Dida Lab